北京师范大学未来教育高精尖创新中心资助

历史课程
教材教法研究

RESEARCH ON
TEACHING METHODS OF
HISTORY COURSES

郑林 著

社会科学文献出版社
SOCIAL SCIENCES ACADEMIC PRESS (CHINA)

序　言
追问历史的教育价值

本书汇集了我 2005~2017 年的研究所得，内容涉及历史课程、历史教材、历史教学、历史教学评价、历史教师教育等领域，是对这十多年来所做历史教育研究的一个小结。

进入历史这个行当，而且专门从事历史教育教学的研究，真是件不可思议的事情。从小学到中学，在《我们是共产主义接班人》的歌声中成长起来的我，也曾经有过许多远大的理想。想过要去攀登科学的高峰，拿诺贝尔奖；也想过要像马克思、恩格斯那样为人类的解放而奋斗。唯独没有想到要学历史，更没有想到要去教历史，还会去研究怎么教历史。

上初中时，因为我的父母是理科背景，且在当时"学好数理化，走遍天下也不怕"的大环境中，我觉得学历史没用，历史课上基本不听老师讲的，要么闭目养神，要么偷偷做其他科目的作业，或者看课外书。后来保送上了高中，仍然如此。高一有没有历史课都不记得了，高二进了文科班肯定有历史，我还做了历史课代表，但是对历史依然没有感觉，不知道学了有什么用，所以也没怎么学。为此，经常受到历史老师兼班主任的"敲打"。老师经常当着全班同学的面提醒我，不要以为其他课程学得好就可以高枕无忧了，历史课高考也是要算分的，和其他课程没有差别。即便如此，依然引不起我的重视。历史课代表的历史考试经常不及格，老师和同学们也习以为常了。平时的历史考试成绩可以不在乎，但是高考可不能当儿戏，它会决定人一生的命运。于是，高考前几个月我的主要精力都放在历史上。因为我很清楚，不管历史有没有别的用处，反正高考绝对有用，差了这一科的成绩，别说考好大学，能不能考上大学都是问题。功夫不负有心人，高考成绩下来，历史 100 分满分我得了 70 多分，虽然比英语、语文等科差了十几分到二十分，但是毕竟比平时考试提升了二三十分啊。更令老师和同学们意外的是我竟然考上了北京师范大学历史系。1987 年，兰州三十三中（兰州大学附中）文科班有三名同学上大学学历史，两名到了兰州大学历史系，另一名就是我，到了北京师范大学历史系。那两名同学上历史系大家都觉得理所当然，因为他们有这方面的爱好。而我就有些特别了，父母都是理科背景，受家庭熏陶从小看的都是《我们爱科学》《少年科学画报》之类的期刊，历史方面的知识积淀不多。我也学历史，令人不可思议。更有意思的是，两名理所当然该学历史的同学大学毕业后，一名进入司法系统，一名进入税务系统，从此不再与历史有任何关系，而我大学毕业后就没有离开过历史教育这一行业。

在大学期间，上课也是一件痛苦的事，不知道学那些过去的人和事有什么意义。好在北京师范大学有自由学习的空间，有丰富的图书资源，还有各种前沿的讲座，我可以自己决定学什么。从老子的《道德经》到爱因斯坦的《狭义和广义相对论浅说》，从库诺的《马克思的历史、社会与国家学说》到卡·波普尔的《历史决定论的贫困》，各种书籍都反复研读过，并做了大量读书笔记，记录下自己的思考。我真正自觉学习大学课程表里的历史是到了大学三年级，选了一门课叫《史记》研读。这门课我基本上没有去上，考试怎么通过的也忘了。我是从图书馆把中华书局版的十册《史记》借出来，找没人上课的教室一个人静心阅读，花了一个学期的时间从头到尾把十册书通读了一遍。读完之后，对历史的感觉仿佛到了另一个境界。我发现中学和大学历史教科书中写的先秦时期的历史，和司马迁笔下的历史不一样，从《史记》中看不出夏商周是奴隶社会。另外，我从《史记》的叙事中感悟到，人世间的世态炎凉从古到今似乎一样，人的本性历经两千多年仍然没有变化。更有趣的是，我们上大学那个时代很火的飞碟、外星人以及特异功能等现象，在《史记》中似乎早就有记载。我推测报纸杂志和广播电视中报道的"飞碟、外星人"实质上可能是一些自然现象。如果是外星人，不可能经历了两千年还没有和人类建立起联系。《史记》中也有类似特异功能的记载，是一些人为了赢得皇帝的封赏而玩

序　言 ◎ 追问历史的教育价值

的把戏，最后都被识破。那时我就在想，到底有没有特异功能，没有亲眼见过不敢轻下结论。但是如果一个人大张旗鼓地宣传自己的特异功能，到处骗钱、骗色、骗权，那一定不是真正的特异功能。可是为什么还有许多人相信呢？20世纪80年代是这样，如今已经进入21世纪了，迷信的人似乎越来越多。因为市场有需求，一个大师被揭穿，另一个大师又站了出来。如果人们了解了历史，头脑会清醒一些吧。我总算认识到历史还是有用的，它像一面镜子，让人类能够看清自己的面目，还能让各种妖魔鬼怪现了原形。除了《史记》研读，我还选过一门课，叫《史源学》，是赵光贤先生给我们上的。为了上这门课，我专门买了一套中华书局版的《资治通鉴》，共20册。上了一个学期，只学习了第一册的前二十几页。上这门课是要一字一句地研读《资治通鉴》，弄清每条史实的出处。先要在课前自己查资料，对书中的一些时间、事件、引文等考证一番，然后再上课听赵先生讲。一次课能讲那么一两页，进度很慢。当时觉得这门课很重要，所以严格按赵先生的要求预习、听课，着实下了一番功夫。由于自己功力不足，还没有真正领悟《史源学》的真意，一学期的课就结束了。

后来，为了考研究生，我又仔细阅读了白寿彝先生的《史学概论》、《中国史学史》和《中国通史》第一卷导论。我对历史又有了更深的认识。这些理论性比较强的书我能看进去，而且有自己的思考，但是中国史教科书却难以入目，那么多事件实在记不住。研究生入学考试的结果，总分上线，但是中国史分数太低，好像只有四十几分。于是，同学们心目中本应该继续深造做学问的我，大学毕业只能去就业，最后到了北京市丰台区一所普通中学当历史老师。一个从小认为历史没用的人，开始给中学生讲历史如何有用的道理了，向中学生灌输那些连自己都看不进去的历史教科书知识。每到期末考试前，看着那些好学生在我面前背诵历史教科书中的知识那种一丝不苟的样子，我油然而生感激之情。同时又觉得学生们很可怜，他们那么认真地背书，就是为了期末考个好成绩，在老师心中树立一个好学生的形象。那些考过之后就忘掉的知识，花那么多时间精力去背诵有什么意义呢？如果初中三年、高中三年都这样一个学法，不是在浪费生命吗？这个世界有那么多值得探索的东西，为什么一定要把人一生中最有生命力、最有好奇心的时段都耗费在那些脱离实际的书本知识的背诵上呢？如果那些知识将来有用，还情有可原，实际情况是考试结束后基本上就忘了。历史怎么教才有意义？

  在中学工作七年之后，我又重回北京师范大学历史系读研究生，专门研究历史教学法。有了七年中学历史教学的经历，重回母校学习，目标非常明确，硕士三年主要是学教育学。之后由于各种机缘又到外校读博士，学专门史三年。读博期间收获最大的是写历史学博士学位论文的经历。从论文选题到史料的收集整理、分析鉴别，再到用一种理论框架把史料组织起来，形成自己对历史的叙述，经历了完整的史学研究过程。博士学位论文完成后，感觉自己的历史素养与原先已经不在一个层次上了。经过六年的学习，对教育学和历史学两个领域的知识有了一定积累，做历史教学研究可以说是有些基础了。2004年博士毕业后我又回到母校，在历史教育教研室工作，接手《历史教学概论》课程的教学，同时做一些中学历史教学的研究。从2005年开始，我陆续在《历史教学》《历史教学问题》《中学历史教学参考》《课程·教材·教法》等刊物发表一些中学历史教育研究方面的成果，内容涉及历史教学的方法、历史教科书编写、历史课程目标、课程内容等方面。纵观这些研究成果，历史教育的主要领域基本上涉及了。回顾以往的研究经历，觉得要做的事情太多，而自己的时间精力有限，不可能继续在各个方面都铺开，需要集中精力解决最重要的问题。那么，历史教育目前最重要的问题是什么呢？我们认为重要的，对于学生来说是重要的吗？考察一下这些年来出版的历史教育教学类的专著、教材，数量和种类已经很多了，期刊发表的论文就更多。这些成果对于提高中学历史教学的质量产生了多大的作用？从我上中学那个年代到现在，中学历史教育经历了多次改革，从教育理念、目标到教学内容、教学方式都发生了很大的变化。学生对历史的态度、学习历史的热情有变化吗？我们在中学做历史学科能力测试研究时，通常在新学期选择初二学生测他们在初一年级学习的内容，高二学生测高一学习的内容。访谈时，经常会有学生说，应该在刚学完测试内容的时候测，现在来测，学过的东西已经忘了。回想我的中学时代，以及我当中学老师时学生学历史的情况，似乎和现在学生的情况一样，考前背诵，考过之后忘掉。学历史就是为了拿那个考试的分数，之后历史就没用了，被遗忘掉。我们不妨设想，如果会考、高考

序　言 ◎ 追问历史的教育价值

不考历史，还有多少学生去学历史？

当然，并不是所有的学生都对历史没兴趣，每年指导本科生到中学实习，他们都会反映，有些中学生对历史充满好奇心，提出的问题我们那些在大学历史系已经学了三年的本科生都回答不出来。但是，那些中学生好奇的，并不是教科书中写的那种历史；他们主动阅读的，也不是教科书，而是课外书，有些直接就去读《史记》。也并不是所有的历史课都很无聊，有些老师的课引人入胜，直到下课铃响，还觉得没有听够，想一直听下去。那些能吸引人去学习的历史是什么？根据我上大学时读《史记》的经验，应该是那些学了能产生共鸣，使人有所思、有所想、有所感悟的历史。"历史怎么教才有意义？"我发现这不是历史教育的核心问题。"怎么教"是个方法问题，方法很重要，但还有比它更重要的。给你一抔黄土，无论用什么方法也是炼不出黄金的，给你一堆铁矿石，也是如此。只有找到了金矿，炼金的方法才有用场。回顾我以前所做的历史教育研究，范围涵盖课程目标、课程内容的选择与组织、教学方法和教学评价等。虽然涉及课程内容的选择和组织，但主要是从方法角度谈内容，探讨怎么组织内容更有利于学生的学习，没有对"什么历史内容最有教育价值"做深入的探讨。经过十多年的研究，如今发现这才是历史教育研究的核心。我们不乏各种先进的教育理论、教育方法，缺乏的是有教育价值的内容。以前是拿各种先进的理论、方法来研究怎么从黄土、铁矿石等各种材料中提炼黄金，并付诸实践，结果可想而知。现在需要转变思路，先从各种材料中分辨出金矿石，再研究怎么炼金。历史教育所有领域的研究都需要基于历史学科内容[①]，对历史学科内容把握的广度和深度决定了历史教育其他领域研究水平的高度。按照一般的课程编制程序，是先确定课程目标，再根据目标选内容。看似目标在前，内容在后，其实不然，如果没有对内容的深刻理解，怎么能制定出有价值的、切合实际的课程目标。离开历史内容制

[①] 历史作为一门学科，其内容既包含对过往历史的叙述、解释，也包含研究过往历史的理论、方法，还包括历史学科自身发展的历史。21世纪初新课程改革以前，中学历史课程的内容主要是对过往历史的叙述、解释，这些都是历史学家研究的成果。新课程改革以来，历史学的理论、方法也进入中学历史课程内容中，希望借此培养学生自主探究的能力。

定出的历史课程目标，只能是一堆假大空的口号，中看不中用，无法落实。如果从历史课程目标研究上升到历史教育的价值探讨，更需要以历史学科内容为基础，即便是历史课堂教学，也需要以历史学科内容为依托。我觉得只有贯通古今中外的历史学家才有条件探讨历史的教育价值，探究清楚什么历史内容对于学生来说最有价值。只有对所教历史内容有深刻理解的老师，才有可能上出高水平的课。

随着研究的深入，我越来越清醒地意识到自己知识的贫乏，既缺乏教育学知识，更缺乏历史学知识，想要做出高水平的历史教育研究成果，学识还远远不够。庄子说："吾生也有涯，而知也无涯。"学习要知道取舍，研究也要有所取舍，否则即使穷尽毕生精力也学不完，研究不完。即便做了取舍，要把一个问题研究清楚，也不容易。历史教育研究任重而道远，希望有更多的老师能把研究聚焦到历史内容的发掘上来。

郑　林

2017 年 9 月于北京师范大学

目录

第一章
历史课程研究

第一节　历史课应回归史学的教育功能　_ 003

第二节　历史课程目标及其分类的探索　_ 015

第三节　中学历史课程"过程"目标相关问题探讨　_ 026

第四节　历史观与历史知识的建构　_ 036

第五节　探究式历史学习课程的内容选择与编排　_ 055

第六节　普通高中历史课程标准编订中的核心问题探讨　_ 066

第二章
历史教材研究

第一节　教材编写如何有利于教学方式的转变　_ 081

第二节　普通高中新课程历史教科书的成绩与问题　_ 091

第三节　普通高中新课程历史教科书难度问题分析　_ 097

第四节　民国时期初高中历史教科书内容的衔接研究　_ 109

第五节　历史课堂如何处理好教学与教科书的关系　_ 124

第三章
历史教学研究

第一节　新课程下历史课堂教学目标的设计　_ 135

第二节 历史课程改革中的教学方法问题 _ 143
第三节 论历史活动探究课的定位、目标与组织形式 _ 148
第四节 历史课堂教学中的问题设计 _ 157
第五节 促进学生历史学科能力发展的教学设计 _ 164
第六节 基于学科素养的初高中历史教学衔接研究 _ 178

第四章
历史教学评价研究

第一节 中学生历史学科能力表现及测评初探 _ 189
第二节 中学生历史学科能力表现影响因素研究 _ 202
第三节 基于历史学科能力培养的习题设计研究述略 _ 213

第五章
历史教师教育研究

第一节 提高教师历史素养，深化历史课程改革 _ 223
第二节 师范院校历史教学法课程的定位及改革思路 _ 232
第三节 师范大学历史教学论类课程建设的几个问题 _ 243
第四节 提高师范大学历史教育实习效果的探索 _ 250

第六章
其他相关研究

第一节 东亚历史教育国际交流初探
——以中日交流为中心 _ 259
第二节 高中历史必修2"古代中国农业"相关概念辨析 _ 266
第三节 《普通高中历史课程标准（实验）》成就与问题综述 _ 270

附录一　《普通高中历史课程标准（实验）》实施现状调研报告　_ 279
附录二　初中《古希腊城邦文明》教学设计　_ 310
附录三　高中《古希腊民主政治》教学设计　_ 317

主要参考书目　_ 327

第一章
历史课程研究

　　学校教育中的课程，其内涵是随时代发展而不断变化的。最初，它是指学生学习的学科，可以指全部学科，也可以指一门学科。学科是事先规定好的知识体系，通过学校教育分门别类系统地传授给学生。后来，随着教育理念的变化，课程的内涵中又加入学生获得的所有由学校提供的经验。经验不是预先规定的一套知识体系，而是学生通过实践过程所得。不管课程内涵如何变化，其本质是学生通过学校教育学习的内容，可以是知识也可以是经验，或者是两者的综合。到底是什么，取决于学校教育的目标。因此，课程目标也可以纳入课程的内涵。具体到历史课程而言，就包括学校历史教育的目标、内容、进程等。在学校开设历史课的目的是什么，如何制定历史课程目标，如何根据目标选择和组织课程内容，这些都是课程研究需要解决的核心问题。

第一节
历史课应回归史学的教育功能*

正在修订的普通高中历史课程标准提出了历史学科核心素养目标,并设计出一套课程目标体系,其中"蕴含着深厚史学底蕴和时代要求"。① 要做到深入理解并在教学中灵活运用,不能只分析解读五个核心素养,针对某个素养设计教学,而应回归史学,回归史学的教育功能。只有这样,才能高屋建瓴,从整体上把握历史教育的目标;避免零敲碎打,只见树木不见森林,被困在复杂的目标体系中而迷失方向。

(一) 史学功能与历史教育的目标

历史教育目标是历史教育活动预期要得到的结果,在课程标准中以课程目标的形式呈现。历史教育能够得到什么样的结果,主要取决于历史学的功能。历史学是"对客观历史的主观认知"②。从学科体系来讲,主要由两大部分组成:一是认知历史的理论与方法;二是认知历史所得的成果。前者是指收集、整理和考辨史料,以及分析和解释历史的理论和方法;后者主要是指历史学家陈述历史发展过程的各种著作,如《中国通史》《世界通史》《秦汉史》《中国科技史》《中国经济史》《唐太宗传》《罗斯福传》等。"历史学科的主体部分,是历史学家陈述历史发展过程的各种著作。"③ 中学历史教学的主要内容,就是从历史学家的著作,或者说人类认识历史的成果——历史知识中选编的。中学生学习这些历史有何用?换言

---

* 原文发表于《历史教学》(上半月刊)2017年第19期。
① 郑林:《历史学科素养在"做历史"的过程中落地》,《历史教学》(上半月刊)2017年第11期。
② 姜义华、瞿林东、赵吉惠:《史学导论(修订本)》,复旦大学出版社,2010,第11页。
③ 姜义华、瞿林东、赵吉惠:《史学导论(修订本)》,第27页。

之，历史能发挥什么教育功能？这取决于学习什么样的历史。通常，历史课给人的印象是教学生记忆历史知识。学过历史，学生能知道什么时间、什么地点发生了什么事情，谁做了什么事情。例如，18世纪60年代，英国工业革命开始；1785年，瓦特制成改良蒸汽机；1804年，法兰西第一帝国建立。学生知道这些知识以后，对他们的成长有什么意义，对成为一个合格公民有何意义，什么样的历史知识有教育意义，这是每个历史老师需要思考的问题。以"瓦特改良蒸汽机"为例，如果学生仅仅知道1785年瓦特制成改良蒸汽机，除了应付测试知识记忆的考试外，并没有其他意义。但是如果学生了解了瓦特生平及改良蒸汽机的具体过程，就大不相同了。有老师在讲工业革命这一课时，详细介绍了瓦特生平及改良蒸汽机的过程，之后再让学生讨论，产生了意想不到的效果。

1736年1月19日，詹姆斯·瓦特出生于苏格兰小镇格里诺克。那时的英国还没有进行工业革命，人们的生活方式还和千百年前一样：用牲畜驮运自己和行李，用帆和桨推动船，用手工纺织……瓦特的父亲是建筑师兼造船师，担任镇里的司库和市政官。[①] 家族的三代人都因为擅长仪器仪表制作而受人尊敬[②]。瓦特从小体质虚弱，最初的启蒙教育是由父母在家中完成的。母亲教他阅读，父亲教他数学，还特意为他在自己的作坊里安排了一个工作台，在这里，瓦特显示出仪器制作方面的天赋。上小学时的瓦特并不出众。13岁进入格里诺克语法学校，展现聪明才智，制造了航海仪器模型，自学天文学、化学、物理学、希腊语、拉丁语。17岁时，瓦特遭遇了人生的一次重大变故。哥哥在出海时遭遇海难，母亲去世，父亲在生意上也遭受了重大损失。瓦特承担起家庭重担，外出谋生。18岁到格拉斯哥市当徒工，19岁到伦敦的一家仪表修理厂当徒工，20岁成为格拉斯哥大学仪器修理工。瓦特修理精密仪器表现出来的高超技艺给格拉斯哥大学

[①] 〔法〕保尔·芒图：《十八世界产业革命——英国近代大工业初期的概况》，杨人楩等译，商务印书馆，1983，第254页。
[②] 〔美〕安德鲁·卡内基：《瓦特传——工业革命的旗手》，王铮译，江西教育出版社，1983，第6页。

的教授们留下了深刻印象。正是在这所大学，瓦特开始了他的人生转折。他结识了布莱克教授等朋友，经常和他们探究科学方面的问题；成为格拉斯哥大学教学仪器制造人，几年后开了一家仪器制造商店。27 岁时，格拉斯哥大学把修理一台教学用纽可门蒸汽机的任务交给他。在修理的过程中，瓦特发现这种蒸汽机的两大缺点：活塞动作不连续而且慢；蒸汽利用率低，浪费原料。他决心解决这些问题，开始了改良蒸汽机的过程。

1765 年，29 岁的瓦特制造了第一台蒸汽机样机。要将机器应用于生产实践，还要不断地完善。这需要投入大量资金。1766 年，经朋友介绍，瓦特与企业家罗巴克合作，共同研发新型蒸汽机。1772 年，罗巴克的企业濒于破产，无法继续资助瓦特，研究被迫中断。好在罗巴克引荐另一位企业家马瑟·伯顿与瓦特合作，研究才得以继续。伯顿是那个时代的工商业巨头，他开设的工厂，规模和成就在世界上数一数二。伯顿正需要解决工厂机器的动力问题，两人一拍即合。在伯顿的支持下，瓦特一步一步地解决了蒸汽机的各种难题，获得了一项又一项专利。1785 年，瓦特制成"万能蒸汽机"，当选为英国皇家学会会员。1790 年，完成蒸汽机发明的全过程。这年，瓦特已经 54 岁。[1]

老师讲完瓦特的事迹之后，设计了如下的讨论：

瓦特的成功改变了世界。据说，瓦特小时候看到水烧开时，蒸汽顶开壶盖，受到启发，激起了他的探索欲望，最终促成他的伟大发明。请同学们根据你们掌握的知识，探讨一下瓦特为什么能够成功？

老师预设的参考答案是：

瓦特善于观察，并且持之以恒是他改良蒸汽机成功的原因之一，但不是唯一的原因，他是在前人技术的基础上成功的。我们可以学习

---

[1] 案例中瓦特的事迹主要根据《十八世界产业革命——英国近代大工业初期的概况》和《瓦特传——工业革命的旗手》等书的史实做了修改。

瓦特的悉心观察，做个生活中的有心人。

学生讨论后的发言远远超出了老师预设的答案。对于瓦特的成功，有学生从他的家庭背景分析，有学生从他曲折的经历分析，还有学生从他与企业家的合作分析，也有学生联系当时英国的专利制度分析。每个学生的发言都有理有据，做到了论从史出。最后老师归纳总结，对瓦特成功的因素形成系统全面的认识。

通过这个案例，我们可以对"什么样的历史知识有教育意义"得出初步的答案：具体、有细节、有发展过程的历史知识。对于历史事件，要呈现出事情的来龙去脉；对于历史人物，要呈现出其成长历程。学生从这样的历史知识中感受具体史实，获得情感体验；对具体史实抽象概括、分析比较，做出自己的价值判断，经历历史学科能力的训练，形成自己的情感态度价值观。这些教育价值的实现，最终都是依托史事，从具体事例中发掘出历史的教育功能。

人们很早就认识到历史的教育功能。《周易·大畜·象传》上说："君子多识前言往行，以蓄其德。""前言往行"指的是历史，"蓄德"主要是指培养道德品质。这句话的大意是：君子要多了解历史以培养其品德。《国语·楚语》中记载，楚国大夫申叔时向楚庄王建议如何教育太子时，说："教之《春秋》，而为之耸善而抑恶焉，以诫劝其心。""希腊化时代"末期的历史学家们也认为，研读历史是"最真正意义的教育和从政生涯的训练"。[1]

历史的借鉴作用在我国古代文献早有论述。例如，"殷鉴不远，在夏后之世"，[2] "我不可不监（鉴）于有夏，亦不可不监（鉴）于有殷"，[3]要周人以夏朝、殷商作为借鉴，不要重蹈其覆亡之辙。历史还具有预测功能。苏联历史学家茹科夫曾经指出，"社会发展客观规律的存在，开辟着对历史过程进行有根据的预测的前景"。[4] 民族、国家认同是历史的重要功能之一。每个民族、每个国家都有自己的历史。一个民族、一个国家之所

---

[1] 〔古希腊〕波里比阿：《罗马帝国的崛起》，翁嘉声译，社会科学文献出版社，2013，第129页。
[2] 《诗经·大雅·荡》。
[3] 《尚书·召诰》。
[4] 〔苏〕E.M.茹科夫：《历史方法论大纲》，王瑾译，上海译文出版社，1988，第83页。

以会是现在这个样子，是由其历史造就的。了解自己民族、国家的历史无疑会增进对本民族、国家的认同感和归属感，增强民族、国家的凝聚力。

上述史学功能是否能够充分发挥出来，取决于教育者给学生提供什么样的历史知识。罗马史学家李维说："研究过去的事可以得到非常有用的教益。在历史真相的光芒下，你可以清清楚楚地看到各种各样的事例。你应当把这些事例作为借鉴：如果那是好的，那么你就模仿着去做；如果那是罪恶昭彰而最后身败名裂的，那么你就要引为大戒，竭力避免。"① 李维所言"事例"，就是指具体、有细节、有发展过程的历史知识。教育者如果能给学生呈现这样的历史知识，史学教育功能的发挥自然会水到渠成。

传统的历史教学主要是向学生系统传授人类认识历史的成果——历史知识，至于这些历史知识是怎么获得的，并不在历史教学的目标范围。21世纪初开始的历史课程改革，重视历史探究的过程和方法。历史学习不再把重点仅仅放在历史知识本身，而是更多地关注让学生体验历史探究的过程和获得知识的方法。这样，历史学研究方法在教育中的价值得到了体现。新课程将史学方法纳入历史课程目标，要求学生通过历史学习，掌握收集资料、鉴别证据、推理判断的方法，并能提出历史问题，对问题做出自己的解释。正在修订的普通高中历史课程标准，提出历史学科核心素养目标，其最根本的素养就是运用历史学科的理论和方法分析解决问题。

总之，新时代的历史课程已经把历史学的两大组成部分——认知历史的理论与方法和认知历史所得成果，都纳入历史教育的目标体系中。通过学习已有的历史叙述，可以实现知识和情感态度价值观目标，能力、过程与方法目标也能部分地实现；通过运用历史学理论方法构建自己的历史，可以实现能力、过程与方法目标，进一步深化和巩固知识和情感态度价值观目标。两者结合，才能更好地实现新课改的三维目标。三维目标实现了，历史学科素养目标也自然得以实现。

（二）教学方式与史学教育功能的发挥

以知识讲授为主的教学和以问题探究为主的教学，哪种教学方式更能

---

① Titus Livius, *The History of Rome*, translated with introduction by Canon Roberts, London: J. M. Dent & sons, ltd.; New York: E. P. Dutton & Co., 1926, Vol. 1, p. 2.

发挥史学的教育功能，哪种方式更有助于学生学科素养的培养，对这些问题的回答可能会见仁见智。

表1-1 以知识讲授为主的教学和以问题探究为主的教学比较

项目 分类	教学方式	学习的媒介	学习的内容	学习的方式	学习的结果
以知识讲授为主的教学	讲授	历史教科书	史学家对历史的解释	教师讲、学生听	理解记忆史学家的历史解释
以问题探究为主的教学	探究	史料等课程资源	过去实际发生的事情	师生共同探究	形成自己的历史解释

通常，在以知识讲授为主的教学中，学习的媒介主要是历史教科书，学习的内容是史学家对历史的解释，而且是教科书编写者经过选择的解释。学习方式主要是教师讲，学生听。只要学生能把史学家对历史的解释弄清楚并记住，教学的主要目标就实现了。而在以问题探究为主的教学中，学习的媒介是以史料为主的各类课程资源，学习的内容是探究过去发生了什么，为什么发生。学习方式则是师生共同探究，结果是学生获得了自己对历史的解释。这种解释有可能和教科书写的一样，但不是教师从外面硬塞进学生头脑中，而是学生通过对史料的探究自己形成的。这两种教学方式各有优势。前者能用较少的时间向学生传递较多的历史知识，至于这些知识学生是否理解、是否掌握、是否获得情感态度价值观的体验，主要取决于教师的教学水平。后者能充分发挥学生学习的主动性、创造性，对某个历史课题进行深度探究，探究的结果如何，也取决于教师的教学水平。教学方式并无好坏之分，有的只是教师教学水平的高低。新课改提倡探究式教学，实际情况是课时少，容量大，不可能每节课都用探究式教学。因此，很多老师在实际课堂教学中讲授与问题探究并用，在知识的系统讲述过程中创设情境，提出问题，帮助学生理解历史，培养分析概括等能力。

例如，在岳麓版《古罗马的政制与法律》一课中，有这样一段叙述："平民为维护自身利益，与贵族进行了长期的政治斗争，迫使贵族不断让步,最终允许他们选举自己的官员,以监督政府行为,平民保民官由此设立。"① 教科书中的历史,大部分都是这种剥离了具体史事,用抽象概念组成的概括性的叙述。这种叙述不论是学生自己阅读还是教师讲给学生听,都显得抽象枯燥。把这段话背诵下来,与背诵"1785 年瓦特制成改良蒸汽机"的意义没有太大的差别。什么是"平民为维护自身利益,与贵族进行了长期的政治斗争,迫使贵族不断让步",没有具体事例支撑,学生并不清楚。有老师上课时创设历史情境,帮助学生理解,效果就不一样了。

公元前 5 世纪的罗马,强邻环绕,形势险恶。(地图略)

时间:公元前 5 世纪初

情景一:邻近的部落马上就要进攻罗马,但平民的情绪却非常激愤。因为他们在外勇敢作战,却分不到新占领的土地,他们的家人生活也很艰难,常因欠债而破产。平民们集中在一起发泄内心的愤恨:

"同胞们啊,我曾经是一位勇敢的战士,我参加 28 次远征,与罗马的敌人打过几百次仗,受过多次奖赏。可当我远征回来之时,发现我家的房子被烧了,牲畜被赶走了,我的战利品也被贵族抢走抵债了。利息越滚越多,终于使我失去了最高贵的东西——自由。我被戴上镣铐,送进采石场,每天出苦力挨鞭子。"愤怒到极点的平民们决定不再出征打仗。

情景二:忽然可怕的消息传来,敌人打过来了!执政官塞维鲁出面了:

"平民们,元老院焦急地为你们的利益考虑,但因国家安全正受到威胁,只好先中止会议,再没有什么比战争更急迫的事了。为使你们相信元老院的诚意,我特颁布一道法令:禁止任何罗马公民非法拘禁其他公民,当公民在军中服役时,任何人也不得扣压和出售他的财产及儿女。"

情景三:平民们得到许诺后纷纷报名出征。但当他们凯旋而归的时候,一位平民被告知,他家的房子和财产已经被变卖抵债了,妻子

---

① 普通高中课程标准实验教科书《历史必修(Ⅰ)政治文明历程》,岳麓书社,2004,第 29 页。

和孩子也被变卖为奴。他听后怒不可遏，感到受骗了。平民们联合起来撤出罗马，不再为贵族打仗。无奈的元老院贵族只好表示让步，同意废除债务奴隶，并设平民保民官。平民取得一次重大胜利。

——摘编自卡里斯托夫、乌特钦科《古代的罗马》

思考：平民为何拒绝为贵族战斗？

经过斗争，平民们获得了怎样的胜利？

教学中，老师没有照本宣科，而是利用史事创设历史情境，让学生感知当时的罗马平民面临什么问题，他们是如何解决的，结果如何。然后用提问突出重点，引导学生得出自己的结论。经历了这样的学习过程，学生才能理解教科书中的文字是在说什么，从而真正理解历史，从历史中获得启迪。

讲授式教学可以在有限的时间内向全体学生系统传授大量历史知识。讲得好，就像听故事，引人入胜，让学生清楚地了解历史的来龙去脉。然而并不是所有历史老师都擅长讲故事。因此，很多历史课内容枯燥，学生没有兴趣。探究式教学可以针对某个历史知识作深入细致的探讨，充分发挥学生的主动性、创造性，培养学生的历史思维能力。但限于课时，可能会牺牲历史知识的系统性和完整性。两者各有其优势和不足，可以配合使用。学科课程体系下的课堂教学中可以讲授式为主，在部分环节设计探究活动。综合实践活动课程或研究性学习类课程，则应以探究式教学为主。

严格意义上的探究式教学，要求学生像历史学家那样去体验、感受历史研究的过程，包括提出问题、收集整理史料、鉴别史料、分析史料、形成对历史的叙述或对历史的分析评价，并用口头或书面语言表达出来。探究活动一般包括以下几个环节：

第一，创设问题情境，让学生向过去提问；

第二，聚焦核心问题，围绕问题收集和研究资料；

第三，运用资料回答问题，解释过去发生了什么，为什么发生，有何影响，等等。

以英国历史教科书中的探究活动为例。

课题：过去发生了什么？——骨架的奥秘①

第一步：创设情境，让学生提出问题。

照片：考古发现的遗骨（略）。照片中的骨架是考古学家在英国南部的梅登城堡发现的。观察这张照片，列出关于这些骨架的问题清单。

学生可能提出的问题如下：

这些是谁的骨架？
他们是怎么死的？
谁杀了他们？
他们是如何被埋葬的？

第二步：研究证据。

研究线索 A—D。看它们是否能帮助你回答一些问题。

线索 A：梅登城堡示意图（略）。梅登城堡是一座山上的堡垒。它就像这样。斜坡是它坚固防御的一部分。人们在这持续生活了500年。公元50年他们遗弃了这座城堡。

线索 B：一个罗马历史学家这样描述不列颠人（公元前10～公元20年）：不列颠人是战争狂。他们勇敢，喜欢打仗。即使得不到什么，他们也打仗，只因为他们拥有力量和勇气。

线索 C：其中一块头颅骨的近照（略）。

线索 D：不列颠人部落分布图（略）。这张地图展现的是那些住在英格兰南部的部落。杜罗特里吉人部落统治着梅登城堡周围的地区。

第三步：根据证据提出假设。

假设是一种可能性的解释。根据已掌握的证据，你有可能作出如

---

① Ian Dawson, Maggie Wilson, *SHP History Year 7*, London: Hodder Education, 2008, pp. 2 – 6.

下解释：

假设1：这些骨骼是来自梅登城堡的人们的。他们是在一次由相邻部落贝尔盖人发起的袭击中被杀死。证据是在头颅上的剑伤。袭击者屠杀了所有的村民，然后草草埋葬了他们。

第四步：寻找更多的线索。
运用更多的线索来检验假设。

线索 E：一具放大的遗骨照片，骨骼中有一只铁制箭头（略）。这是在梅登城堡发现的另一具遗骨。你能看出他是被什么所杀吗？

线索 F：关于梅登城堡附近发生的事唯一的文字证据是一个叫苏维托尼乌斯的罗马历史学家写的。他说，第二军团的指挥官维斯帕先"打了30场仗，征服了两个好战的部落，夺取了超过20个大定居点"。

线索 G：投石器示意图（略）。罗马军队使用一种叫投石器的武器，那是一种可以把装有铁制箭头的弩箭射出300米的弹射器。

线索 H：铁制箭头的放大图片（略）。

线索 I：考古学家在梅登城堡挖出了52具骨架。可能还有更多的仍被掩埋着。52具骨架中有14具被武器所伤。大部分的伤是剑砍在头颅上所致。一个头颅上有一个矛刺穿的洞。

线索 J：四个人在他们受伤后又活了一段时间。我们知道这是因为那受损伤的骨头在受伤后重新长了。尽管我们无法准确判断他们在受伤后又活了多久，但我们知道那必须经过几个星期或几个月。那是骨头愈合的时间。

线索 K：罗马入侵英国后的控制区域地图（略）。

线索 L：在梅登城堡发现的所有骨骼都有供其来生用的物品陪葬。这些物品包括火腿肉和大杯啤酒、罐子、武器、豆子、戒指和胸针。

第五步：最终的解释。
运用多种线索做出可能的推测。

研究历史，必须用证据来支持结论。这证据就像足够结实的桥梁来支持你的结论。如果你有的只是一座不够结实的证据桥梁，就没法驾驶一个大的肯定的结论穿过它。那些证据将无法承受它，桥将会倒塌！

假设1的哪些部分没有被强有力的证据所支持？

根据新的证据，写下你关于骨架之谜的答案。包括：

你觉得他们是谁？

谁杀死了他们？他们是如何被埋的？

还包括：

哪条线索最有帮助？为什么？

你的确定程度。

你可以选择下面这些从句来帮助表达你的确定程度：

完全肯定的是……

它们可能……

我很不确定的是……

我们无法完全确定但……

我的假设是……

很有可能的是……

运用所有证据和解释历史的要领，由学生提出假设2，叙述在英国南部的梅登城堡发生了什么。

以上是英国历史教科书的历史问题探究示例。可以看出，这种问题探究近似历史学家的研究，只是少了对史料可靠性的鉴别，比较适合初中生。如果是高中生，则可以增加判断史料可靠性的环节和技能。

(三) 历史认知方法和历史认知成果哪个重要

历史学科体系主要由认知历史的理论与方法和认知历史所得的成果两大部分构成，史学功能的发挥要依托它们，从史学发展的历史来看，后者是主体。人们主要是通过后者，也就是历史学家对历史的叙述和阐释来了解历史，从中获得自己所需。中学历史教育的内容也以后者为主，由教科书编写者依据国家课程标准或教学大纲的要求,从历史学家的研究成果中选择相关内容,编写成教科书,作为中学历史教学的基本依据。历史教科书体现国家意志,属于国家记忆。作为国家记忆的史学,其主要目的"是维护和强化国家的统治秩序"①。英、美国家的历史教育,也有这种功能。20世纪60年代以前,"利用历史教学,加强国家认同和民族自信心,在许多忠诚公民的心中,目为天经地义"。② 但是,60年代以后,史学方法逐渐成为英、美国家历史教育的重点。这是因为历史学家和教育工作者已经认识到"历史知识不会有最终的定论。随着新数据的出现、对数据的新解读、关切点和视角的改变,历史知识总是不断更新","因此,一段过去不会只有一种解释,甚至不同的解释可以互补并存"。③ 教科书只选择了一种解释,而学生们走上社会后,必须在各种相互冲突的历史知识中做出抉择,抉择的依据就是历史学科的方法和能力。当学生具备建构历史知识的方法和能力时,就可以对各种历史信息做出理智的判断。

中学生需要掌握哪些历史学科特有的思想方法?英美等国自20世纪70年代以来作了一系列探索,形成比较成熟的认识。④ 在英国,从2008年以前的几版国家历史课程标准来看,历史学科的思想方法逐渐成为课程目标的主体,而历史知识已经淡出目标体系。实际教学中,注重对某个历史问题的深度探究,以培养学生分析问题、解决问题的能力。受英美国家历史教育的影响,我国21世纪以来的课程改革也注重方法、能力的培养,历史学科方法被纳入历史课程目标体系。正在修订的普通高中历史课程标准,提出历史学科核心素养目标,更加强化了史学方法的教育功能。以至于有老师说,学过历史后,把具体知识都忘了,剩下的那些就是历史学科核心素养。这种对学科核心素养的理解有些偏颇,史学包括认知历史的方法和认知历史的成果,根据已有历史认知成果编写的各种历史叙述是进行民族认同、国家认同教育的主要依据,离开这类知识,情感态度价值观教

---

① 姜义华、瞿林东、赵吉惠:《史学导论(修订本)》,第16页。
② 林慈淑:《历史,要教什么——英、美历史教育的争议》,台湾学生书局,2010,第91页。
③ 林慈淑:《历史知识特质与历史教育方向》,《中学历史教学》2015年第12期。
④ 郑林:《中学生历史学科能力构成及表现研究》,《课程·教材·教法》2017年第8期。

育就无从谈起。当然，如果只是单向接受已有的历史认识成果，可能会产生认识上的局限。只有掌握了认识历史的方法，才能具备辨识能力，从众多历史信息中选择更为可靠的信息，作为形成自己判断的依据。总之，对于中学生来说，历史认知方法和历史认知成果同等重要，而对于历史认知成果的掌握应处于优先地位。首先要理解已有的历史认知成果，获得一定量的历史知识。在此基础上学习历史认知的方法，了解史学家对历史的认识是怎么得出来的，获得辨别历史解释的能力，为进一步学习历史奠定基础。

第二节
历史课程目标及其分类的探索[*]

历史课程目标既是教材编写的依据、学校历史教学活动的出发点和归宿，又是历史教学评价的标准、依据。要保证历史教学工作取得预期的效果，首先必须提出明确具体的历史课程目标，并围绕目标选择课程内容、编写教材、开展教学活动。评价历史教学，就是看教学活动是否达到预定的历史课程目标。显然，在历史课程系统中，课程目标的确定是一个非常重要的环节。以往我们制定的历史课程目标，往往过于抽象、笼统，在教学过程中容易落空，也不好以它为依据评价教学效果。究竟应该怎样制定明确具体的历史课程目标，有必要作进一步的探讨。

（一）什么是历史课程目标

历史课程目标属于学科教育目标。在教育学文献中，教育目标因层次的不同而有不同的表述。经常用到"教育目的""教育目标""教学任务""教学目的""课程目标""教学目标"等概念，这些概念的基本含义是一样的，都是指教育活动预期要得到的结果，只是因为预期的结果有层次之分，于是才产生了不同的表述。

---

[*] 原文发表于《中学历史教学》2016 年第 1 期。

有学者从教育目的出发来分层次，认为教育目的是国家为整个学校系统制定的，在教育总目的指导下，各级各类教育又需确定更为具体的培养目标。不同类型、不同层次的培养目标还可以进一步划分为分阶段、分专业的培养目标系列。这种划分培养目标系列的过程，就是教育目的具体化的过程。教学目标就是进一步具体化了的教育目的和培养目标。教学目标又可以进一步划分为某一学科、某一阶段、某一节课的更为具体的目标。直接体现某一项或某一组教学目标的是教学任务，即必须由学生掌握的一定量的教学内容。① 按照这种分层法，教育目标从宏观到微观大致可以被划分为国家举办学校教育的目的，各级各类学校教育的培养目标，某个学科、某一阶段的教学目标，一节课的教学目标，等等。

也有学者从教育目标出发来分层次，认为教育目标中既包括高度抽象概括的目标，也包括具体个别的目标，水平是多种多样的。以日本的教育目标为例，最高度抽象的目标是教育基本法第一条关于教育目的的规定。稍次之的是学校教育法中关于各级各类学校教育目的的规定。具体个别的目标有教学计划中反映出的国家统一标准的指导纲要，各学科在各学年中应讲授或指导的内容和目标，以及根据教学大纲编写的教科书和教学参考书，教师在教科书基础上制定的具体指导目标。有时，高度抽象概括的教育目标又被称为"教育目的"，而具体个别的教育目标又被称为"教学目标"。②

教育目标不论怎样分层次，有一点是共同的：目的高度抽象、概括，目标则具体、细致。目的只有具体化为目标，才有可能通过教育活动来实现。据此，我们可以将教育目标分为四个层次。第一层次为教育目的。这是最抽象、宏观的层次，国家为整个学校教育系统制定的教育总目标就属于这一层次。在教育原理中探讨教育本质时所用的教育目的也属于这一层次。第二层次为教育目标，是对教育总目的的具体化。某一类、某一级学校的总体培养目标属于这一层次，如普通中学教育目标、职业中学教育目标、高等学校教育目标。第三层次为课程目标。是某一类、某一级学校教

---

① 李秉德主编《教学论》，人民教育出版社，1991，第50、51页。
② 〔日〕梶田睿一：《教育评价》，李守福译，吉林教育出版社，1988，第78、79页。

育目标的具体化，是学校某个学科教学的总目标。新课改后我国中学历史课程标准中的课程目标，以及新课改前中学历史教学大纲中的"教学目的""教学任务"，属于第三层次的目标。第四层次为教学目标，是学科课程总目标的具体化。通常指一个教学单元、一节课所要达到的具体目标。

综上所述，教育总目标具体化以后，最终会分解为分学科、分阶段的教育目标，具体到历史学科，就是历史课程目标和教学目标。在本书中，历史教育目标和历史课程目标是等价的，属同一层次的目标，可以互换使用。历史课程目标要比中学教育总目标具体，但是又比历史教学目标抽象。如何把握好度，是制定历史课程目标的难点。以往我们的历史课程目标存在的主要问题是过于抽象笼统，不好操作。这种现象不仅仅存在于历史学科，其他学科也有。王策三先生曾举过一个例子。

> 60年代末和70年代初，中国教育界曾大力提倡要培养学生分析问题和解决问题的能力（简称两个能力）。但是没有弄清楚：究竟什么是分析问题和解决问题的能力？在中学小学各应该怎样体现？在语文、数学……各科又应该怎样体现？用什么方法进行测定？需要哪些指标、数据？等等。尽管当时教育书刊、报告、经验交流、学校工作计划、总结，到处都可见到"两个能力"的词句、口号，都极力提倡，强调，而其效果不著却是众所周知的。[①]

21世纪初的基础教育课程改革，提出了三维目标，实施多年以后，教师们仍然反映课程目标太笼统。以往的经验教训告诉我们，在制定历史课程目标时，需要将目标具体化，以便教学和评价。

（二）历史课程目标的分类

为了制定出明确具体的历史课程目标，需要做目标分类。由于各国学者在教育教学思想上所持的立场不同，他们考察教育目标的角度也有差异。中华人民共和国成立后，我国教育学界很长一个时期学习苏联的经验，对教育目标的阐述一般是以"教学任务"的形式出现。教学任务包括

---

① 王策三：《教学论稿》，人民教育出版社，1985，第107页。

三个方面的内容：（1）向学生传授文化基础知识和基本技能；（2）发展学生的认识能力和体力；（3）培养学生的辩证唯物主义世界观和共产主义道德品质。历史教育目标的表述也直接套用了这一形式。苏联和我国学者分析教育目标的出发点很相似，两者的共同点是非常注重教育总目的和教学目标的密切关系。"但在阐述教学目标时仅限于重复教育总目的，不能使之进一步具体化、系列化，却是我国和苏联教学论的共同缺陷。"① 21世纪初的课程改革，主要学习美国的经验。美国学者分析教育目标一般是从学习进程的因果关系出发，推测出学习活动所产生的结果。布卢姆和加涅等人进行教育目标分类用的就是这一思路。

布卢姆等人在《教育目标分类学》中把教育目标划分为："认知领域"、"情感领域"和"技能领域"。其中认知目标包括知识、理解、运用、分析、综合、评价；情感目标包括接受、反应、形成价值观念、组织价值体系、形成价值情绪；技能目标包括观察、模仿、练习、适应。这样的分类法非常细致、具体，有利于指导对教学结果的评价。

加涅在《学习的条件》一书中认为，教学活动所追求的目标，就是让学生形成五种能力：智力技能、认知策略、言语信息、运动技能和态度。智力技能又可以进一步区分为鉴别、获得具体概念、为概念下定义、掌握规则；认知策略也可以再区分为编码的策略、记忆探求的策略、检索的策略和思考的策略等。加涅的分类侧重于能力的培养，对指导教学设计有较大参考价值。

在对我国的历史教育目标进行分类时，可以借鉴西方学者的教育目标分类法，但不可完全套用，一是因为国情不同，二是因为这些分类法本身既有长处又有短处。我们应结合中国国情，吸取布卢姆等人分类法的优点，参照我国原有的分类法，对历史教育目标进行新的分类，使之更有利于历史教学和评价。

（三）我国历史教学大纲中的历史课程目标分类法分析

在我国21世纪初新课改之前，通常把历史课程目标分解为向学生传授

---

① 李秉德主编《教学论》，第55页。

历史基础知识、对学生进行思想品德教育、培养学生的基本能力三项教学任务。课改之前的中学历史教学大纲基本上采用这种分类法。例如在《九年义务教育全日制初级中学历史教学大纲（试用）》中，对教学目的和要求是这样写的：

> 初中历史教学，要求学生学习和掌握基础的历史知识，即了解中国历史和世界历史发展的基本线索；了解重要的历史事件、历史人物和历史现象，以及理解重要的历史概念。
>
> 初中历史教学，要求向学生进行初步的辩证唯物主义和历史唯物主义观点教育，尤其是社会发展规律教育；进行国情教育、爱国主义和国际主义教育；进行中国社会主义初级阶段基本路线教育；进行革命传统和道德情操教育；培养学生具有为祖国社会主义现代化建设和人类的和平、进步事业而献身的历史责任感。
>
> 初中历史教学，要求教会学生初步掌握记忆、分析、综合、比较、概括等方法；培养学生学习和表述历史的能力；培养学生初步运用历史唯物主义的基本观点观察问题、分析问题的能力。

在 2000 年发行的《全日制普通高级中学历史教学大纲（试验修订版）》中，教学目的一节也是分为三项。

> 普通高中的历史教学，要在初中教学的基础上，使学生进一步掌握重要的历史事件、历史人物、历史现象，理解重要的历史概念，把握不同历史时期的基本特征及其发展趋势，认识历史发展的基本线索和基本规律。
>
> 在历史教学过程中，要注意培养学生的创造性学习能力，使学生进一步掌握和运用学习历史和认识历史的基本方法，增强学生自主学习和探究的能力；指导学生搜集和整理与学习相关的历史资料，培养学生解读、判断和运用历史资料的能力；通过对历史事实的分析、综合、比较、归纳、概括等认知活动，发展学生的历史思维能力；引导学生运用所学的知识和方法，对历史问题进行实事求是的阐述，提高分析问题和解决问题的能力。

通过历史教学，使学生进一步运用唯物史观对社会历史进行观察与思考，逐步形成正确的历史意识；对学生进行国情教育和爱国主义教育、维护民族团结和祖国统一的教育，使学生继承和发扬中华民族的优秀文化传统，树立民族的自尊心和自信心，具有建设中国特色的社会主义的坚定信念和改革开放、振兴中华的使命感；……

这三项历史教学任务只有进一步细分为更具体的目标，才能在教学和评价中操作。

新课程改革采用三维目标分类法，将历史课程目标分为知识与能力、过程与方法、情感态度和价值观。三维目标是本次新课程改革的亮点，但是也有值得商榷的地方。[①] 在实施过程中教师们也反映课程目标笼统，不好操作。总之，建立科学的历史教育目标分类体系，使历史教育的每一项目标都变得清晰、具体，便于指导历史教学和评价，是历史课程编订的一项重要任务。

（四）我国学术界对历史教育目标分类的探索

历史教育目标分类问题，我国学者从1987年开始进行了一些探索和试验，取得了不少成果。例如，聂幼犁将历史知识分为关于客观史实的知识、关于史学基本理论的知识、关于史学方法论的知识。而对历史知识的掌握水平则分为知道、理解和应用。[②] 白月桥把知识的掌握分为三级水准。

第一级水平：感知、领会、记忆获得的信息，加上个人的体验，使之成为个人的知识。同时能够近似地或准确地对知识进行重复再现，达到正确地理解。

第二级水平：学生依照教师提供的范例在相同或近似的情境下模仿性地运用知识，经过反复再现把知识转化为技能、技巧，达到牢固掌握。

第三级水平：学生在以前没有遇到过的新情境中独立运用知识，

[①] 参见郑林《中学历史课程"过程"目标相关问题探讨》(《历史教学问题》2010年第1期)，以及《历史教学问题》(2009~2010)"中学历史课程目标专题研讨"中的其他论文。
[②] 聂幼犁：《中学历史教育论》，学林出版社，1999，第30~32页。

获得创造性运用知识的经验,使知识、技能、技巧转化为具有心理定势的能力。①

赵恒烈将历史思维能力的目标分为五类,每个目标又分为三个方面。

第一类:历史事实的再现和再认能力
按时间顺序叙述历史事件的发展和变化;
历史事件之间的相互关系,发展和变化的阶段性;
不同历史阶段的特征,不同阶段中人们的思想观念、经济地位和处境的差异性。

第二类:历史材料的鉴别和使用能力
甄别历史材料中的客观事实和主观见解;
判断材料的真伪和价值,并给予批判;
把不同史料中的信息综合起来,获取证据,论证某一观点。

第三类:历史问题的分析、评价和比较能力
分析历史事件的原因和结果,分析历史人物的功过;
评价历史事件和历史人物;
比较历史事件和历史现象的异同。

第四类:历史本质和规律的揭示能力
分析历史发展中的主要矛盾和次要矛盾;
透过历史现象,揭示历史本质;
形成历史概念,并在判断和推理中理解历史发展的规律。

第五类:知往鉴来的应用能力
分清历史现象和现实社会现象的区别和联系;
用历史发展的观点分析现实问题;
预测某种社会现象的发展前途。②

王雄等人将历史学科能力分为阅读能力、阐述能力、评价能力,对每一项能力从思维的深刻性、敏捷性、灵活性、独创性、批判性五个方面进

---

① 白月桥:《历史教学问题探讨》,教育科学出版社,1997,第123页。
② 赵恒烈:《历史思维能力研究》,人民教育出版社,1998,第190~192页。

一步刻画。①

以上分类法按照历史教育目标的着眼点不同，可以分为两类。白月桥、聂幼犁从传授历史知识的角度出发，按学生对历史知识的掌握程度分类。赵恒烈、王雄等人则从历史学科能力的角度出发，将能力分为几大类，每一类再进一步细分为更具体的能力。以上两种分类法关注到了历史教育目标中知识和能力目标的分类和层次，对情感态度价值观领域的目标如何分类分层，尚需进一步探索。另外，如何将这些分类法运用到新课程改革后的历史课程目标分类分层设计中也需要进一步研究。21世纪初的历史课程改革，将历史教育目标在历史课程标准中以"课程目标"的形式呈现，从知识与能力、过程与方法、情感态度和价值观三个维度作了描述。由于对一些核心概念没有做清晰的界定，概念之间有交叉重合，在教学实践中不好操作。本书尝试在已有研究成果的基础上，对历史课程目标作新的分类，以增强其在实际应用中的可操作性。

(五) 以历史学科能力和学习过程为基准的历史课程目标分类尝试

目标可以从各种角度分类，分类的最终目的是清晰地界定每一个目标，以便在教学和评价中应用。本书尝试从中学生在课堂教学中学习历史的过程出发，对课程目标分类，以期更好地为教学和评价服务。

学生学习历史从感知和理解提供给他们的教学信息开始。教学信息的载体包括历史教科书、教师的讲述、教师提供的教学素材、学生自己准备的教学素材。通过对教学信息的感知、理解，形成对历史的认识。这种认识历史的过程与历史学家认识历史的过程是有区别的，历史学家是通过对原始资料的收集、考证、分析，再现历史，形成对历史的认识。而学生感知到的教学信息，基本上是历史学家认识历史的成果，只要理解了这些认识成果，就算是认识了历史。新课程改革提倡探究式学习，让学生自己收集、整理、分析资料，进而形成自己对历史的认识。从形式上看似乎经历了历史学家研究历史的过程，实际上学生收集的资料基本上是历史学家的

---

① 王雄等：《历史地理教学心理学》，北京教育出版社，2001，第165~175页。

认识成果，其中大部分是对历史学家认识成果经过多次改编的历史知识读物。即便是高水平的历史教师，教学所用资料也大多是大学教材、历史学专著、历史普及读物。所以从本质上讲，目前我国中学生学习历史的方式不管怎么变化，都是在学习历史学家认识历史的成果。区别在于，传统的知识传授式教学是要让学生记住这些历史认识成果，现代探究式教学要让学生理解这些认识成果是怎么得出来的。换言之，传统教学重知识的记忆，现代教学重知识形成的过程，重视过程的最终目的是培养历史学科能力。当然，并不是说把能力写进课程目标，历史教学就能够使学生具备某种能力，能力要在学习过程中获得。学习过程不同，获得的能力也不同。学习的材料不同，获得的能力也有差别。在设计课程目标时，需要把能力融合到学习的过程中。据此，本文对历史课程目标作了如下分类。

1. 学习理解人类已有历史知识

历史知识是人们对客观历史的认识成果。客观的历史一去不复返，人们现在已无法亲自经历或亲眼看到，人们现在通常看到的只是历史学家或其他人对历史的认识成果。历史学家通过对史料的研究、加工、整理和解释形成对客观历史的认识，这种历史学家的认识成果就是我们常说的历史知识。现在历史课上所讲的就是这类历史知识。在讲历史知识时，人们往往只讲历史学家对客观历史的认识成果，忽略了他们认识历史的方法和过程。在大力提倡素质教育的今天，只重认识结果的历史知识观已不能适应时代的需要了。人们对客观历史的认识既包括认识结果，也包括认识过程。在认识过程中，由于各人所持的世界观、价值观、历史观不同，所用的历史研究方法不同，得出的认识结果往往也有差异。如果只注重对历史认识结果的传授，就会使学生对历史的认识产生矛盾或片面性。假如把几种不同的历史认识结果都告诉学生，他们对历史的看法就会产生混乱，不知所从。如果只给学生出示一种认识结果，掩盖另外几种不同的结果，学生所掌握的历史知识就是片面的。解决这一难题的最佳方法是教给学生认识历史的方法、理论，使他们明白对同一历史对象会产生不同认识结果的原因，这样才能体现素质教育对学生能力培养的要求。

总之，笔者认为完整的历史知识既包括人们对历史事实认识的成果，又包括人们认识历史的理论、方法。

表1-2 历史知识的分类

历史认识的成果	历史事实,如人物、事件、典章制度、科技成就
	依据事实得出的结论,如历史因果关系、历史规律、历史发展的趋势等
认识历史的方法	如资料检索的方法、资料整理考证的方法、解释历史的方法等
认识历史的理论	如马克思主义史学理论、西方各种史学理论

学生学习历史,不是接受现成结论的被动的活动,而是主动运用一定的理论、方法构建历史认识成果的过程。学习前人的历史认识成果——历史知识,是把历史知识作为案例,从学习中体验认识历史的理论和方法。例如,教科书中的历史事件,一般是按照原因(背景)、过程、结果(影响)三大部分叙述,这实际上就是一种解释或描述历史的方法——对于历史事件,我们要研究它发生的原因、发展的过程,以及结局。怎么分析原因、怎么叙述过程、怎么判断结局,教科书中通过一个具体的历史事件为学生做出了示范。以后学生遇到新的历史事件,都可以从这三个方面入手分析思考。

对于中学生来说,最初接触到的是前人对历史的认识,通常所说的学历史,就是指学习前人对历史的认识成果。掌握这种历史知识,主要靠识别、理解和记忆,属最基本的历史学习。

表1-3 历史知识的学习理解

识别信息	学生能从提供的教学信息(文字、图片、视频或口头叙述)中区分出:历史事实与历史观点;历史的原因与结果;历史发展的时间线索、阶段特征;历史研究的基本流程;研究方法的基本步骤;历史理论的基本观点
理解历史	学生能从提供的教学信息(文字、图片、视频或口头叙述)中:概括要点;提炼所述史实的本质;解释历史概念的内涵;说明史实或概念间的关系
记忆历史	学生能识别或者复述已学的历史知识

较高层次的学习是学认识历史的方法、理论。掌握这类知识也需要记忆、理解,但更需要应用。如果对所学的知识不会应用,那就不是真正的掌握。这就是历史课程的第二类目标——实践应用。

2. 实践应用已学历史知识

实践应用主要是指用已经掌握的历史知识来解决在各种新情境中表现

出来的问题，即把一个场合所学的历史知识用于解决在一个新的场合中面临的任务或问题。对于中学生来说，历史知识首先是用来构建自己对未知历史的认识；其次是在此基础上与他人进行思想交流；再次是用于理解人类创造的精神文化产品；最后是用来解释现实社会中的一些问题。具体分类见表1-4。

表1-4 历史知识的实践应用

构建历史	通过查阅历史资料寻找历史证据，运用已有历史知识、研究方法、史学理论鉴别资料的真伪和可靠性，将资料加工整理，形成自己对历史的认识，例如：对历史史实的叙述、评价，对历史因果关系的分析
传播与交流	将历史知识或自己对历史的认识传达给别人，与别人交流
评价与创作	利用历史知识评价别人的历史作品、文艺作品；或进行作品的创作，丰富自己和他人的文化生活
理解现实	对现实问题能从历史的角度分析，并发表自己的见解；应用历史经验理解现实社会

3. 形成历史情感态度和价值观

观念、态度的形成是一种"内化"的过程。H. 英格利希和 A. 英格利希给内化下的定义是："把某些东西结合进心理或身体中去；把另一个人的或社会的观念、实际做法、标准或价值观作为自己的观念、实际做法、标准或价值观。"[1] 这种内化过程一旦实现，学生就会无意识地用这些观念、态度等指导自己的行为。这项教育目标单凭个人表示希望达到，或只花几节课时间，是不大可能实现的。这项目标中有许多可能要花几年时间才能达到一定程度，而有些则可能需要各个学科的共同努力才能完成。克拉斯沃尔和布卢姆等人认为，要达到内化程度较高的目标，必须从比较简单的、外显的行为开始，逐渐上升到比较复杂的、内化程度较高的行为；在掌握新领域中的内容和行为时，再重复整个过程，直到最后形成一组高度内化的、始终如一的和复杂的情感行为。[2]

---

[1] 〔美〕D. R. 克拉斯沃尔、B. S. 布卢姆等编《教育目标分类学》（第二分册 情感领域），施良方等译，华东师范大学出版社，1989，第28页。
[2] 〔美〕D. R. 克拉斯沃尔、B. S. 布卢姆等编《教育目标分类学》（第二分册 情感领域），第84、85页。

为了便于实现这项历史课程目标，笔者对它作了如下分类。

表1-5　历史情感态度和价值观的形成

产生兴趣	对历史产生兴趣，表现为喜欢上历史课，阅读一定量的历史课外书等
表示赞赏或批判	对历史上的正面人物的事迹表现出赞赏的态度、崇敬的感情，并能说明赞赏或崇敬的理由；对历史上的反面人物表现出憎恶的态度并进行谴责，能说出谴责的理由；对历史结论、历史观念等表明自己的态度，提出赞成或反对的理由
模仿	愿意以自己所赞赏的历史人物为榜样并照他们的样子做人
形成自己的观念和态度	把自己赞同的历史观念和历史结论内化为自己的观念、态度，并用它们指导自己的行为

以上分类只是笔者在理论上进行的一点初步的探索，要将历史课程目标分类变为指导历史教学与评价的标准、依据，需要做大量细致的调查研究工作，非一个人的力量所能完成。布卢姆等人的名著《教育目标分类学》第一分册"认知领域"就是集体创作的成果。该分类体系的设想，是由出席1948年在波士顿召开的美国心理学会大会的大学考试专家们在一次正式会议上形成的。以后大家每年轮流到各大学聚会，致力于讨论教育目标分类的各种问题。教育目标分类学第一分册就是这些会议的第一个成果。它是出席分类学会议的30多位学者思考的结果，是建立在无数测验编制者、课程研究者和教师工作的基础上的。几百位征求意见稿的审阅者也提出了批评和建议，并提供了例证材料。[①] 我国要建立适合本国国情的历史教育目标分类学，也需要历史教育领域的专家、教师们通过集体协作才能得以实现。

第三节
中学历史课程"过程"目标相关问题探讨[*]

《历史教学问题》从2009年第1期起特设"中学历史课改专题研

[①] 〔美〕B. S. 布卢姆等编《教育目标分类学》（第一分册　认知领域），罗黎辉译，华东师范大学出版社，1986，第6~10页。

[*] 原文发表于《历史教学问题》2010年第1期。

讨",陆续刊载了一批探讨"过程与方法"的文章,作者们从各自的立场对"过程与方法"目标发表自己的看法,讨论之热烈令人振奋。新一轮历史课程改革已经进行了将近十年,教师们在课改实践中遇到的一些问题始终没有得到圆满的解答。追根溯源,问题的源头还在课程标准。课程标准中的课程目标、课程结构和内容等,有许多地方需要进一步完善。《历史教学问题》发起的这场讨论对完善课程标准、保证课程改革的顺利进行将发挥重要作用。

对于历史课程的"三维目标",特别是其中的过程与方法目标,学者们见仁见智。本书拟从以下几个方面略作探讨。

(一)"过程"目标的思想来源是什么

把"过程"作为目标并不是空穴来风,自有它的思想来源。本书试图在国外的课程流派或课程模式中探寻其渊源。课程领域至少有几十种模式,一位美国专家概括出三种有代表性的模式:学习者中心模式、社会中心模式和知识中心模式。这三种课程模式在现实的学校教育中都能够找到具体的范例。① 不同课程模式有与之相应的课程目标,不论哪种课程模式,"过程"似乎都与"目标"有水乳交融的关系。

1. 学习者中心模式

这种课程模式的思想渊源可以追溯到古罗马教育家昆体良在 1 世纪提出的兴趣说,认为课程最好由学习者的兴趣决定。18~19 世纪,法国思想家卢梭、瑞士教育家裴斯泰洛齐和德国教育家福禄贝尔等都提倡以儿童为中心的教育。这些思想在 19 世纪末的美国发扬光大,形成进步主义教育运动并在 20 世纪得到迅速发展。"进步主义课程强调经验和成长发展过程的质量,而不是内容和技能的掌握。"② 其课程实践的典型就是学习者中心课程。

学习者中心课程的目标是学习者个人的自我成功或自我实现,这意味着学校提供的经验应该使学生有自由和机会追求他们的梦想。学习者中心

---

① 〔美〕亚瑟·K. 埃利斯:《课程理论及其实践范例》,张文军译,教育科学出版社,2005,第 3 页。
② 〔美〕亚瑟·K. 埃利斯:《课程理论及其实践范例》,张文军译,第 42 页。

课程不是由数学、科学、历史等组成的课程，而是关于兴趣和经验的课程。学校不提供传统意义的课程，也没有范围和顺序，课程是从学生的兴趣中产生的。学生根据共同的兴趣自然地形成团队，学习他们想要学习的东西，学习的效果也由学生自己评价，没有统一的标准化测验，评价结果也不分等级。这种基于兴趣的课程是发展性的、生成性的，课程内容和目标都是在学生的团队活动，诸如游戏、问题探究中随机产生。"尽管教师在一个具有普遍教育目标的框架中工作，他们并不为活动项目确定具体的目标"，"教和学被看成是成人与儿童之间协商的、生成的过程"。① 没有预设的课程内容，没有预设的课程目标，一切都是在学习过程中生成的。从这个意义上讲，学习者中心课程的目标是生成性的。但是生成性"目标"并不是"过程"，而是在过程中生成的目标，这是和学习之前预设的目标相对的一个概念。我们可以说："学习者中心课程的目标是学习者个人的自我成功或自我实现，自我实现的内容和程度要在经历了一个学习或体验过程后才能产生，才能判断"。在课程实践中，似乎没有人直接把"学习过程"或者"经历过程"本身定为课程目标。在学习者中心课程中，过程和目标是两个概念，只不过具体的目标不是预先设定的，而是在过程中产生的。

2. 社会中心模式

20 世纪 30 年代，进步主义教育运动分化成两大阵营，一个阵营继续关注作为学习者个体的学生，另一个阵营则关注社会问题。后者的课程就是社会中心模式。社会中心课程的目标是探究和解决社会问题。其课程内容是由一系列社会问题构成，包括生活中的问题、社区事务和真实世界中的问题。例如，如何让学校变得更美好，如何制造一种新饮料，如何保护一个鲑鱼品种，如何做天气预报，等等。学生不分年龄、年级，根据项目组成团体，通过团队的合作完成任务。"与真实世界相联系并通过集体努力将世界改造得更加美好是社会中心课程的核心。"② 在学生们为了共同的目标而协同努力时，他们的团体精神得到了发展。换言之，社会中心课程

---

① 〔美〕亚瑟·K. 埃利斯：《课程理论及其实践范例》，张文军译，第 76 页。
② 〔美〕亚瑟·K. 埃利斯：《课程理论及其实践范例》，张文军译，第 85 页。

的目标之一是培养学生的团体精神，这种精神是在合作解决问题的过程中形成的。但是似乎也没有人把"合作解决问题的过程"作为社会中心课程的目标。

3. 知识中心模式

知识中心课程也叫学科课程，有着悠久的历史。中国古代自春秋时期确立的"六艺"（礼、乐、射、御、书、数），古希腊罗马学校中的"七艺"（文法、修辞、逻辑、算术、几何、天文、音乐）大概是这类课程最早的形态。[①] 知识中心课程发展到现在，有很多模式，但是其根本目标是一致的，让学生掌握公认的基本知识。理想的知识中心课程关注学生的智育方面的成长和发展，鼓励学生深入研究历史、数学以及其他科目。认知心理学家布鲁纳对知识中心课程作了进一步发展，他认为，掌握知识的过程同掌握知识本身一样重要。"学生应该学习和体验知识结构。这主要是指一种注重过程和概念而不是注重科学、数学、历史和其他学科内容的，探究与发现的方式。"[②] 换言之，在布鲁纳的知识中心课程中，学生实际上成了历史学家、艺术家、数学家和作家。就历史学科而言，学生应该像历史学家那样去探究历史，经历历史学家研究历史的过程。经历历史研究过程的目的，应该是掌握历史研究的方法，以便更好地学习和运用历史知识。

综上所述，无论是学习者中心课程、社会中心课程还是知识中心课程，都注重过程，但是明确在课程文件中把"过程"列为课程目标的还没有见到。我国新世纪的课程改革把"过程"作为目标明确写进中学课程标准，可以算是基础教育发展史上的一大创新。

（二）"过程"目标到底指什么

历史课程标准中，"知识与能力""过程与方法""情感态度与价值观"构成"三维目标"，被誉为新一轮课程改革的亮点。"三维目标"中，"过程与方法"的争议最大，它与"知识与能力"有很多重合，容易引起

---

① 张华：《课程与教学论》，上海教育出版社，2000，第 238 页。
② 〔美〕亚瑟·K. 埃利斯：《课程理论及其实践范例》，张文军译，第 116 页。

理解上的混乱。

1. 历史课程标准中的"过程"目标

在《全日制义务教育历史课程标准（实验稿）》中，对"过程"目标的描述如下。

> 历史学习是一个从感知历史到积累历史知识、从积累历史知识到理解历史的过程。通过课堂学习和课后活动，逐步感知人类在文明演进中的艰辛历程和巨大成就，逐步积累客观、真实的历史知识；通过收集资料、构建论据和独立思考，能够对历史现象进行初步的归纳、比较和概括，产生对人类历史的认同感，加深对人类历史发展进程的理解，并做出自己的解释。[①]

第一句话"历史学习是一个……的过程"表明"过程"目标是指学习过程。学习过程要达到什么样的目标呢？第二句话分两个层面作了阐释。第一层："通过……感知……积累客观、真实的历史知识；"意思应该是"通过"某种途经，达到"积累"知识的目的，这与"知识"目标重合。第二层："通过收集资料……能够……，产生……认同感，加深……理解，并做出……解释。"意思是通过某种手段培养某种能力，产生某种情感等，与"能力"目标和"情感态度价值观"目标重合。

《普通高中历史课程标准（实验稿）》对"过程"目标表述为："进一步认识历史学习的一般过程。学习历史是一个从感知历史到不断积累历史知识，进而不断加深对历史和现实的理解过程；同时也是主动参与、学会学习的过程。"[②] 从这段文字来看，是把过程当作一种知识来认识，认识历史学习的一般过程是什么。如果是这样，"过程目标"完全可以归入"知识"目标中。

2. 专家学者及教师对"过程"目标的解读

观点一："过程与方法目标"是指学生的学习经历、体验和思维

[①] 中华人民共和国教育部：《全日制义务教育历史课程标准（实验稿）》，北京师范大学出版社，2001，第4页。
[②] 中华人民共和国教育部：《普通高中历史课程标准（实验）》，人民教育出版社，2003，第4页。

方式的变化、发展及其程度。"系指通过获得和怎样获得'知识与技能'的经历,形成从这些经历中抽象或概括的更有统摄力的思维程序与思维方法。""就历史课程而言,这个'过程'指的是让学生在浓缩、简化或概括的情景和条件下,经历和体验史学界确认史实,解释与评价历史的程序。"①

这是目前为止对"过程"目标最完整的解释,体现了课程专家设立这个目标的本意,也与前面提到的三种课程模式中所强调的"过程"有一致的地方:要让学生亲身体验、经历现实社会中解决某个问题或完成某项工作的过程或程序。区别在于学生经历的是简化了的程序。"目标"是预期的变化。在"过程"目标中,学生的经历和体验的变化是什么?这是问题的关键。"通过……的经历,形成……的思维程序与思维方法。"形成某种"思维程序"是"过程"目标的落脚点。学生从没有某种思维程序或方法到形成这种思维程序或方法就是一种变化。按照现代教育心理学的知识观,"思维程序"属于程序性知识,形成"思维程序"似乎可以归入"知识"目标。在历史学中,研究历史的程序则属于历史研究方法。

观点二:过程"应该是指引学习者的思维过程,是学生思考问题的认知建构过程","思维其实就是一种程序性知识","教会学生思维,就是要让学生'知道怎样思维',让学生掌握一种'过程式知识'"。②

这种观点认为,"过程"是思维过程,是学生思考问题的认知建构过程。而"过程目标"是"教会学生思维","让学生掌握一种'过程式知识'"。这是对第一种观点的进一步说明,明确了"过程目标"是让学生掌握"过程式知识"。

观点三:"过程与方法目标"隐含着我们要培养学生的观察能力、

---

① 聂幼犁:《中学历史课程"过程与方法"目标问题》,《历史教学问题》2009年第1期。
② 朱继军:《浅论"过程与方法"》,《历史教学》2009年第3期。

提出问题的能力、收集和处理历史材料的能力、探究能力、创新能力等学科素养。①"资料搜集、问题探究不是教学目标,而学会如何搜集资料,如何探究问题才是教学目标。其中第二层意思尤为重要。因为学生发现问题的能力、解决问题的能力、思维方式及其能力、创造能力等,老师是无法教给学生的。"②"英美国家'过程与方法'目标主要体现在思维能力目标上。"③

这种观点实际上把"过程与方法"目标等同于能力目标。在国家课程标准中用两个概念表达同一个东西似乎没有必要,直接说能力目标即可。

总之,"过程"目标不论如何解读,都有与其他目标重合的地方,教师理解起来比较困难,在制定历史教学课堂教学目标时,不容易把握。

(三) 对"过程"目标争论的几点思考

在目前所见"过程"目标的讨论中,赞成把"过程"作为目标的文章居多,但是也有文章认为"过程"目标化值得三思。④ 更有人认为"三维目标"这种分类本身就有问题,"无论从术语的使用或维度划分的逻辑来看,'三维目标'说都是违背心理学中的学习论和教学论常识的"。⑤ 本书认为,对"过程"目标的讨论确实应该放在目标分类的大背景下来思考。甚至可以考虑有没有分类的必要,在什么情况下有明确的分类好一些,在什么情况下不做明确的分类更好。

1. 为什么要对课程目标分类

要回答这个问题,首先要了解什么是分类。在教育学中,分类是组织课程目标的一种框架,由与某一现象有关的一组类目组成。"类目是容纳

---

① 陈志刚:《也谈历史课程"过程与方法"目标问题》,《历史教学问题》2009 年第 2 期。
② 陈志刚:《再谈对"过程"目标化的理解》,《历史教学》2009 年第 13 期。
③ 朱继军:《中学历史课程"过程与方法"目标框架的基本设想》,《历史教学问题》2009 年第 4 期。
④ 李惠军:《"过程"目标化值得三思》,《历史教学问题》2009 年第 1 期。
⑤ 吴红耘、皮连生:《修订的布卢姆认知教育目标分类学的理论意义与实践意义——兼论课程改革中"三维目标"说》,《课程·教材·教法》2009 年第 2 期。

客体、经验、观点的一套'容器'。具有共同特点的客体、经验、观点被置于同一容器内。"① 对课程目标分类是为了提高其准确性，促进教师对目标的理解，更好地利用目标开展教学和评价。"……一旦进行了分类，框架中每一类目的特征和其他类目的特征可以帮助教师更好地理解类目中的内容。"为此，布卢姆将课程目标分为认知、情感和动作三个领域，每个领域又作了更细的分类，以便教师准确理解目标。"然而学生不是机器，不是可以分开处理的各种零部件。分类学确实是有用的指导，然而真正的人是不能由认知、情感和动作这三个独立的部分组合而成的。人是这些现象和其他甚至我们还知之甚少的现象的综合体。"② 正因为如此，在目标分类时"教育者可能面临的一个困难是很难识别相邻类别的目标。尤其在目标没有陈述清楚的情况下这个问题显得更为突出。"要解决这个问题，就必须对目标中的各种概念作准确的界定。

2. 课程目标相关概念如何界定

要对课程目标进行分类，首先要对"类"这个概念有清晰的认识，这样才有可能避免不同"类"之间的概念互相重合、模糊不清。如前所述，"类"是具有共同特征或属性的一组客体、经验、观点的集合。在"三维目标"中，把"知识"与"能力"划分为一类，它们是具有相同属性的一类目标吗？"过程"与"方法"划分为一类也有同样的问题。为什么不能把"能力"和"过程"划在一类？为什么不能把"知识"与"方法"划为一类？另外，课程标准中"知识与能力"有人说成"知识与技能"。到底是"能力"还是"技能"？"知识"是"对事物属性与联系的认识，表现为对事物的直觉、表象、概念、法则等心理形式。可通过书籍和其他人造物独立于个体之外"。"技能"是"经过练习形成的执行某种任务的活动方式。按其性质和特点，分为智力技能和操作技能。前者指在头脑中对事物分析、综合、抽象、概括等智力活动，如构思、心算；后者指由大脑

---

① 〔美〕L. W. 安德森等编著《学习、教学和评估的分类学——布卢姆教育目标分类学修订版（简缩本）》，皮连生主译，华东师范大学出版社，2008，第 4 页。
② 〔美〕艾伦·C. 奥恩斯坦等：《课程：基础、原理和问题》，柯森主译，江苏教育出版社，2002，第 302 页。

控制机体运动完成的,如书写、舞蹈"。① 把"知识"和"技能"归为一类似乎也值得商榷。

本书认为,在使用概念指代某些课程目标时,概念的内涵应该清晰明确,如果概念本身在教育学中已经有了明确的界定,不宜随意给这些概念增加新的内涵。另外,在分类体系中,不应该有两个概念指代同一个内容。如果随意给已经有明确定义的概念增加新内涵,概念与概念之间互相重合,会引起混乱,影响课程标准的科学性。教师不好理解,在实践中也不宜操作。把课程目标分为"知识与能力(技能)""过程与方法""情感态度与价值观",从形式上看字句工整、对仗,说起来顺口。但是仔细推敲,确实有概念界定不清、互相重合、不宜理解的地方。怎样解决这些问题,需要进一步研究。

3. 如何在课程目标中体现出对过程的重视

在"过程"目标的争论中,双方都强调"过程"的重要性,区别仅在于一方认为"过程"可以列为课程目标,而且只有作为课程目标才能体现对"过程"的重视。另一方认为"过程"虽然很重要,但是不宜作为课程目标。这种争论在美国也存在,美国课程专家 L. W. 安德森认为"有些教育人士有将结果与手段相混淆的倾向。目标描述结果——希望的结果,希望的变化。诸如阅读教科书、听老师讲课、从事实验和外出旅行等教学活动都是达到目的的手段。简言之,教学活动,如果被明智地选择和适当地运用,将导致陈述目标的实现"。但是教学活动本身不是目标,为了区分目标和教学活动本身,可以在目标陈述中使用或暗含"能够"或"学会"这样的短语。例如:"学生将学会运用写连贯的文段的标准",这是一个目标的陈述。写文段的行动是一项活动,它可能或不能导致目标实现。②

在安德森等编著的《学习、教学和评估的分类学——布卢姆教育目标分类学(修订版)》中,设计了一种二维目标框架,用以陈述认知领域的课程目标(见表1-6)。一个维度是知识,另一个维度是认知过程。这样,

---

① 顾明远主编《教育大辞典(第1卷)》,上海教育出版社,1990,第147页。
② 〔美〕L. W. 安德森等编著《学习、教学和评估的分类学——布卢姆教育目标分类学修订版(简缩本)》,第16页。

在目标陈述中既突出了过程的重要性，又不直接把过程作为目标，避免了理解上的混乱。

表 1-6　知识维度和认知过程维度目标框架

知识维度	认知过程维度					
	1. 记忆	2. 理解	3. 运用	4. 分析	5. 评价	6. 创造
A. 事实性知识						
B. 概念性知识						
C. 程序性知识						
D. 反省认知知识						

在这个二维目标框架中，知识分为四个类目：事实性知识、概念性知识、程序性知识、反省认知知识。其中"程序性知识"和"反省认知知识"包含了以知识形态存在的方法和过程。认知过程分为六个类目：记忆、理解、运用、分析、评价、创造。目标的陈述包括一个动词和一个名词，动词一般描述预期的认知过程，名词一般描述期望学生掌握或建构的知识。例如："学生将学会区分（认知过程）政府的联邦制、联盟制和单一制（知识）。"动词"区分"提供了期望的认知过程线索，与认知过程的"分析"这个类目相联系。名词短语"政府的联邦制、联盟制和单一制"提供了知识类型的线索。"制度"代表概念性知识。因此，根据分类学，这里的目标涉及了认知过程维度的分析和知识维度的概念性知识。[①] 它陈述的是预期的结果或变化，而不是过程和活动本身。这样，既保证了目标是目标而不是过程或活动，又强调了过程和活动对实现目标的重要性。

当然，二维目标分类法只是诸多课程或教育目标分类法中的一种，不一定是最好的，但是相对来说是比较清晰的。本书认为，课程目标的制定是否要与众不同、是否要创新无关紧要，重要的是目标是否定得准确、清晰、科学、合理，便于教师理解和使用。创新不是课程改革的目的，解决教育中存在的问题才是目的。

[①] 〔美〕L. W. 安德森等编著《学习、教学和评估的分类学——布卢姆教育目标分类学修订版（简缩本）》，第 5 页。

第四节
历史观与历史知识的建构[*]

中学历史课程、教材的主体是历史知识,这种知识不是史实的随意堆砌,而是用一定的理论观点,按照历史叙述的规范组织起来的知识体系。可以说,历史知识是由历史认识的主体——人建构的。

(一) 影响历史知识建构的主要因素

历史知识的建构,要考虑多种因素,从历史学科本身来讲,主要取决于两个因素:第一,历史学科内容的分类;第二,历史观。

1. 历史学科内容的分类

我们现在看到的历史教材,新课改以前有《中国历史》《世界历史》《中国近现代史》《世界近现代史》《中国古代史》,新课改以后高中有《历史1(中外政治史)》《历史2(中外经济史)》《历史3(中外思想文化史)》,等等。这些教材内容的分类根据是什么?是历史学科内容分类标准。历史学科内容按不同的视角可以作不同的分类。例如,按研究的空间范围可以分为世界史、地区史、国别史和乡土史;按照史学研究对象的时间跨度分为通史和断代史;按照历史的不同领域、不同方面可以有各种不同的专门史,如经济史、政治史、文化史、法制史、民族史、宗教史、哲学史、文学史、教育史、革命史、战争史,以及国际关系史等。以上三种分类标准可以交叉应用。例如我们按照空间范围把历史学科分为中国历史、世界历史之后,又可以按照时间范围分为通史或断代史(如中国通史,先秦史、秦汉史、明史等)。还可以按照不同领域再分为中国经济史、中国政治史,世界经济史、世界文化史,等等。在我国21世纪新课程改革以前,初中开设《中国历史》《世界历史》,高中开设《中国近现代史》《世界近现代史》《中国古代史》。一般认为,新课程改革以前的中学历史

---

[*] 原文发表于《中学历史教学参考》2013年第5期至第8期,个别标题和内容作了调整。

知识是按照通史体系来编排的,实际上并不完全如此。通史,指对历史作贯通古今,并在政治、经济、文化等各个方面都作研究与阐述。如果我们仔细分析中学历史课程的内容,会发现中国古代史部分比较接近通史,而中国近现代史部分比较接近专门史——中国革命史,世界史既不是通史也不是专门史,更像是按照时间顺序编排的专题史。新课程改革以后,高中历史课程的知识体系有了很大的变化,必修课的三个模块大致按照政治史、经济史、文化史来划分,接近专门史。在大学,一般是学习完通史课程之后,到了高年级才选修各类专门史课程。有老师认为,新课改后的高中历史打破了历史学科体系。这种看法不准确,以往的通史或者断代史是一种历史学科体系。现在高中历史中的模块实际上是专门史,也是一种历史学科体系,其专业性比通史更强。与高中历史相比,初中历史有一些变化,但是变化不是太大。主要变化是在每个历史阶段内容的选择上不再面面俱到,而是根据主题选内容,与主题无关的不再编入教材,历史知识点大幅度减少。从这点来看,可以说新课改初中历史打破了通史体系,建立起更适合学生学习的专题体系。

2. 历史观

不同时期的历史课程标准、教学大纲以及教科书,其历史知识体系背后都隐含着编写者各自的历史观。历史观又称"社会历史观",是人们对社会历史的根本看法,如历史现象和过程是不是客观存在的;它的发展有没有规律;有什么样的规律;历史发展的动力是什么;经济、政治、文化、科学技术等因素在历史演变过程中各自起什么作用;它们之间有什么关系;等等。对这些问题的看法直接影响到史料的选择和历史内容的组织。历史观不同,最终形成的历史认识也会有差异。历史课程的知识体系、教科书内容体系都是在一定的历史观指导下构建的,反映了编写者对历史发展规律的认识。编写者所持的历史观决定了历史知识的体系。新中国成立以来,我国历史课程设计、历史教科书的编写一直是以唯物主义历史观为指导。新课程改革以后,开始尝试用文明史观、现代化史观、全球史观来建构历史知识体系。这些历史观为我们认识历史提供了新的视角,但是这些历史观自身并没有形成严密的理论体系,不可能解释所有历史问题。而唯物主义历史观则有一套比较成熟的解释历史的理论,能对历史做出比较全面的解释。尽管唯物主义历史观有些地方还存在争议,需要进一步完善,但是我们不能因此而否定唯物史观的指导作用。

(二)唯物史观与历史知识的建构

唯物史观,即马克思主义历史观。这是我国占主导地位的历史观。唯物史观对历史发展规律以及历史发展动力的认识,对于历史知识体系的建构有着重要的指导作用。新中国成立以来,我国的历史课程教材一直采用唯物史观。尽管现在从国外引进了很多史学观念,并在课程设计和教材编写中运用,但是无论哪种"新"的史观,都无法完全取代唯物史观的地位。唯物史观所揭示的人类历史发展的基本规律,仍然具有普遍意义。

1. 唯物史观对人类历史发展的规律认识

唯物史观认为人类社会的历史存在着不以人的意志为转移的客观规律,并且用生产力与生产关系、经济基础与上层建筑的相互作用,来揭示人类历史由低级到高级发展的规律。

马克思在《〈政治经济学批判〉序言》中,对人类历史发展的规律作了如下表述。

> 人们在自己生活的社会生产中发生一定的、必然的、不以他们的意志为转移的关系,即同他们的物质生产力的一定发展阶段相适合的生产关系。这些生产关系的总和构成社会的经济结构,既有法律的和政治的上层建筑竖立其上并有一定的社会意识形式与之相适应的现实基础。物质生活的生产方式制约着整个社会生活、政治生活和精神生活的过程。不是人们的意识决定人们的存在,相反,是人们的社会存在决定人们的意识。社会的物质生产力发展到一定阶段,便同他们已在其中活动的现存生产关系或财产关系(这只是生产关系的法律用语)发生矛盾。于是这些关系便由生产力的发展形式变成生产力的桎梏。那时社会革命的时代就到来了。……大体来说,亚细亚的、古代的、封建的和现代资产阶级的生产方式可以看作是经济的社会形态演

进的几个时代。①

马克思的表述有两层含义，前一层意思是"生产力和生产关系与经济基础和上层建筑之间的社会基本矛盾运动规律。后一层意思是讲述在社会基本矛盾运动规律作用下社会经济形态演进的几个时代"。历史有普遍性的规律，适用于所有人类历史。也有特殊性的规律，仅仅适用于某个地区、某个时期。在马克思的这段话中，普遍性规律应该是"生产力与生产关系、经济基础与上层建筑的矛盾运动推动人类社会从低级到高级发展的规律"②，社会经济形态演进的几个时代则是普遍规律的具体表现形式，不同地区社会经济形态演进的具体形式不一定完全相同，因此应该是特殊规律。以往我们把五种社会形态当作历史发展的普遍规律，用它来研究、解释中国历史的发展，出现理论与史实不符的情况。这不是理论本身的问题，而是理论的适用范围问题。把适用于某些地区的规律推广到世界所有地区，真理就会变成谬误。

2. 唯物史观对历史发展动力的认识

历史发展的动力是什么？客观唯心主义用精神实体或神秘力量解释社会发展，主观唯心主义则将人的理性、情感、意志作为社会发展的动力。在马克思主义产生以前，一些唯物主义思想家将地理环境、经济因素或科学技术作为社会发展的决定性力量。这些观点用单一的因果关系来审视历史，不能如实地揭示社会发展的动力。为了克服单一因素说的局限性，出现了多因素合力论。这种观点认为社会是一个复杂的有机体，构成这个社会有机体的因素多种多样，如经济、法律、道德、宗教、科技、心理、情感等。这些因素没有主次之分，共同推动了人类社会的发展。把人类社会的发展看成是多种因素综合作用的结果，无疑是认识上的一个进步，但也会使人们在纷繁复杂的社会历史现象面前抓不住根本线索和主要方面，抓不住解决问题的关键。马克思主义唯物史观吸取了单一经济决定论以及多因素合力论的合理成分，建构了一种以经济因素

---

① 《马克思恩格斯选集》第2卷，人民出版社，1995，第32~33页。
② 庞卓恒、李学智、吴英：《史学概论》，高等教育出版社，2006，第137~138、147~148页。

为基础的综合的动力论。

　　物质生产是整个社会历史的起点，是社会发展的根本动力。人类历史的前提是人的存在。人为了生活，首先就需要衣、食、住以及其他东西。因此第一个历史活动就是生产满足这些需要的资料，即物质生产本身。上层建筑对于经济基础、物质生产具有反作用；物质生产、经济关系、政治关系和思想文化关系之间有交互作用。人类社会有机体的演化发展，是以经济因素为最终动因，社会系统的各种构成要素交互作用的结果。唯物史观在承认多种因素对社会发展的推动作用的同时，区分出了终极原因，把经济因素作为推动历史发展的决定力量，这就抓住了主要矛盾，使人们能够从纷繁复杂的历史现象中理出头绪，找到解决问题的方法。

3. 唯物史观在历史知识建构中的应用

唯物史观在历史知识结构、内容选择、历史叙述等方面都有指导作用。根据唯物史观，人类的物质生产活动是历史的起点，随着生产力的发展，生产关系也会发生相应的变化，在此基础上出现推动社会进步的活动——起义、革命和改革等。革命和改革的结果是上层建筑的变化，上层建筑的变化反过来又促进生产力的发展和经济的繁荣。这实际上就是一种设计知识体系的思路。按照这种思路，需要把反映生产力发展、生产关系的变革、上层建筑变化的内容作为重点，大致按照生产力—生产关系—上层建筑的顺序编排。例如，对于西欧资本主义社会产生的历史背景，是按如下模式展开叙述。

　　日耳曼人征服西欧以后，在四五百年的时间里广大劳动者的劳动力逐渐提高，使得农业、手工业的技术水平和产品总量不断增长。这样，满足农村直接消费之外的多余产品逐渐增多，使得农业和手工业较大规模的分工成为可能。10世纪以后，西欧许多地区都开始了手工业从农村和农业中分离出来的过程，商品货币经济迅速发展。在这个经济运动推动下，城市兴起。生产能力较强的农奴通过非法逃亡或者合法赎买脱离庄园，成了最早的一批城市市民。在城市里发展起手工

第一章 ◎ 历史课程研究

业,积累起最初的资本,产生了城市相互之间和城市与外界之间商业来往的需要,与这种需要同时,逐渐产生了保护商业来往的手段。商品货币关系渗入农村,破坏着封建的自然经济和农奴制度。封建主阶级日益没落。在商品货币经济日益发展和各地经济联系日益加强的形势下,建立统一的民族国家的趋势加强了。城市居民要求结束连绵不断的战争,停止引起战争的封建主之间的争吵。这些居民本身还过于软弱,所以就向王权寻求支持,以实现统一。在这样的形势下,从10世纪开始,王权和市民阶级逐渐形成反对封建贵族的同盟。王权在市民的支持下用招募或雇用的方式建立起新型的步兵,从此国王就不必依赖按照封建关系征集的、以骑士为主干的封建军队。14世纪火药和大炮的使用方法传到欧洲。市民和国王军队用重炮打穿封建城堡的石墙,封建贵族的统治告终。印刷术的推广、古代文化的复兴,从1450年起日益强大和普遍的文化运动,所有这一切都给市民阶级和王权反对封建制度的斗争创造了条件。经过宗教改革、英国和法国革命,封建制度最终被推翻。[1]

这段叙述就是先从生产力发展开始,生产力的发展引起西欧封建制度中经济方面的变化——手工业从农业中分离出来,商品货币经济迅速发展。进而出现城市、市民阶级,国王直接控制的新式步兵,国王与市民的联合等社会关系变化。这些都是经济因素对历史发展的推动作用。同时还提到了火药、印刷术、古代文化的复兴等因素在推翻封建制度中的作用。这样,既抓住了关键因素生产力,又兼顾了其他因素,能够比较全面地反映历史事实。

唯物史观指导下的各类历史教材,具体内容有差异,但是大的结构基本一致,都要反映历史发展的普遍规律。在历史内容的安排上,要么先叙述生产力的发展,再叙述革命或改革,以体现生产力的发展促进生产关系变革,继而导致上层建筑的变化这一历史规律;要么先叙述一个新政权的建立和采取的政治经济措施,再叙述社会经济和文化的繁荣局面,以体现

---

[1] 庞卓恒、李学智、吴英:《史学概论》,第197~199页。

上层建筑的反作用。

（三）文明史观与历史知识的建构

文明史观产生于启蒙运动时期，由伏尔泰开文明史写作的先河。此后，西方的文明史巨著层出不穷，代表性作品有斯宾格勒的《西方的没落》、汤恩比的《历史研究》和罗布代尔的《文明史纲》等。我国在20世纪90年代中叶掀起研究文明史的热潮，一系列文明史著作相继问世。代表性作品有马克垚主编的《世界文明史》、齐世荣主编的《人类文明的演进》等。反映中华文明发展的著作也相继出版。文明史观为我们提供了研究历史的新视角。

1. 什么是文明

文明史观的核心是文明。那么，什么是文明呢？

在历史学中，文明是与野蛮相对立的概念，用来指社会的一种进步的过程，一种进化所达到的状态。人类的进化被划分为蒙昧、野蛮、文明的阶段，世界各地的民族、国家在进步过程中，都会摆脱野蛮状态而进入文明。而进入文明的标志，是一个有了文字和城市的生产社会。文明有其重要的物质内容，"它应该有一个相当的地域，有时候它和国家、民族相联系，但它又不等同于国家或者民族。它有自己的经济，包括农、工、牧、商各业的特点。在这一定的地域和生产方式之下，产生了文明群体的共同语言、宗教、生活习俗、心理认同等等"。"这些文化因素、宗教、风习、语言、共同心理等，代代相传，形成了十分稳定的文明特征。但文明又是不断变动的，它的物质内容和精神内容，随着时间的推移，在自己的发展和外力的作用下，不断发生变化。我们只有从它的物质内容和精神内容，从它的变与不变的结合上，才能认清它的面貌、它的特征，才能把不同的文明划分开来。"[1]

2. 文明史观的基本内容

（1）历史研究的单位。文明史观认为，历史研究的单位是文明，它所

---

[1] 马克垚：《世界文明史导言》，《北京大学学报》（哲学社会科学版）2003年第40卷第5期。

关注的是长时段的历史变迁，反映的是历史长河中的文明流动、发展和变化。汤因比最早提出以社会（文明）为单位来研究历史。他在《历史研究》中指出，分析历史的单位是社会，而该书要研究的 21 个社会具有一个共同特点，就是它们都处于文明状态。汤因比认为，"能够予以认识的历史研究单位既不是一个民族国家，也不是（在大小规模上处于另一端的）人类整体，而是我们称之为社会的人们的某个群体"，"'可被认识的研究领域'的各个社会乃是一个'属'，我们的 21 个样本则构成了其中的一个'种'。属于这个种的诸社会一般被称作诸文明，以便使他们与同样可以被认识的研究领域的原始社会区别开来"。[1] 汤因比列出了世界历史上的 21 种文明，指出每一种文明都有其发生、成长、衰落、解体的过程，其中大多数的文明已经死亡，只有基督教文明、东正教文明、伊斯兰文明、印度文明和远东文明还依然存在。人类已经有一百万年以上的历史，而各文明存在的时间最长也不过 6000 年，因此对各种文明都可以当作同时代的文明来分析对比。各种文明和文化都具有同等价值，并无优劣高下之分。

（2）文明史的阶段划分。从文明的长进程来看，根据生产力发展变化来划分文明的发展阶段依然是比较科学合理的办法。[2] 文明的发展变化受到许多因素的影响，但最终都和它的生产力发展状况有关。根据人类生产力的发展变化，到现在为止的人类文明史，主要可以划分为农业时代和工业时代。由于世界各文明的发展有先有后，有快有慢，并非同步发展，所以各文明进入农业文明和进入工业文明的时代很不一致。

（3）文明进步的动力。文明史观认为，各文明之间的交流推动着文明的进步。文明的交流是指组成文明的各个因素，如语言、宗教、科学、技术、政治、经济、风俗习惯等，在不断地进行传播和接受。各个文明之间的交流促使文明向前发展。文明的交流并不是一帆风顺的，它时常要遇到各种阻碍、挫折、冲突，这个时候文明发展的进程就会放慢，或者延缓。当然，除了交流以外，每一种文明都有其内在的发展动力，发展的速度有

---

[1] 〔英〕阿诺德·汤因比：《历史研究》，郭小凌等译，上海世纪出版集团，2010，第 13、37 页。
[2] 马克垚：《世界文明史导言》，《北京大学学报》（哲学社会科学版）2003 年第 40 卷第 5 期。

快有慢，成就有大有小。

（4）文明的多样性。从纵向来看，人类的文明大体经历了农业文明和工业文明两大发展阶段。这是文明发展的共性。但是从横向来看，不同文明之间的相互影响虽然越来越大，但各文明仍保留其固有的传统。"现代化有别于西方化，它既未产生任何有意义的普世文明，也未产生非西方社会的西方化。"① 将来的世界，仍然是多文明共处的局面。

（5）研究重点。文明史观"从长时段考察历史，重点考察那些历史当中比较稳定、长期发挥作用的因素，例如政治经济制度、民族文化、社会心理等等"；"既看到人类社会发展有共同的规律和趋势，又看到不同文明有自己独特的具体发展道路"。② 文明史观还关注不同类型文明之间的相互关系，特别是工业社会以来的相互关系，考察国际社会中和全球化过程中人类文明的演进，把国家、民族放到世界文明当中进行综合全面的考察研究。

3. 文明史观在历史知识建构中的应用

文明史观认为，人类社会发展的历史就是人类文明演进的历史，其基本线索是文明的发展，按照生产力水平可以分为农业文明和工业文明两个阶段。按照文明的地域以及在物质和精神方面所创造的成果的特点，又可以分为各种不同的文明。马克垚主编的面向21世纪课程教材《世界文明史（上、中、下）》，就是按照生产力标准把人类文明分为三个大的历史时段：农业文明时代、工业文明的兴起、工业文明在全球的扩展。每个大的历史时段下，用几章来分别叙述世界上各个文明的发展，以及文明之间的交流或冲突。农业文明时代，主要是各个文明的独立发展。进入工业文明时代以后，各传统文明与欧美为代表的工业文明之间的交流和冲突成为世界历史的主题，交流与冲突成为各个传统文明向现代工业文明演进的动力。

21世纪初的历史课程改革，主要力图以文明史观为指导，无论是内容

---

① 〔美〕塞缪尔·亨廷顿：《文明的冲突与世界秩序的重建》，周琪等译，新华出版社，2002，第4页。

② 杨宁一：《文明史观与中学历史教育》，中国历史课程网，http：//hist.cersp.com/kczy/xwss/200801/8997.html。

的组织形式还是具体内容的选择，都体现了文明史观。例如，初中《历史课程标准》中提出："文明出现之前，人类经历了漫长的史前时期。随着生产力的发展，原始社会逐渐被阶级社会所代替，从五六千年前开始，在亚非的大河流域、欧洲的希腊和罗马相继诞生了灿烂的古代文明"，"各地区各民族创造的古代文明为近代文明的产生与发展奠定了基础。佛教、基督教和伊斯兰教三大宗教的形成对世界历史的发展产生了深远影响。从人类文明出现到15世纪，亚洲、非洲和欧洲之间的接触和交流逐渐加强，美洲和大洋洲则与亚洲、非洲和欧洲处于基本隔绝的状态。"[1] 根据这种认识，初中《历史课程标准》把世界古代文明的产生和发展分为四个阶段：第一，史前时期的人类；第二，上古人类文明；第三，中古亚欧文明；第四，文明的冲撞与融合。以这四个阶段为核心构建出世界古代史的知识结构。

高中历史课程标准以文明史观为指导，以政治、经济、文化等模块为单位，按照历史专题组织内容，构建了历史课程的新知识体系。其基本内容及结构与传统史观下的基本内容及结构大相径庭，例如有关西方近代现代史的内容分布在三个模块之下，从工业文明进程的角度可以作如下分解。

> 政治上的民主化、法制化：欧美资产阶级代议制的确立与发展；从科学社会主义理论到社会主义制度的建立；当今世界政治格局的多极化趋势。
>
> 经济上的工业化、市场化：新航路的开辟；殖民扩张与资本主义世界市场的形成与发展；罗斯福新政与资本主义运行机制的调节；苏联社会主义建设的经验与教训；当今世界经济的全球化趋势。
>
> 思想文化上的科学化、理性化：西方人文精神的起源与发展；近代以来世界科学技术的历史足迹；19世纪以来的世界文学艺术。[2]

这样的知识体系扭转了传统史学中以政治史为主的编写思路，比较全

---

[1] 中华人民共和国教育部：《全日制义务教育历史课程标准（实验稿）》，第20~21页。
[2] 姚锦祥：《〈普通高中历史课程标准（实验）〉内容选择问题评析》，《历史课程改革的理论与实践》，人民教育出版社，2008，第144页。

面地反映了人类文明几个重要方面的变迁。它扩展了文化史的内容，有助于学生更好地了解世界。把人类文明的进程分为政治、经济和思想文化三方面分别叙述，纵向结构比较清晰，容易使人们了解某项历史内容的来龙去脉。可是与此同时，文明的整体性也被分割开了，三本书分述各自的内容，看不到历史的全貌。在知识点的选择上，侧重于和现代西方文明有传承关系的内容，人类历史上其他非西方文明则没有得到应有的关注。中学历史课程，特别是高中历史课程，应该借鉴有代表性的大学文明史教材，以比较成熟的大学文明史教材为基础，建构中学世界史知识体系，使文明史观能够在中学历史课程和教材中得到比较科学、完整的体现。

（四）全球史观与历史知识的建构

全球史观也叫作整体史观，是20世纪下半叶在美国兴起的一种史学观念。全球史观超越了国家、地区和民族的界限，用全球的视角和宏观的研究方法，从总体上考察、研究世界史。因其切合了当今世界的全球化趋势，正产生着越来越大的影响，已被我国学术界认可。吴于廑、齐世荣主编的高校历史通用教材六卷本《世界史》，就是按照这种史观编写的。新课程改革前大纲版高中世界历史教材也采用了全球史观。在新课程标准和教科书中，这种史观也有充分的体现。

1. 全球史的产生与发展

关于全球史的产生，史学界主要有两种不同说法。一种观点认为美国学者威廉·麦克尼尔1963年出版的《西方的兴起》一书是全球史作为一个学术领域诞生的标志，而全球史走向成熟则始于20世纪80年代。另一种观点认为英国历史学家巴勒克拉夫是当代全球史观的首倡者和先行者，巴勒克拉夫在1955年的论文集《处于变动世界中的史学》中最先提出，以后又在1967年的《当代史导论》、1978年的《当代史学主要趋势》和同年的《泰晤士历史地图集》中进一步予以阐述。[①]

斯塔夫里阿诺斯的《全球通史》被推为全球史观的开山之作，于1999年介绍到了国内，该书所体现出的全球化视角，已成为众多世界史版本中

[①] 苏向荣：《全球史观下高中历史课程体系的重构》，《天水师范学院学报》2008年第3期。

的经典。虽然斯塔夫里阿诺斯是全球史学的开拓者之一，但他基于现代化史观撰写的《全球通史》并不是全球史范式的代表作，该书与目前全球史学的架构完全不同，因此不宜以斯塔夫里阿诺斯的《全球通史》作为评价全球史观的主要根据。① 杰里·本特利和赫伯特·齐格勒写的《新全球史：文明的传承与交流》(Traditions & Encounters: A Global Perspective on the Past) 一书，自 2000 年出版以来，在美国各大高校广受欢迎，是目前美国最畅销的世界史教科书。作者本特利认为，以全球史观透视历史，要尊重世界上所有民族——而不是一个或少数几个民族的历史经验，要考察每一个民族为人类所做的贡献，考察那些对不同社会中人们之间交流有促进作用的网络和结构，关注各地区、各民族和社会之间的互动交流所带来的长期影响和结果。作者完全摒弃"欧洲中心论"，全书的内容在世界几大地区之间保持平衡，并有意识地避免欧洲所占的比重过大。在写作中不是把"国家"作为主角，而是把"社会"作为研究对象，比如地中海社会、基督教社会和新石器时代的城市社会等。该书反映了最近一个时期以来西方学术界对全球史观的新的理解，对我国学者编纂世界历史教材有一定的借鉴意义。

2. 全球史观的基本内容和主要特点

全球史观将人类社会的历史作为一个整体来看待，认为世界历史绝不是所有国家、地区及民族和文化的总和，它所关注的是整个人类和全球整体，要从全球整体的大视角去研究世界历史，考察世界历史的整体发展和统一性，探讨世界历史各个时期的时代特征、发展主流和总体趋势，阐释不同文明之间的相互关联和渗透。

持全球史观的学者一般认为，从整体上看，近代以前世界上各民族、各国家基本上处于封闭发展状态，亚非欧三大洲存在地区性局部交流，而美洲几乎处于隔绝状态。随着新航路的开辟，各个地区之间的联系逐渐加强。到 19 世纪末 20 世纪初，世界终于成为一个密不可分的整体，实现了人类社会历史从分散发展到整体发展的转变。第二次世界大战以后，随着第三次科技革命的兴起，全球化趋势进一步增强，国家之间在政治、经

---

① 刘新成：《全球史观与近代早期世界史编纂》，《世界历史》2006 年第 1 期。

济、军事和文化等方面相互依存、相互渗透，你中有我，我中有你。地球上的许多问题需要全人类共同面对。可以说，世界各个地区、各种文明在各自的发展中，逐步打破了孤立、分散状态，逐渐融合成密切联系的全球统一体，这种全球一体化进程是历史发展的客观趋势。

全球史观建构了一种新的考察世界历史的方法和理论，其主要特点如下。

第一，以"社会空间"作为考察历史的基本单元。所谓社会空间，"是因不同原因、以不同方式、不断进行重组的统一体；决定其统一性的因素既可能是自然地理环境，也可能是人类自身的组织行为；无论哪种因素决定，'社会空间'的不断重组都使世界日益成为一个彼此密切关联的人类生存空间"。[①]"社会空间"可能覆盖一个局部地区，也可能覆盖一个大洲、横跨几个大洲。传统世界史以"国家"作为考察历史的单元，侧重国家内部的事务，强调民族和文化的独特性、排他性，从而使得一些人类文明的共性得不到说明，不同文明之间的相互关系被忽视。超越国家的现象，如物种传播、气候变化、疾病蔓延等也容易被忽略，而这些对人类历史产生过重要影响。以"社会空间"为单元则可以克服这些不足，全面考察影响人类历史进程的各种因素。

第二，关注跨国家、长时段的历史现象和不同文明之间的互动。全球史最初研究的对象包括环境史、瘟疫史、语言传播史、妇女史、移民史、国际贸易、比较政治等。这些都是"超政治"或者"超国家"的专题史。20世纪80年代以后，全球史研究的重点逐渐集中在不同地区之间的关联。《新全球史：文明的传承与交流》的作者杰里·本特利认为，不同文化的独立性与不同文化之间的交往是并存的，全球史以解读全球发展为使命，其中心任务就是探讨"独立"与"交往"的关系。"互动"是这一关系的本质。《新全球史：文明的传承与交流》一书就是要力图说明不同文明之间的互动以及互动过程中各个文明的变型。这样，移民、社会发展、商业、帝国主义、生物交换、文化融合等，成为全球史学者探讨的主题。

第三，破除"欧洲中心论"。"欧洲中心论"认为，只有欧洲国家才是

[①] 〔美〕杰里·本特利、〔美〕赫伯特·齐格勒：《新全球史：文明的传承与交流》中文版序言，魏凤莲等译，北京大学出版社，2007，第Ⅵ页。

不断发展进步的，其他地区则处于野蛮或者停滞阶段。所以只有欧洲国家的历史才属于历史范畴，对中国、印度、波斯等"停滞文明"的研究属于东方学，对"未开化"的非洲和大洋洲的研究则属于人类学。[①] 这样，世界历史就成为以欧洲为中心的历史。起源于欧洲的理性、科学、民主、法制等成为全球的榜样。现代化理论以欧洲发展模式为"理想模型"，更强化了"欧洲中心论"。全球史学者通过强调各个社会之间发展的相关性、互动性，通过突出影响各个社会的共同因素，将局部地区的发展作为更大的自然与社会结构运动的一部分，从而淡化了欧洲国家在世界历史的中心地位，使全球各个地区、各个民族在世界历史中都占有恰当的位置，拥有自己的一席之地。

3. 全球史观在历史知识建构中的应用

运用全球史观建构历史教材的知识体系，在内容的选择和组织上都会与传统教材不同。全球史观研究的单位是"社会空间"，因此选择内容不是以国家为单位，而是以跨国家的社会（或文明）为单位，选择的内容应该能够反映同一种文明的共性，同一种文明内部各个国家、民族之间的关系，或者不同文明之间的相互关系和作用。"世界各个地区、各种文明在各自的发展中，逐步打破了孤立、分散状态，逐渐融合成密切联系的全球统一体。"根据这种对于世界历史发展趋势的认识，世界古代史通常先叙述各个社会（或文明）的发展，在此基础上逐渐增加不同文明之间相互交流的内容。世界近现代史侧重叙述各个社会（或文明）之间的交流和相互影响，以及近代以来人类社会共同面临的问题。

《新全球史：文明的传承与交流》一书是运用全球史观选择、组织内容的典型。从该书的目录可以看出，它不是将各个国家、各个民族的历史拼在一起，按照国别建构世界史，而是从时间和地域两个视角把人类分为若干社会。叙述的重点是各个社会的发展和不同社会之间的相互交流。例如，把古代历史按时间分为早期复杂社会、古典社会组织、后古典时代。每个时代内按照地域再分为若干社会，如早期复杂社会就分为西南亚早期

---

① 〔美〕杰里·本特利、〔美〕赫伯特·齐格勒：《新全球史：文明的传承与交流》中文版序言，第Ⅷ页。

社会、非洲早期社会、南亚早期社会、东亚早期社会、美洲和大洋洲的早期社会。近代现代史则侧重不同社会之间的交流和相互关系，以及具有共性的内容。书中第四部分"跨文化交流的时代"作为从古代到近代的过渡，之后便是第五部分"全球一体化的缘起"，第六部分"革命、工业和帝国时代"以及第七部分"现代全球重组"。"全球一体化的缘起"主要讲的是新航路开辟后世界各地联系的加强，以及对各个社会的影响。"革命、工业和帝国时代"则侧重这个时代具有共性的内容——资产阶级革命、工业化，以及资本主义社会对全世界的控制。"现代全球重组"反映的是现代世界各种力量的消长、不同社会在全球地位的变化。这种结构和内容安排充分体现了作为整体的世界历史的发展规律。

全球史观在新课程改革以后的《历史课程标准》中有明确的表述："世界近代史是16世纪前后至20世纪初资本主义社会形态酝酿、产生和发展的历史。在这一历史阶段中，世界各地区前资本主义文明的相对孤立和相互隔绝状态，被广阔的资本主义世界市场和血腥的殖民扩张所打破，人类逐渐步入相互联系、相互依赖的世界一体化阶段，进而产生了真正意义上的世界历史。"[1] 在新课程知识的选择和安排上，新航路的开辟、工业革命的影响、世界体系的形成与发展、全球化趋势等内容，也在一定程度上体现了全球史观。从总体上看，目前的中学历史课程虽然在理念上采纳了全球史观，但是在具体的课程内容安排上体现并不是很充分。例如，全球史观以社会空间为研究的单位，而目前的中学历史课程大部分还是以国家和民族为研究单位。全球史观要求对世界各个地区各个民族给以平等的地位，体现在历史知识点的选择上，应该照顾到各个大洲上的文明。对于这一点，高中历史课程标准中有明确表述："理解和尊重世界各地区、各国、各民族的文化传统，吸取人类创造的优秀文明成果"[2]，但是课程内容中安排得不多。对世界历史知识的选择更多的是考虑欧美发达国家，对于西方文明的内容选择较多，其他文明大多被忽略了。相信随着课程改革的深入，全球史观会在历史课程和教材中有更好的体现。

---

[1] 中华人民共和国教育部：《全日制义务教育历史课程标准（实验稿）》，第23页。
[2] 中华人民共和国教育部：《普通高中历史课程标准（实验）》，第5页。

第一章 ◎ 历史课程研究

（五）现代化史观与历史知识的建构

自 20 世纪 50 年代末起，国外兴起一种新的学说——现代化学说，伴随着现代化理论的不断发展，现代化史观也渐露雏形。"现代化史观"就是运用"现代化"的观点来看待中外历史，特别是自工业革命以来的世界历史以及鸦片战争以来的中国历史。我国在 20 世纪 80 年代后掀起一股"现代化热"，越来越多的史学工作者以"现代化"作为历史研究的范式或主题，现代化史学研究取得了丰硕成果。

1. 什么是现代化

"现代化"的含义究竟是指什么？学术界有多种观点，罗荣渠教授将这些观点大致归纳为四类：一是指经济落后国家在经济和技术上赶上世界先进水平的历史过程；二是指人类社会从传统的农业社会向现代工业社会转变的历史过程，实质上就是工业化；三是指自科学革命以来人类急剧变动的过程的统称，它不仅限于工业领域，同时发生在知识增长、政治发展、社会动员、心理适应等各个方面；四是指一种心理态度、价值观和生活方式的改变过程，是代表我们这个历史时代的一种"文明形式"。[1] 一般认为，工业化是现代化的主要标志。由于西欧最早实现了工业化，因此人们通常把西欧作为现代化的样板。西方发达国家的成就，成了欠发达国家追求的目标。马克思在《资本论》第一卷第一版序言中，就表达了这样的思想："工业较发达的国家向工业较不发达的国家所显示的，只是后者未来的景象"。[2]

综合各种观点，我们大致可以得出这样的看法：现代化是传统社会向现代社会的转变过程，它涉及人类社会生活各个方面的变化。概括起来主要有以下几个方面：经济领域的工业化；政治领域的民主化；社会领域的城市化；以及价值观念领域的理性化[3]。

---

[1] 罗荣渠：《现代化新论——世界与中国的现代化进程（增补本）》，商务印书馆，2009，第 9~15 页。
[2] 《马克思恩格斯全集》第 23 卷，第 8 页。
[3] 〔美〕西里尔·E.布莱克：《比较现代化》，杨豫、陈祖洲译，译者前言，上海译文出版社，1996，第 7 页。

2. 现代化史观的主要内容

从历史角度来说，现代化进程有广义和狭义两种解释。"广义而言，现代化作为一个世界性的历史过程，是指人类社会从工业革命以来所经历的一场急剧变革，这一变革以工业化为推动力，导致传统的农业社会向现代工业社会的全球性的大转变过程，它是工业主义渗透到经济、政治、文化、思想各个领域，引起深刻的相应变化。"狭义而言，现代化"是落后国家采取高效率的途径（其中包括可利用的传统因素），通过有计划地经济技术改造和学习世界先进，带动广泛的社会改革，以迅速赶上先进工业国和适应现代世界环境的发展过程"。[①]

（1）现代化的类型。现代化进程从动因的角度可以分为两类：内源性（或内生型）现代化和外源性（或应激型、外诱型）现代化。西方发达国家的现代化进程大部分属于内源性的，而其他国家的现代化则基本上属于外源性的。

内源性现代化是一个自发的、自下而上的、渐进的变革过程。它的原动力即现代生产力是内部孕育成长起来的。西欧是这种现代化的典型。西欧早期的现代化开始于16世纪市场和商业的发展，经过政治和制度变革，导致18世纪的工业革命[②]。工业革命以及随后的历次科技革命成为现代化的根本动力，推动着现代化向纵深发展。这是对内源性现代化进程的一般描述。内源性现代化大都经历漫长的时间，相对平稳地推进，暴力的使用都是暂时的。

外源性现代化是由外来因素的冲击和压力推动的、自上而下的、激进的变革过程。一般是先完成政治变革，然后由政府推动现代化进程。它的现代生产力要素和现代化的文化要素都是从外部引进的。中国的现代化属于外源型，无论是现代政治、制度还是现代科技，都不是从本土产生，而是从外国引进的。近代中国面临的民族危机导致思想和政治上的变革，随后，在政治领袖的带领下开始了向西方学习的现代化进程。不过，外源性现代化的实质，同样是"社会内部的传统性在功能上对现代化的要求不断

---

① 罗荣渠：《现代化新论——世界与中国的现代化进程（增补本）》，第17页。
② 吴承明：《中国的现代化：市场与社会》，生活·读书·新知三联书店，2001，第5页。

适应的过程"①。而且，中国的商业和市场在16世纪就已出现现代化的征兆。例如徽商、晋商、秦商等大商帮，就已属自由商人，类似于马克思所说的"特殊的商人阶级"②。不过，这些经济上的变化不但没有引起政治、制度上的变革，反受传统政治、制度的压制而不能进一步发展，科学技术革命也无从谈起。中国政治、制度上的变革，是从19世纪中期以后，受外界压力开始的。从科举制的废除到辛亥革命，中国的政治、制度从形式上来说已经出现现代化的端倪了，在此基础上开始了经济现代化的进程。

（2）现代化的发展模式。世界历史上现代化的进程始于西欧，并不断向全球扩散。到20世纪末，世界上几乎所有国家都融入了现代化的潮流。由于各个国家现代化的历史背景不同，它们现代化走过的道路也各具特色，按经济形态可以分为三类：资本主义模式、社会主义模式和混合型模式。混合型模式正在尝试过程中，尚未定型。"资本主义现代化是初始的原生模式，其他两种都是后进与晚近的模式。"③ 同一种发展模式中，由于国情不同，现代化形式也各有特点。

按照各种现代化模式出现的时间顺序，罗荣渠教授把现代化进程分为三大阶段。第一阶段为1760~1870年，产生原生型资本主义现代化模式——英国模式。第二阶段为1860~1914年，出现资本主义现代化模式的其他类型——法国模式、美国模式、德国模式、日本模式。第三阶段，1950年前出现混合型北欧模式、社会主义原生型苏联模式；1950年以后，相继出现混合型印度模式、埃及模式、东亚模式、墨西哥模式，社会主义型东欧模式、中国模式、古巴模式。

人类社会进入20世纪以后，社会主义现代化模式产生了强大的吸引力，一些落后国家选择了社会主义模式，以社会主义方式推进本国的现代化。亚、非、拉地区的大多数国家独立以后，采用了资本主义制度。但是，它们的现代化道路并没有完全照搬欧美模式，而是在经济上加强了国家干预，形成自己的特色。社会主义模式和资本主义模式内部也呈现出多

---

① 〔美〕西里尔·E. 布莱克：《比较现代化》，译者前言，第19页。
② 吴承明：《中国的现代化：市场与社会》，第8页。
③ 罗荣渠：《现代化新论——世界与中国的现代化进程（增补本）》，第170页。

样化的趋势。这说明现代化是各国追求的目标，但是具体的实现途径则需要根据本国、本民族的特点来定。

（3）现代化的内容。现代化首先体现在生产力的发展上。第一次工业革命，诞生了以蒸汽机为动力的机器大生产，煤炭业、钢铁业、纺织业等大发展，由此带动了整个社会结构及人们思想观念的变迁，人们的物质文化水平得到显著提高，开启了现代化的进程。以后又出现第二次和第三次革命，生产力进一步发展，电力、汽车、化工、航空、计算机、航天、生物工程、信息技术等新兴产业不断涌现。产业由劳动密集型转向资本密集型，再转向技术密集型。现代化向纵深发展。

随着经济结构的变化，社会结构也发生相应变化。农业人口减少，工业人口和城市人口增加。体力劳动者减少，脑力劳动者增多，"白领阶层"扩大，传统的金字塔式社会结构逐渐转向"两头小、中间大"的枣核型结构，中间阶层逐渐成为社会的主体。人类的生活水平普遍提高。

政治民主化也是现代化的重要内容。各国的专制君主制相继被推翻，大多数国家采取了民主共和制，保留了君主制的国家也实行君主立宪制。不论是社会主义国家还是资本主义国家，民主的内涵和享有者范围都逐步扩大。越来越多的人从宗教愚昧、个人崇拜中解放出来，运用理智和科学进行思考，人的独立性和权利日益受到尊重。

总之，现代化包含了经济、政治、社会、思想文化等各个方面的内容。

3. 现代化史观在历史知识建构中的应用

现代化史观认为，现代化是近现代史的主题。"在世界近现代史上，尽管存在着许多根线，这些线有交叉、有平行，涉及方方面面，如生产发展、阶级斗争、思想冲突、政治变革等等，……但所有这些线，所有这些事变都有一个共同的主题，即现代化。"[1] 按照这种观点，近现代史的内容应该以人类的现代化进程为主线来选择和组织，突出由传统到现代的转变过程，展现现代化发生的条件、动力，说明现代化的多种途径。在中国近现代史课程中，可以尝试用现代化史观组织内容。以往的中国近现代史以反侵略和革命为主线，各类战争、革命运动成了中国近

---

[1] 钱乘旦：《世界现代史的主线是现代化》，《历史教学》2001年第2期。

现代史的主体，体现近现代史真正主题的内容却被忽略了。中国革命史和中国近现代史应该是两个不同的概念，不能用革命史取代中国近现代史。其实，革命的目的就是要实现中国的现代化，民主、富强是现代化的具体内容，中国的革命先驱尝试过多种现代化的途径，积累了丰富的经验，最终选择了社会主义现代化模式。根据现代化史观，中国近现代史主要应该考虑以下内容。

第一，现代化的历史背景。中国的现代化属于外源型，是在受列强侵略，面临民族危机的背景下被迫启动的。这个时候中国的传统社会是什么状况？整个世界的局势是什么样？

第二，对资本主义文明向中国扩张的反应。列强的侵略只是一种外在的形式，实质是资本主义文明要把中国纳入它的体系。这时的中国对外来文明的入侵做出了怎样的反应？

第三，现代化的尝试。中国的改革者和革命者作了那些现代化的尝试？取得了哪些成就？有什么经验教训？

以现代化史观建构中国近现代史知识体系，能更好地反映历史的实际，使战争和革命有了最终的归宿，使革命和建设的成果能够得到比较客观、全面的展现，使我们从近现代史的学习中获得更多的启示。

第五节
探究式历史学习课程的内容选择与编排[*]

新课程改革提出，历史课程的设计与实施要有利于学生学习方式的改变，有利于教师教学方式的改变，鼓励学生主动学习，培养探究历史问题的能力。[②] 为了达到这个目的，课程改革对历史课程内容体系作了巨大的改变。初中采用时序+主题，高中采用模块+专题。根据课程标准编写的教科书，设置了活动探究课，以强化教学方式的转变。新课程改革的理念

---

[*] 原文题为《论中学探究式历史课程的内容选择与编排》，发表于《课程·教材·教法》2011年第10期。

[②] 中华人民共和国教育部：《普通高中历史课程标准（实验）》，第2页。

体现了时代的要求,顺应了世界教育发展的潮流,课程标准设计的课程体系也与原教学大纲的课程体系有天翻地覆的变化,是一大创新。但是,在课程实施过程中,各种问题也接踵而至。初中历史课程知识点大量减少,跳跃性大,历史的连续性被割断。高中历史课程的专题侧重历史纵向联系,缺少横向联系。内容高度浓缩,概括性强,时间跨度大,每句话的信息容量大,没有初中阶段系统的历史知识的铺垫,高中生无法理解,很多问题历史教师也很难把握。以探究式学习为特色的活动探究课大多停留在教科书上,真正实施的不多,能够真正体现历史研究方法和过程的活动课屈指可数。为何会出现这些问题?有些教师认为是历史教科书编写问题,其实问题的根源在于历史课程标准,因为历史教科书的内容和体系是由历史课程标准规定的。解决问题应该从根源入手。历史课程标准中所倡导的教育理念非常先进,但是根据先进教育理念设计的课程体系和内容选择有需要改进和完善的地方[1],以确保课程改革所倡导的先进教育理念能够在中学历史课程,特别是高中历史课程中实施。课程改革提倡转变教学方式,提倡学生主动探究。那么,以探究式学习为主的历史课程,其内容究竟应该如何选择和编排?

(一) 学科课程中探究式学习的本质

历史课是学科课程中的一门。所谓"学科课程",是以文化知识为基础,"按照一定的价值标准,从不同的知识领域或学术领域选择一定的内容,根据知识的逻辑体系,将所选出的知识组织为学科"。学科课程"有助于系统传承人类文化遗产","有助于学习者获得系统的文化知识"。但是,"由于学科课程是以知识的逻辑体系为核心组织起来的,容易导致轻视学生的需要、经验和生活","也容易导致单调的教学组织和划一的讲解式教学"。[2] 从教育史上看,向学生传授系统的文化科学知识,一直是学科课程的主要目标。就历史学科而言,主要是向学生传授系统的历史知识。

---

[1] 课程内容选择和编排的具体问题见陈其《高中历史课程知识和教学体系浅议》,《历史教学》2004年第12期;姚锦祥《高中新课程历史学科内容的选择和组织评析——基于课程标准与教科书的研究》,南京师范大学硕士学位论文,2007。

[2] 张华:《课程与教学论》,第238、243页。

第一章 ◎ 历史课程研究

与这种教育目标相应的教学方式是传递—接受式：教师站在讲台上讲授，学生坐在下面听课记笔记。学生把教授的历史知识记住，历史教育的主要目标就达到了。这种历史课程是课程设计者强加给学生的。他们认为哪些历史知识重要，就要求学生记住，以为这些知识不管学生喜不喜欢，将来肯定对他们有用处。至于学生对这样的历史有没有兴趣、愿不愿意学，学了多少，到底有没有用，这些问题都交给了历史教师和学生。笔者在大学教历史教学法，上课时请学生回忆他们中学的历史课，大部分学生对历史课没有印象了，只记得考试前背书，考过之后就忘了。如果中学的历史教学是这样的效果，历史课程的设计值得我们反思。20世纪70年代，英国爆发了一场历史学科危机。学生普遍认为历史学习就是记忆一些史实，知道王朝更替和帝王将相的名字，这些枯燥的知识对他们毫无用处。学生参加会考的时候，选历史的人数急剧减少。有人提出将历史课从课表中删除，代之以更有用的科目。英国历史学家对这场危机进行了深刻的反思，形成了对历史学科的新的认识："学习历史是为了学习如何认识历史，从怎样认识历史中，培养一种理解当代事物的思维方法。"[①] 在这种新理念指导下，英国历史课程开始重视历史探究的过程和方法，在教学中强调史料的应用。历史学习不再把重点放在历史知识本身，而是放在让学生体验历史探究的过程和获得知识的方法上。我们可以把这种与"传递—接受式"教学相对的教学方式称为"探究式"学习。"探究式"学习不是活动课程专有的教学方式，学科课程发展到一定阶段也要使用。布鲁纳的学科结构课程就特别重视探究式学习，他认为学生应该学习和体验知识结构。"这主要是指一种注重过程和概念而不是注重科学、数学、历史和其他学科的内容的，探究与发现的方式。在布鲁纳的课程中，学生实际上成了历史学家、艺术家、数学家和作家。"[②] 我们可以这样说：在学科课程中，探究式学习的本质是让学生经历、体验历史学家、艺术家、数学家和作家探究他们各自领域未知知识，或进行创作的过程。通过这种经历和体验，掌握探究与发现的方法，建构自己的知识。如果学生会用某个学科的方法来进行

[①] 杨朝晖：《英国国家历史课程标准评介》，载赵亚夫主编《国外历史课程标准评介》，人民教育出版社，2005，第90页。
[②] 〔美〕亚瑟·K. 埃利斯：《课程理论及其实践范例》，张文军译，第116页。

探索、解决问题，那他们就具备了研究问题和解决问题的能力，具备了进一步学习的能力。从这个意义上说，探究式学习最终培养的是学生的能力。其实，掌握方法的过程也就是培养能力的过程。

（二）探究式学习对历史课程内容选择与编排的要求

如果我们的历史课程设计以探究式学习为主，要把探究式学习作为教学的常态贯穿于每一节课中，在课程内容的选择和编排上就要有彻底的变革。新课程改革虽然对历史课程体系做了彻底变革，但是其内容选择和编排依然建立在历史学科知识体系之上。初中历史课程是在原有知识体系上削减知识点。高中历史课程抛弃了通史体系，采用专门史和专题史体系，仍然是历史学科体系，而且是历史专业性、学术性更强的知识体系。初中课程知识点的大量削减，有利于减轻学生负担，转变教学方式，加强对学生能力的培养。即便是这样，最能体现教学方式转变的活动探究课在初中应用也不普遍。高中历史课程专业性、学术性增强，知识容量扩大，师生忙于完成知识教学任务，没有转变教学方式的机会和条件。新课程改革希望转变教学方式，希望在课程设计上有所创新，但是究竟如何创新确实需要进一步探索。

1. 知识传授型历史课程的内容选择与编排分析

当前的课程改革处于由知识传授型课程向问题探究型课程过渡的时期。传统历史教学以传授历史知识为主要任务。当前，掌握基础的历史知识也是教学的主要任务之一。选择哪些知识作为中学历史课程的内容？初中历史课程要求"掌握基本的历史知识，包括重要的历史人物、历史事件和历史现象，以及重要的历史概念和历史发展的基本线索"。[①] 高中历史课程"强调掌握必需的经典知识"，[②] "在义务教育的基础上，进一步认识历史发展进程中的重大历史问题，包括重要的历史人物、历史事件、历史现象和历史发展的基本脉络"。[③] 在新课程改革前的教学大纲中，也有类似的知识要求。例如1980年和1990年的《全日制十年制学校中学历史教学大

---

① 中华人民共和国教育部：《全日制义务教育历史课程标准（实验稿）》，第4页。
② 中华人民共和国教育部：《普通高中课程方案（实验）》，第5页。
③ 中华人民共和国教育部：《普通高中历史课程标准（实验）》，第4页。

纲》都"要求学生掌握基础的历史知识,了解中国历史和世界历史的重要历史事件和历史人物"。2000年《九年义务教育全日制初级中学历史教学大纲》"要引导学生通过中国史和世界史基础知识的学习,了解重要的历史事件、历史人物、历史现象及历史发展的基本线索,理解重要的历史概念"。[①] 由此可见,不论是新课改前还是新课改后,对历史知识的要求基本上是一样的:掌握基本的历史知识,包括重要的历史人物、历史事件和历史现象,以及重要的历史概念和历史发展的基本线索。问题在于,什么是重要的历史人物、历史事件和历史现象,以及重要的历史概念?是否可以细分为以下几类。第一,确定历史时序的标志性知识。例如公元纪年、朝代等。第二,决定某个时代的政治经济格局、历史发展方向的标志性事件、人物。例如英国工业革命、中国辛亥革命、两次世界大战、雅尔塔会议、秦始皇等。第三,影响延续至今的法律、制度、思想文化。例如拿破仑法典、儒家思想等。由于人类的历史源远流长,几千年来积累的历史知识浩如烟海,重要的历史人物、历史事件和历史现象很多,哪些是中学生必须掌握的?选择的依据是什么?我们也可以列出一些选择的标准:与学生生活相关;贴近现实;有教育价值;特定年龄段学生能够理解;等等。经过层层筛选,留下的就是中学历史课程需要安排的内容。我们在制定教学大纲或者课程标准的时候,是否按照某种选材标准选择过呢?应该大致有个标准,但是更多的可能是凭借直观的经验和感觉来选择,而选择的基础是历史学科知识体系:通史体系或者专门史体系。我们是用一些标准对历史知识体系进行精简,精简之后还是一套历史知识体系,区别仅在于知识点的多寡。既然是一套历史知识体系,即便是精简后的知识体系,也会"麻雀虽小,五脏俱全",否则就不叫历史知识体系了。作为一套历史知识体系,要有自身的逻辑结构,要照顾到历史上人类社会生活的方方面面。从古到今,从政治经济到社会生活,从大人物到小人物,从主体民族到少数民族,从中国到世界,从发达国家到欠发达国家。哪一样都不能少,少了就会感觉历史知识有欠缺。我们可以用历史概念构成的知识体系把所有

[①] 课程教材研究所:《20世纪中国中小学课程标准·教学大纲汇编·历史卷》,人民教育出版社,2001,第386、540、715页。

这些内容都囊括进去。但是，这套知识体系只是由文字构成的抽象符号。要理解它们，必须提供大量具体生动的史实。这样一来，中学历史学科课时的有限性和历史内容的丰富性之间的矛盾就表现出来。学生没有足够的时间感知每一个历史概念所指代的具体史实，只能记忆抽象的历史概念。教师也只能用讲述法或者讲解法在有限的时间内向学生传授大量抽象的历史概念、历史规律、历史阶段特征，对历史人物、历史事件、历史现象作高度概括性的分析评价。照顾到了历史知识的广度，但是很难顾及历史知识的深度，更谈不上让学生自主探究历史，通过亲身体验获得对历史的认识。

2. 探究型历史课程内容选择与编排要解决的几个问题

探究式学习要求学生像历史学家那样去体验、感受历史研究的过程，包括收集史料、鉴别史料、分析整理史料、形成对历史的叙述或对历史的分析评价，并用口头或书面语言表达出来。体验和感受的基本对象是史料和历史研究方法的运用。要推广探究式学习，必须解决好以下几个问题。

（1）教学课时与探究内容匹配。

对一个历史课题的探究，有些需要一课时，有些需要连续几课时，甚至十几个课时，可以延续一周、一个月，甚至几个月。一个课题所需要的课时取决于内容本身以及探究的深度。知识传授型课程可以用抽象的历史概念把需要几周、几个月探究的历史内容浓缩到一课时或两课时。探究型课程则相反，要把原先一课时完成的历史内容拓展开，用几课时或十几课时来深入探究。以中英两国初中历史课程的法国大革命为例，中国历史教材中的法国大革命是一节课，而英国是一本书，可能需要十几个或者更多的课时完成。英国中学的历史课能够普遍采用探究式学习，与其历史课程设计有直接关系。在英国的历史课程标准中，对学习范围的表述采用这样的形式："在主要学段，应该通过三个英国研究、一个欧洲研究和两个世界研究来培养学生的知识、技能与理解能力。"[①] 后面列举出几个大的历史时期英国、欧洲和世界历史的重要历史事件、历史人物、历史现象，供学

---

① 《英国国家历史课程标准》，载赵亚夫主编《国外历史课程标准评介》，第86页。

习者选择。在每一个学习阶段选几个点、几个主题作深入探究，而不是把历史知识体系中的所有内容都让学生研究，这是英国历史课程设计在内容选择上的突出特点。它充分考虑到课时与研究内容的匹配，在历史学科总课时一定的条件下，要注重研究的深度，给学生充分探究的机会，就需要增加课题的学习时间，这意味着必然要缩减课题的数量。一个课题探究所占课时越多，一门学科的总课题数就越少。历史课程设计者应该研究：如果严格按照探究式学习进行历史教学，一个课题需要多少课时；不同类型的课题研究所需课时不同，可以求得一个平均数，在此基础上考虑历史学科的总课时是多少，可以安排多少研究课题。大致有个数以后再按照各种选择课程内容的标准从历史学科体系中筛选值得放到中学历史课程中的内容。

（2）所选研究内容与学生兴趣和认知能力相符。

我们提倡学生主动学习、主动探究历史。学生是否能够主动学习取决于对历史学科的兴趣，并不是所有人都喜欢历史研究，我们不要过高估计了学生对历史的兴趣。在一所学校、一个班级到底有多少学生喜欢历史？有多少学生会主动探究历史问题？我们对历史课程内容的选择，应该首先在遵循国家意志的前提下充分考虑学生的兴趣，而不是教育者的需要。把一项任务强加给学生并不能调动其主动性。新课程改革强调课程内容要贴近学生，"关注学生的经验，增强课程内容与社会生活的联系"，这是解决学生历史学习兴趣的关键。很多学生对历史没有兴趣，主要是因为历史距离现实生活太远。如何拉近历史与现实的距离，这是历史课程设计者和教师需要研究的又一个重要问题。从理论上讲，历史是过去的现实，现实是未来的历史，历史和现实之间的关系很紧密。为什么我们教科书中的历史让人感觉离现实遥远？可以从历史内容的选择和表述方式上找原因。我们历史教科书选择的大多是历史学科体系中的知识，这些知识是对历史的高度抽象概括，是由历史概念组成的历史知识体系。这种历史已经脱离了具体的人和事，是一种用语法和逻辑组织起来的文字符号。文字符号可以指代历史上的人和事，但是只有先了解具体的人和事，才能知道符号的内涵。例如，我们叙述古代罗马社会各阶层的生活状况，如果只是说：古代罗马的人分为贵族、平民和奴隶。贵族生活奢华，政治上享有特权，奴隶

历史课程教材教法研究

没有人身自由……这种历史叙述就是用历史概念编织的历史知识。贵族、平民、奴隶、政治、特权、人身自由等，都是概念。用一定的语法结构和逻辑把这些概念组合成一段话，就是抽象的历史知识。这样的历史知识学生能看懂吗？什么是贵族？什么是平民？什么是奴隶？什么是政治？什么是特权？没有具体的人和事作支撑，谁也不知道这些概念指代的是什么。如果我们的历史教科书选择的是这样的历史，学生如何产生兴趣？这种历史是对历史研究结果的高度概括，无法作为历史研究的起点。作为历史研究起点的是什么？是历史上具体的人和事。历史教科书怎样呈现具体的人和事？在英国的一种历史教科书中，为了让学生了解罗马帝国社会各阶层的人，分别选择了一名指挥官的妻子、一名驾驭战车的士兵、一个洗衣女工、一个富人讲述他们的生活。例如：

> 罗丽雅，一个洗衣女孩
>
> 罗马，公元 280 年
>
> 我好累，累得可以在工作时睡着。……
>
> 我是个洗衣工。洗衣可不是个好差事，从早忙到晚，却只能领取很少的工钱。虽然是个自由的职业，但是生活条件很差。在我的住所没有条件做饭，所以只能在回家时顺路在街上的一个商店买糕点充饥。……像我们这样的穷人通常住在最高层。……楼上没有水。一整天的工作已经很累了，还要把马桶提下楼去清理，干完这些以后，谁还有力气再提一桶水顺着快要散架的楼梯登上十层的住所呢？
>
> 有些奴隶比我的状况好。一个为女主人洗衣服的奴隶女孩还被主人教会读书和写字。这让我羡慕不已，我甚至羡慕她有漂亮的小床。当主人给他们自由，许多奴隶也能变得很富裕。我们都知道一个奴隶儿子佩蒂纳的故事。他刚开始是个老师，然后加入军队，最后成为一个将军——然后成了皇帝。但要提醒你他很快就被暗杀了……
>
> 我自由，但我住在一片污秽中。如果能活到 30 岁就好幸运。这难道不是自由的好处？
>
> 然而，作为奴隶也不可能都好。如果一所房子里有个奴隶想要杀死主人，那么他们所有的人都会被鞭打和折磨，不管他们有没有参与

第一章 ◎ 历史课程研究

其中。①

英国历史教科书中有很多类似的历史当事人的叙述。通过让学生感知历史上几个具体人物的经历，要让学生研究什么，达到什么目的，在教科书中也有提示。

> 研究历史：多样性
>
> 当你看到罗马帝国对不同人的影响，你可能建立起了像这样的爱憎标尺。（一种爱憎标尺图，左端是最不喜欢生活在罗马帝国的人，右端是最喜欢生活在罗马帝国的人，其他人位于两者之间）
>
> 很明显，有些人在罗马帝国统治下活得很好，但另一些人活得不好。还有一些人处在好和不好之间的某个位置。因此这是关于多样性的两个关键点，希望你能顺利完成研究。
>
> 人们的生活不同
> ……即使他们生活在同一历史时期
> 人们的生活不同
> ……即使他们生活在同一历史时期的同一国家②

教材提示学生研究多样性，并指出思考问题的关键，最后得出一种历史认识：同样是人，他们的生活是不同的。即便是生活在同一历史时期，即便是生活在同一历史时期的同一国家。从感知具体史实到经过抽象概括形成对历史的认识，教材的这种呈现方式符合人类认识历史的一般规律。选择历史上具体的人和事，再现当时的生活情景，是英国历史课程具体内容选择上的一大特点。再现活生生的人和事，把抽象呆板的历史变活了，贴近生活、贴近学生，拉近了过去与现实的距离，容易让学生产生兴趣。

（3）内容编排体现探究历史问题的思路、程序

历史课程标准只是定出了历史学习或研究的范围，具体的课程内容选择和编排主要由历史教材来完成。知识传授型教材，对历史的原因、结

---

① Ian Dawson, Maggie Wilson, *SHP History Year 7*, London：Hodder Education, 2008, pp. 38 – 39.

② Ian Dawson, Maggie Wilson, *SHP History Year 7*, London：Hodder Education, 2008, p. 42.

果、发展过程作完整而严密的论述,简明扼要,已经是对历史认识结果的一种陈述,所以根本不需要学生去探究。探究式历史教材,陈述的是具体的史实,可以用文字呈现,也可以用各种图表来呈现。如何把这些内容组织起来？英国历史教材有比较成熟的经验。总体看,是按照时序和主题编排。每一个主题下,按照以下模式来呈现课程内容:单元主题—需探究的子课题—探究任务描述—系列探究活动,包括:一组组配有问题的历史情境图片、史实;研究历史问题的步骤和方法指导;对所探究问题的总结与练习。以七年级历史教材中的"罗马帝国"为例。

探究任务描述:

你是否想过为什么罗马人第一个入侵不列颠？是因为他们想要建立帝国。同样的事情发生在1000年后。帝国在历史上很重要。他们改变了世界！他们影响了人类！他们挑起了战争！有时他们也带来了和平！

了解帝国是了解历史的一个重要部分。在本课程的后面你将学习到世界有史以来最强大的大英帝国,你会发现它跟罗马帝国有许多相似之处。

我们将要用三个问题来探究罗马帝国,你将会发现这些问题可以用于对任何帝国的探究:

为什么罗马人想要一个帝国？

他们是怎么得到和控制它的？

它是如何影响人类的？

探究问题之一:

为什么罗马人想要一个帝国？

认识一下保利努斯。他是公元60年的不列颠（罗马人叫大不列颠）的总督。他曾经率军队征服了不列颠,现在他是不列颠的总督。如果我们问他为什么罗马要成为一个帝国。他会怎么回答？

保利努斯的回答:

第一章 ◎ 历史课程研究

我们征服的任何国家都会让罗马更富有。我们向帝国内的任何一个臣属地收税。大不列颠拥有银矿，所以能缴纳更高的税额。

帝国改善人们的生活。当我们接管一个国家，我们帮助他们建设城镇，让他们拥有干净供水设施的房屋。他们能够买到来自帝国其他地方的奢侈品，诸如珠宝、瓷器等。

罗马是个大城市，住满了需要食物的人。我们命令帝国每个地区的臣民送食物到罗马以保证罗马人开心。大不列颠有许多肥沃的农田，它为罗马提供了许多食物。

作为将军，我知道要出名的最好的方法是为帝国赢得新的土地。如果一个将军征服了一个新的国家，他就会被给予一次穿越罗马城的胜利游行。人群会欢呼，他会成为一个拥有众多土地和奴隶的富人。

富裕的罗马人不必自己做艰苦的工作。他们有奴隶为他们做。罗马需要稳定的奴隶供应。当有反叛或战争，我们就能够使罪犯成为奴隶，送他们去修建我们的建筑。

探究的步骤和方法指导：

活动

1. 保利努斯用了这些理由中的哪个？
a）说服罗马皇帝，让大不列颠永远作为罗马帝国的一部分；
b）说服不列颠领导人，成为罗马帝国的一部分很好。
2. 哪个理由对保利努斯自己来说最重要？
3. 如果你是生活在那个时代的一个不列颠人，你会向保利努斯问或说什么？[1]

教材中对历史的探究，有一个固定的模式，但是具体的探究活动形式多种多样，上面只是众多形式中的一种。各种探究形式的共同点是：提供很多当事人的想法、行动，历史场景的模拟画面，示意图，等等。让学生根据这些材料，按照一定的步骤思考，得出结论。

---

[1] Ian Dawson, Maggie Wilson, *SHP History Year 7*, London: Hodder Education, *2008*. pp. 28–29.

（三）对探究式历史学习课程的一点认识

探究式学习注重学生能力的培养，注重方法的训练，但是并不否认知识掌握在教学中的重要地位。探究需要有一定的知识积累作基础，探究的结果是获得对历史的认识，这种认识实际上就是学生通过自己主动学习获得的历史知识。在课程设计中，我们不能因为强调能力、强调过程和方法而否定知识本身，我们需要在能力培养和知识掌握之间谋求一种平衡。任何课程设计都不可能做到两全其美，能做到的只是在侧重一方的同时要兼顾到另一方。在探究型历史课程设计中，侧重能力的培养，课程内容的重点放在具体史实的生动呈现和研究方法的指导，不能用抽象概念把历史知识体系完整地呈现出来。但是，历史的基本要素会在探究活动中让学生掌握。例如，历史的时序，可以设专题来介绍和练习。在探究过程中，让学生为历史事件、人物排顺序，分别放到时间标尺的某个位置上。通过这样的练习，让学生自然形成历史的时序感。再如，前面例子中的罗马帝国研究，"帝国"在世界历史的不同时期都出现过，研究罗马帝国的思维步骤："为什么罗马人想要一个帝国？他们是怎么得到和控制它的？它是如何影响人类的？"可以用于对其他帝国的研究。在知识取向的课程设计中，也是按照这样的步骤展开历史，它叙述的是历史学家的研究成果，向学生呈现出一种静态的历史知识结构：原因—过程—影响。而在能力取向的课程设计中，是一种动态的体验过程，使学生通过历史思维按一定顺序主动建构知识。历史知识结构没有在教材中呈现出来，它渗透在学生探究活动的步骤中，最后需要学生写出或者说出来。这种课程设计侧重对历史的深度理解而不是蜻蜓点水式的广博，从历史教育的实效来看，应该成为课程发展的方向。

第六节
普通高中历史课程标准编订中的核心问题探讨[*]

为了解《普通高中历史课程标准（实验）》（以下简称"课标"）的成

---

[*] 原文发表于《历史教学》（中学版）2013年第11期。

绩和问题，供修订"课标"参考，教育部委托北京师范大学于2012年8～12月在全国八个省、直辖市和自治区进行了调研。根据教育部的要求，调研组要持中立态度，客观地反映各方意见。因此，调研报告所反映的问题只是对各方意见的分类整理，如实呈现，并不代表调研组的观点。专家们需要对报告中的意见作深入研究，对各方提出的问题仔细辨别，区分出哪些是"课标"本身的问题，哪些是教科书的问题，哪些是教师理解上的问题；哪些是当下能够解决的问题，哪些是需要花时间长期深入研究才能解决的问题。只有辨明问题，才有可能找到解决问题的途径。调研中教师们意见比较集中的问题主要有两个方面，一是历史课程内容的选择和组织，二是历史课程目标和内容标准的表述。这两个方面的问题都是历史课程设计的核心问题，也是难点问题。本书先就这几个问题发表一些个人的观点，供专家和老师们批评指正。

（一）历史课程目标和内容标准的表述问题

调研中许多老师反映"课标"中的规定笼统，不好操作，希望有分年级、分层次的细化目标。专家也有同样的意见。其实，目标笼统是个老问题，无论是民国时期历史课程标准中的"目标"，还是新中国成立后历史教学大纲中的"教学目的"，都比较笼统。它们只给教学提供一个大致的方向，不具体指导教师怎么操作。例如，1936年高级中学历史课程标准的目标。

（壹）叙述我国民族之拓展，与历代文化政治社会之变迁，以说明我国现状之由来，而阐发三民主义之历史的根据。

（贰）注重近代外交失败之经过，及政治经济诸问题之起源，以说明我国国民革命的背景，指示今后本国民族应有之努力。

（叁）过去之政治经济诸问题，其有影响于现代社会者，应特别注重；使学生得由历史事实的启示，以研讨现代问题，并培养其观察判断之能力。……[①]

[①] 课程教材研究所：《20世纪中国中小学课程标准·教学大纲汇编·历史卷》，人民教育出版社，2001，第67页。

2000 年《全日制普通高级中学历史教学大纲（试验修订版）》教学目的。

　　普通高中的历史教学，要在初中教学的基础上，使学生进一步掌握重要的历史事件、历史人物、历史现象，理解重要的历史概念，把握不同历史时期的基本特征及其发展趋势，认识历史发展的基本线索和基本规律。

　　在历史教学的过程中，要注意培养学生的创造性学习能力，使学生进一步掌握和运用学习历史和认识历史的基本方法，增强学生自主学习和探究的能力；指导学生搜集和整理与学习相关的历史资料，培养学生解读、判断和运用历史资料的能力；通过对历史事实的分析、综合、比较、归纳、概括等认知活动，发展学生的历史思维能力；……

　　通过历史教学，使学生能初步运用唯物史观对社会历史进行观察与思考，逐步形成正确的历史意识；……①

　　这两种历史教育目标的表述方式有较大差别，前者是将知识、能力、情感等目标以知识为载体混合表述，即通过某类历史知识的学习，使学生能得到什么历史认识、说明什么问题、培养什么能力、产生什么情感等。后者则是分开表述，先说明要学生掌握什么样的历史知识，再说明要培养学生哪些能力，最后说明要进行什么样的情感态度价值观教育。尽管有这种表述方式上的差别，但两者都是对历史教育目标的宏观表述，并不具体规定通过某个历史知识点的学习，学生在知识、能力、方法、情感等方面要达到什么程度。在课程标准的"教材大纲"和教学大纲的"教学内容"中，只列出了知识点，也没有规定对这些知识点的学习应该达到什么程度。例如，1936 年高级中学历史课程标准的教材大纲。

　　近世史：

　　（1）明清之际

　　（2）欧人之东略

---

① 课程教材研究所：《20 世纪中国中小学课程标准·教学大纲汇编·历史卷》，第 736 页。

（3）基督教与西方科学之传入
……

2000年《全日制普通高级中学历史教学大纲（试验修订版）》教学内容要点：

近代部分
一、中国近代半殖民地半封建社会的开端
1. 鸦片战争
2. 第二次鸦片战争
★3. 西方资本主义国家经济势力的入侵
4. 太平天国运动
……

每一个内容要点，大致可以作为一节课的学习主题，至于具体选哪些史实，应该由教师或者教科书编写者定。通过某个主题的学习，要达到哪些教学目标，也是由教师结合历史课程的总目标或者教学目的来确定。可以说，民国时期的历史课程标准和新中国成立后的教学大纲，其课程目标和内容的呈现方式大致相同。在这种呈现方式下，教师的自主性较大，历史教学的效果，完全取决于教师自己对历史教育目标的理解和认识程度、历史专业知识的掌握程度以及教学水平的高低。由于我国地区差异非常大，同一地区不同学校的差异也很大，历史教学效果总体上看一直都不容乐观。大部分学生除了考试前死记硬背历史知识，考试之后大部分都忘掉之外，对中学历史教学留下的印象并不深。为了使全国的中学历史教学都能达到一个最基本的要求，确实有必要进行改革。21世纪初开始的新一轮课程改革，是应时代发展的要求，针对原教学大纲的不足而展开的，在历史课程目标方面做了创新的尝试，"从知识与能力、过程与方法、情感态度与价值观三个维度提出和规定了高中历史教育的基本目标。其突出特点，一是把知识与能力有机地结合在一起，把学习的过程与方法作为课程目标提出来，注重学生学习历史方式的突破；二是在思想教育目标中突破了以往单纯政治教育的层面，注重人文素养和科学精神的培养，把历史教育的社会教育功能与人的发展教育功能结合起来；三是改变了过于注重知识传授的倾向，强调了新的高中历史课程目标要从单纯注重知识传授转变为体现引导学生学会学习，学会做人"。① 这些理想的目标最终需要通过历史知识的学习来实现，判定目标是否实现的标准就是"内容标准"。"内容标准实际上是课程目标与课程内容结合的产物，是针对具体历史内容的目标。目前我国历史课程的内容标准外形与美国国家历史课程内容标准相似，但是缺少分层次的具体要求。"② 尽管也称作"内容标准"，也使用行为动词来呈现历史学习的结果，但是教师们仍然感觉笼统，不好操作。下面我们以新航路的开辟为例，来比较中美两国国家历史课程标准中内容标准的差别。

中国普通高中历史课程标准（实验）：

新航路的开辟、殖民扩张与资本主义世界市场的形成和发展

（1）概述迪亚士、哥伦布开辟新航路的史实，认识地理大发现对世界市场形成的意义。③

美国国家历史课程标准［基础版（Basic Edition）］：

欧洲人早期的探险和殖民活动如何引起原来互不联系的人们之间的文化和生态交流。

A 学生了解 9~17 世纪国际竞争中欧洲的海上和陆地探险时代。

学生能够：

5~12 年级　追溯 15~17 世纪早期探险家们环行非洲，到达美洲，跨越太平洋的路线。（运用历史地图中的信息）

7~12 年级　评价哥伦布航海以及他与当地居民合作的意义。（评价个人在历史上的重要作用）

5~12 年级　把英国人、法国人和荷兰人的探险动机与西班牙人

---

① 朱汉国：《浅议普通高中历史课程体系的新变化》，《历史教学》2003 年第 10 期。
② 郑林：《普通高中历史课程标准（实验）实施现状调研报告》，《历史教学》（中学版）2013 年第 3 期。
③ 中华人民共和国教育部：《普通高中历史课程标准（实验）》，第 11 页。

做比较。(比较和对比不同的观念)

9~12年级 评价探险时代各个国家和宗教间竞争的角色,以及他们对历史的长期影响。(考虑到多种视角)

7~12年级 评价"哥伦布交流"的过程和结果。(假设历史的影响)[①]

我国"课标"中对新航路开辟这个学习主题只有一个笼统的要求:"概述迪亚士、哥伦布开辟新航路的史实,认识地理大发现对世界市场形成的意义。"而美国"课标"在"学生了解9~17世纪国际竞争中欧洲的海上和陆地探险时代"这个总要求下,根据不同年级细分出五个不同层次的具体标准。从运用历史地图追溯探险路线到评价"哥伦布交流"的过程和结果,针对五个具体历史内容和活动提出了五种不同层次的能力要求。这样,教师就比较容易操作了。当然,这样的目标分层设计需要设计者具备较雄厚的教育教学理论功底和史学功底才能做好,而且工作量很大,不是一年两年能完成的。我们目前的"课标"处于探索阶段,尚不具备做好这种内容标准的条件。本次课程改革中,英语课程标准就已经做了分层次细化的目标体系设计。调研中,英语教师们对这种细化的分层目标也有意见,提出很多问题,需要改进。这说明课标的研制不是一劳永逸的事,不是印出个文本就大功告成了。它需要在实践中不断调整、完善。

当然,课程标准并非一定要有一个将三维目标或二维目标与课程内容结合起来的"内容标准"。如前所述,民国时期的课程标准就只设置目标和教材大纲,没有内容标准。目前英国的国家历史课程标准也没有内容标准,但是有一个总的学业成就水平标准。两者的框架结构对比如表1-7。

在这个英国"课标"框架中,"课程目标"陈述的是各学科具有共性的目标。"关键概念"和"关键方法"类似于我国"课标"中的"知识与能力"和"过程与方法"目标,突出了历史学科特有的目标。"范围和内容"类似民国"课标"的"教材大纲"和新中国成立后历史教学大纲中的"教学内容"。"课程机会"类似民国"课标"的"实施方法概要",但

[①] *National Standards for History*, *Basic Edition*, National Center for History in the Schools, Published 1996, p. 79.

是内容并不完全一样,"课程机会"主要叙述了教师要给学生学习创造哪些条件。"学业成就目标"规定了完成某个学段的历史学习后,学生应该达到的目标。该目标从低到高分为八个水平(level),在水平8(level 8)之上还有一个"出色成就"(Exceptional performance)。历史课程从学段1到学段3,分别有相对应的几个水平的学业成就目标要求。

表1-7 民国时期课程标准与现行英国课程标准结构对比

1936年中学历史课程标准	英国国家历史课程标准(2007年)学段3①
第一 目标 第二 时间支配 第三 教材大纲 第四 实施方法概要 (壹)作业要项 (贰)教法要点	课程目标 历史学习的意义 1. 关键概念 2. 关键方法 3. 范围和内容 英国史 欧洲史和世界史 4. 课程机会 学业成就目标

通过对中、美、英三国课程标准框架结构的比较研究可以看出,历史课程标准的呈现方式有多种,各有所长。美国历史课程标准在分述知识和能力目标之后,将能力与具体知识结合,设计出针对特定历史内容的分层次的目标——"内容标准",便于教师拿来就用,直接操作。但是由于规定得太详细,有可能限制教师的自主性和创造性。我国民国时期的历史课程标准和新中国成立后的历史教学大纲,目标和内容分述,教学时教师要根据自己的情况,将能力、方法、情感等目标融合到具体的历史内容中去。这种目标设计给教师的自主、创新留有较大余地,但是对教师的专业水平要求也高。所以我们不能简单地说"课标"规定笼统些好,还是具体些好,也不能以笼统和具体作为评价"课标"好或不好的标准。当然,如果条件具备,大多数教师也有要求,还是应该力争研制出我们自己的具体、分层次的历史课程"内容标准",为我国不同地区的教师提供选择的机会。

---

① History – Programme of Study for Key Stage 3 and Attainment Target (This is an Extract from The National Curriculum 2007), www.qca.org.uk/curriculum.

（二）历史课程内容的组织形式问题

调研中，绝大多数教师对目前这种"模块专题"式的历史内容编排方式持否定态度，希望改回"通史"。通史，指对历史作贯通古今，并在政治、经济、文化等各个方面都作研究与阐述，涉及面广，容量大。把通史放到中学，因课时有限，只能是高度浓缩，剩下一个由抽象概念构成的知识体系框架，框架中放一些结论性的东西让学生去背诵，在有限的时间内完成大量历史知识的灌输。按通史体系设计的历史课程，知识系统、完整、逻辑严密，但是因其容量大、课时少，大部分教师只能进行填鸭式教学，内容抽象枯燥，学生没有兴趣，学完之后并不能真正消化、理解，只是把历史课本中的文字死记硬背下来，大部分学生考试之后全忘了。随着时代的发展、教育理念的进步，这种课程体系越来越不适合中学历史教学的要求，正因为此，才需要不断改革。

新课程改革以后，高中历史课程的知识体系有了很大的变化，采用模块专题式结构，必修课的三个模块大致按照政治史、经济史、文化史来划分，接近专门史。在大学，一般是学习完通史课程之后，到了高年级才选修各类专门史课程。通史或者断代史是一种历史学科体系，专门史也是一种历史学科体系，其专业性比通史更强。不管哪种历史学科知识体系，都需要结合教育学、心理学原理加以改造，才能转化为适合中学历史教学的历史课程体系。从民国到现在，中学历史课程的知识体系经历了一个从历史学科体系到中学历史教学体系的转化过程。虽然经过几十年的改进，历史课程的学科体系色彩依然浓厚，与中学生的认知水平有较大的差距。历史学科体系追求完整性、系统性、逻辑性，力图反映人类历史的全貌，这是历史学家穷毕生精力去做的事情。中学教育是通识教育，开设有十几门课程，历史只是其中之一，而且还不是最主要的课，分配给历史学科的课时有限，学生不可能把所有时间精力都用到历史课上，也不是所有学生高中毕业后都要进大学历史系学习。因此，中学历史课程只能根据历史教育的目标从学科知识体系中选一些重要内容，按教学规律编排。只有这样，才能让学生愿意学历史、喜欢学历史。新中国成立后的历次课程改革都是朝着这个方向去做，到目前为止做得还是不能令人满意，可见其难度之大。本次课程改革，初中历史采用按时序排列的专题结构，每个专题围绕一个主题选内容，与主题无关的不再编入课程体系，历史知识点大幅度减少。从这点来看，可以说新课改初中历史打破了学科体系，初步建立起更适合学生学习的专题体系。以秦汉时期的历史为例，新课改前初中历史教学大纲和新课改后初中历史课程标准的知识体系对比见表1-8。

表1-8　新课改前初中历史教学大纲和新课改后初中历史课程标准的知识体系对比

2000年初中历史教学大纲（试用修订版）	2001年初中历史课程标准（实验稿）
五、秦的统一 1. 秦统一六国 2. 秦始皇建立中央集权制度 3. 陈胜吴广起义和秦朝的灭亡 六、西汉的强盛 1. 楚汉战争与西汉的建立 2. 汉初的休养生息与"文景之治" 3. 汉武帝的大一统 4. 王莽改制及其失败 七、东汉的兴衰 1. "光武中兴" 2. 外戚宦官专权与东汉的衰亡 八、秦汉时期的民族关系和对外关系 1. 匈奴的兴起和秦汉王朝与匈奴的关系 2. 汉通西域 3. "丝绸之路" 4. 秦汉与朝鲜、日本的交流	（三）统一国家的建立 【内容标准】 （1）了解秦兼并六国和秦始皇加强中央集权的史实，探讨统一国家建立的意义。 （2）知道陈胜吴广起义。 （3）列举汉武帝大一统的主要史实，评价汉武帝。 （4）讲述张骞通西域等史实；认识丝绸之路在中外交流中的作用。

秦汉时期的历史，教学大纲是按照通史体系设计，有13个知识点。课程标准是按照专题设计，只有4个知识点。在课时有限的情况下，课程标准的知识体系设计更有利于让教学适合学生的认知心理，更有利于学生进行探究式学习，发挥学生的积极性、主动性。这是因为，"在历史学科总课时一定的条件下，要注重研究的深度，给学生充分探究的机会，就需要增加课题的学习时间。这意味着必然要缩减课题的数量。一个课题探究所占课时越多，一门学科的总课题数就越少"。[①] 初中历史课程标准大量削减

---

① 郑林：《论中学探究式历史学习课程的内容选择与编排》，《课程·教材·教法》2011年第10期。

历史知识点"为学生的自主活动和师生互动留出了时间",以便"让师生共同在具体翔实的史实基础上开展各种形式的教学活动,形成对历史的认识,并在这种具体生动的历史教学过程中陶冶情操、发展各种学习能力"。① 尽管初中历史课程标准实验稿也有一些不足,但是这种课程体系设计思路应该坚持。

高中采用模块加专题的结构,中外历史混合编排。这种结构从理论上讲具有很多优点,可以构建多样化、多层次的课程体系,适应社会需求的多样化和学生全面而有个性的发展。② 可以避免与通史教材的雷同,可以灵活地选择历史内容,并有较大的包容性。③ 有助于学生认识同一个历史现象的来龙去脉和发展演变规律。④ 中外史合编有利于学生开阔眼界,深刻地理解世界历史中的中国,也有利于加强中国史与世界史的联系和比较。但是在中学历史教学中实施之后,发现这种内容编排有很多问题。于是,许多教师认为还是改回通史好。其实,要想按照教学规律组织历史内容,最好的方式还是专题。我们不能因为目前这种结构有问题,就得出需要改回通史的结论。目前这种结构之所以有问题,是因为它忽视了历史的两个基本特点:时序性和整体性。如果能够把握历史的基本特点,专题式结构应该成为中学历史课程内容组织的基本形式。这种结构可以打破历史学科体系的系统性、完整性,使中学历史课程内容的选择更加灵活,不必面面俱到,包罗万象。同时又能保证专题内部的历史知识的系统性、完整性,让师生对某个历史问题作全面、深入的探究。专题和专题之间也可以兼顾教学规律和历史学科特点来灵活组合。这样就可以解决历史知识的丰富性和中学历史课时的有限性之间的矛盾,以及历史学科体系与学生心理认知水平之间的矛盾,将历史课程的学科体系转化为教学体系。

按照专题组织历史课程内容有多种方式。本次高中历史课程改革,必修课先按照政治、经济、文化分为三大模块,每个模块之下再分若干专

---

① 郑林:《提高历史课堂教学效果的一个关键问题——处理好历史教学与历史教科书的关系》,《历史教学》(中学版)2007年第2期。
② 朱汉国:《浅议普通高中历史课程体系的新变化》,《历史教学》2003年第10期。
③ 姚锦祥:《评高中历史实验教科书的知识体系和教学内容》,《历史教学》2005年第3期。
④ 郑林、侯桂红:《普通高中新课程历史教科书难度问题分析》,《历史教学》(中学版)2012年第5期。

题。调研中有专家和教师认为，模块把一个个完整的历史内容分割开了，使学生无法形成对某个历史事件、历史现象的全面系统的认识，而且造成各个模块的内容多次重复。例如辛亥革命，涉及经济、政治、思想文化等多个方面，如果按照目前这种模块结构，需要把辛亥革命的经济基础放到必修2，政治活动放到必修1，指导思想放到必修3。而实际上这三个方面是无法分开的。另外，这么编排逻辑顺序也有问题。按照历史唯物主义原理，先有经济上的变化才引起思想上的觉悟，最终导致政治上的变革。是经济基础决定上层建筑，而不是倒过来。在研究一个历史问题的时候，可以从经济、政治、思想文化等多方面分析，但是前提是要让学生看到一个完整的历史事件、历史现象，再去从多方面分析，最后进行综合，形成对历史的认识。美国国家历史课程标准从社会史、政治史、科学技术史、经济史、文化史五个方面分析人类社会的活动，但它同时强调："分析人类活动这五个方面，需要在历史时空背景中来进行"，而且五个方面是相互关联的，并以具体的历史事件、现象为例，说明这五个方面的关联。[1] 正是考虑到人类社会活动的五个方面是紧密联系的，而且是在特定的历史时空中发生的，美国国家历史课程标准在设计课程内容时，完全按照时间顺序，先划分历史时代，然后在每个时代中编排各种综合性学习探究活动专题，其知识结构见表1-9。

表1-9 美国国家历史课程标准中的知识体系[2]

时代1 三个世界的交汇（从人类起源到1620年）	标准1：比较1450年以后交往逐渐增多的美洲、西欧和西非的社会特征。 标准2：欧洲早期的探险和殖民活动如何促成原先互不联系的人们之间的文化和生态交流。
时代2 殖民化与殖民地（1585~1763年）	标准1：为什么美洲会吸引欧洲人，为什么他们要把非洲奴隶带到殖民地来，以及欧洲人为了争夺北美和加勒比海的控制权进行了怎样的斗争。 标准2：英属殖民地的政治、宗教和社会制度是如何产生的。 标准3：欧洲人经济生活中的各种价值观和制度如何在殖民地扎根，以及奴隶制如何重塑了在美洲的欧洲人和非洲人的生活。

---

[1] *National Standards for History*, Basic Edition, p. 47.
[2] *National Standards for History*, Basic Edition, pp. 77 - 75.

续表

时代 3 革命与新国家（1754～1820年）	标准 1：美国革命的起因、促成革命运动的各种思想和利益，以及美国人胜利的原因。 标准 2：美国革命的政治、经济和社会影响。 标准 3：革命期间创建的政治制度和实践，以及它们在 1787 年到 1815 年之间怎样进行了修订，在《美国宪法》和《人权法案》基础上建立起美国政治体制的基础。
时代 4～时代 10（略）	

美国国家历史课程标准中，美国史分为 10 个时代，世界史分为 9 个时代，每个时代组织若干专题。假设要把这些内容划分为三个模块来编排，应该怎么做？恐怕也不好设计。我国本次课程改革编订的高中课程方案中规定，"每一学科由若干模块组成"，"学生学习一个模块并通过考核，可获 2 学分"，给历史学科分配的必修学分为 6 学分。[①] 按这种规定，历史必修课只能设三个模块。怎么把中国历史和世界历史做成三个模块？确实有难度，"课标"组也是颇费了一番功夫。模块就像集装箱，每个模块是独立的，是一个整体。模块之间可以根据需要随意组合、增减。这是模块的优点，能体现出课程的多样性、灵活性、选择性。但是历史课程是否适合采用模块；必修课是否要采用模块，用几个模块；历史必修课采用模块之后，其多样性、灵活性、选择性体现在什么地方，这些问题值得进一步研究。

（三）如何对待各方反映的问题

课程改革是一个复杂的系统工程，不可能一蹴而就。我们应该把课改和"课标"编订看作一个动态的过程，一个在尝试、调整中不断完善的过程。在这个过程中，遇到一些问题是正常的。对待"课标"要有一个科学的态度，既不能预设它百分之百正确，只能赞扬，不容批评，也不能因为在实施过程中遇到问题，发现不足，就彻底否定它。我们应该用马克思主义的观点和方法看问题，在充分肯定"课标"成绩的同时，对"课标"的问题不隐瞒、不回避，实事求是地分清情况，认真解决。

---

① 中华人民共和国教育部：《普通高中课程方案（实验）》，第 2～3 页。

根据我们的分析，调研中教师们反映的问题，主要有三种：一种确实是"课标"本身的问题，一种是教科书没有按照"课标"要求编写而产生的问题，另一种是教师对"课标"理解不到位而产生的问题。"课标"本身的问题又可以分为课改前就有，课改后依然没能解决的问题，以及课改后产生的问题。例如，课程目标表述笼统、不好操作，这是"课标"本身的问题，也是课改前教学大纲就有，课改后依然没有解决的问题。课程的模块加专题结构的不足，则是课改后产生的新问题。新课程容量大、难度大，有些与课程内容结构有关，有些与教科书编写有关，还有些与教师对内容标准理解不到位有关。我们征求意见的目的是修订"课标"，因此，应该从众多教师的意见中抓住"课标"本身的问题，深入研究。能在本次修订中解决的，马上解决，无法在本次修订中解决的，应该给教师们一个交代，说明原因。教科书编写"超标"和教师对"课标"理解不到位，也是非常重要的问题，需要单独拿出来研究，通过改进教科书编写机制和提高教师培训质量来解决。

第二章
历史教材研究

历史教材有多种定义，归纳起来主要有三种。第一，历史教材即历史教科书。我们平常所说历史教材分析、历史教材研究等，主要是指历史教科书分析研究。第二，历史教材是历史教科书、教学参考书、历史地图册、练习册等历史教学用书的总称。这是历史教材发展到一定阶段，突破了历史教科书在教学中的唯一性后才出现的观点。第三，历史教材是指所有可以用于历史教学的资源。这是最近几年提倡的一种教材观。传统教材观认为，历史教科书具有权威性，历史教科书中写的都是科学的历史知识，是真实的历史。教学就是把历史教科书承载的科学的历史知识传授给学生，让学生认识历史。教学以教科书为本，教科书就是教材。教师要吃透教材，教好教材，学生要学好教材，掌握教材中的知识。进入21世纪，随着基础教育课程改革的深入、教育理念的变化，教材观也发生了很大的变化。历史教材的内涵已经扩展为用于历史教学的各种材料。历史教科书不再是历史教学唯一的依据，只是历史教学的重要资源之一。尽管如此，教科书在教学中仍占有重要的地位，是教师教学的基本依据。教科书怎样编写才能适应新课程的理念、适合教学方式转变的需要，现行的历史教科书存在哪些问题，应该如何改进，本章对这些问题作了一些探讨。

第一节
教材编写如何有利于教学方式的转变*

我国 21 世纪初开始的课程改革特别关注学习的过程和方法，重视能力培养。在《历史课程标准》中明确提出："课程改革应有利于学生学习方式的转变"，"有利于教师教学方式的转变"，[①]"倡导学生主动学习，培养探究历史问题的能力和实事求是的科学态度。"[②] 转变教学方式受多种因素的制约，其中教材是一个非常重要的因素。课程改革能够看得到的实实在在的成果，也主要是新教材的编写出版。如何编写出真正适合学生主动探究的历史教材，我们还有很长的一段路要走。20 个世纪七八十年代，英国的中学历史课程也经历了一次巨大的变革。历史教学不再把重点放在历史知识本身，而是放在让学生体验历史探究的过程和获得知识的方法上，在教学中强调史料的应用和方法的指导。为了贯彻新的历史教育理念，英国历史教材的体例结构和内容也发生了相应的变化。如今，这种注重探究过程的历史教材已经发展得比较成熟，对我们有较大的借鉴价值。下面我们就以英国朗文版九年级历史教材《现代思想》[③] 为例，略作分析。

（一）教材的内容结构

《现代思想》讲述 20 世纪的世界历史，依时间顺序分为三个大专题和 13 个小专题。三个大专题为第一次世界大战、第二次世界大战以及思想的形成（The Making of Minds）。每个大专题中有若干个小专题，具体如下：

---

* 原文发表于《历史教学问题》2011 年第 3 期。
① 中华人民共和国教育部：《全日制义务教育历史课程标准（实验稿）》，第 2 页。
② 中华人民共和国教育部：《普通高中历史课程标准（实验）》，第 2 页。
③ Jamie Byrom, Christine Counsell, Michael Riley, *Modern Minds: the Twentieth-century World, Teacher's book*, Harlow: Longman, 2000.

第一次世界大战

（1）两颗子弹夺走两千万生命——一起谋杀案为何会导致1914年的大战。（Two bullets and twenty million deaths—Why did a murder lead to war in 1914.）

（2）从塞文河到索姆河——一个男人的信件与诗歌向我们描绘了一战怎样的画面？（Severn and Somme—What can one man's letters and poems tell us about the First World War?）

（3）我们创造了伟大的和平吗？我们达到了吗？是吗？——巴黎和会真的达成了合理的解决方案吗？（Are we making a good peace? Are we? Are we? —Did the Paris peace conference make a sensible settlement?）

（4）革命——为什么1917年俄国人会产生分裂？（Revolution—Why were the Russians so divided in 1917?）

（5）爱尔兰分离——为什么人们对历史的解释会如此不同？（Ireland divided—How can people interpret history so differently?）

大专题一以第一次世界大战为中心，分别就萨拉热窝事件、一战、巴黎和会、俄国革命和爱尔兰独立问题展开叙述，基本上涵盖了一战前后的重大事件。

第二次世界大战

（6）邪恶的思想与恐怖的时代——希特勒是如何攫取德国的统治权的？（Evil minds and evil times—How did Hitler gain control of Germany?）

（7）走向战争——什么原因导致了二战？（The road to war—What caused the Second World War?）

（8）世界在战火中毁灭——同盟国如何取得二战的胜利？（The world dissolved in flames—How did the Allies win the Second World War?）

（9）人类历史上最残忍的罪行——铭记大屠杀为什么会如此重要？（The greatest crime in the history of the world—Why is it so important to remember the Holocaust?）

第二章 ◎ 历史教材研究

大专题二围绕第二次世界大战,就德国法西斯政权的建立、二战起因、二战经过以及大屠杀展开讨论。

思想的形成

(10) 改变世界的原子弹——投到日本的原子弹产生了怎样的影响?(The bomb that changed the world—What were the effects of the atom bombs dropped on Japan?)

(11) 一个帝国的衰亡——"新思维"是如何摧毁苏联的?(Death of an empire—How did new thinking destroy the Soviet Union?)

(12) 黑人还是英国人——我们该如何书写英国黑人团体的历史?(Black and British—How did we write the history of black communities in Britain?)

(13) 真理还是谬误——这个世界能够实现人类最高的愿望吗?(Rights and wrongs—Can the world live up to its highest hopes?)

大专题三以"思想的形成"为题,关注核武器、苏联解体、英国种族问题以及世界和平与发展问题,这些均是二战后产生了重大影响的典型事件,其中英国的种族问题虽然是地区性的,但其反映了20世纪六七十年代世界范围内的民权运动,也具有典型性。

三大专题的内容依照时间顺序展开,但并非机械地堆积知识点,而是以小专题为单位,以资料为依托,设计成开放式的章节活动。每个章节活动集中解决一个精确定义的历史问题,以达到训练学生批判性思维的目的。

(二) 教材的资料运用

《现代思想》提供大量不同形式的一手资料,为学生主动探究问题创造条件。教材共有128页,里面包含照片68张(包括现场摄影、书影等)、图表33幅(包括内容摘要、表格等)、地图15幅以及其他各种图片33张。还有各式各样的事件亲历者,甚至是重要当事人的文字记载,而且这些当事人来自不同阶层、不同种族。最重要的是,这些一手史料并非是课文的附庸,有的甚至是课文的主体。例如,该教材中收录了信件、诗歌等形式的文字资料共 46 件，其中第一次世界大战的亲历者，普通士兵艾弗·格尔尼（Ivor Gurney）的资料就有 19 件。为展现格尔尼战前的心态，编者选用了他当时写的两封信与一首诗；在叙述德军撤退的时候，编者又选用了他 1917 年 3 月 23～26 日的三封信件。这 19 件材料基本上构成了第一章第二节的主要内容，即一战的过程。用一个小人物的经历来反映重大历史事件，是新史学影响下人文主义精神在历史教材编写中的体现。二战结束后，西方世界掀起新史学的浪潮，对社会底层、对个人的关注日益普遍。在新史学的影响下，学者们逐渐从原先过于关注政治外交的圈子中摆脱出来，转而关注一战和二战中实实在在的"人"，体现最明显的是第一章第二节"从塞文河到索姆河"（Severn and Somme）。编者从一个普通的英国青年应征入伍开始，随着战争的进行，讲述他的一战经历。与一般模式的一战课程一样，该教材包含的知识点并不多，仅仅涉及了西线战事中索姆河战役等寥寥事件，但其包含的信息量不可谓不多。首先，教材选取的人物格尔尼是英国社会下层一个有文化的平民。同当时大多数应征入伍的青年一样，格尔尼心情既激动，又感到荣耀。随后的军营生活也与大家想象的一样，平淡得甚至有些枯燥。若非是在一战的大背景下，这样的描述确实没有太大意义，但正因为是在一战中，如此正常的心态才显得格外引人注意。接下来上战场的日子刚开始时，格尔尼认为除了环境之外，与在英国没有什么区别，甚至有机会结交外国友人让他着实兴奋了一阵子。但之后的形势剧变，格尔尼的人生也彻底改变。这种个人命运的颠簸具有相当的震撼力，而给学生的印象远比抽象笼统的政治军事史深刻，也更加真实。

这些资料不是简单罗列，而是作为教材的主体安排在精心设计的结构中。除了专题式的知识结构外，编者还为教师设计了另外一种线索式结构，隐含在专题结构之中。教材共有三个大线索。线索一是冲突的世纪。其中共分五个部分，即一战、俄国内战、二战、意识形态的冲突与英国国内冲突。线索二是诠释历史，也是分五个部分，即如何做出诠释，如何用对历史的诠释来影响人们的思想，后续事件（subsequent events）如何影响对历史的诠释，政权的思想控制以及 20 世纪将会如何为后人诠释。线索三是民主与独裁的领域，包括：不断改变的人民、权力和政治的观念。这三条线索分别隐含在 13 个小专题中，通过各种形式的教学活动结构设计，引导学生深入探究历史问题。

（三）教材的活动设计

教材中设计的教学活动结构，旨在引导学生以资料为依托进行探究学习。在学生用书中，教学活动的栏目大致可以分为两大系统，即"思考"和"章节活动"。

"思考"栏目是为了更好地向学生传达课文意思，也可以被用来做课堂提问，还可以在学生独立完成一篇课文后用来作为检测和反馈的工具。全书共有 72 处"思考"问题。其中要求学生仔细阅读课文来完成的问题计有 26 处，需要学生阅读书上材料之后完成的问题共有 26 处，剩下的是需要学生看图回答的问题，有 20 处。可以看到，从正文部分延伸出的问题只占全部问题的三分之一强，这样的分布也体现了该教材重视历史材料的特点。

"章节活动"栏目用以帮助学生掌握学习成果。编者认为，在活动上花的时间会实实在在提高学生在时代把握和史学技巧方面的能力。这些章节活动包括课程讲授过程中一环扣一环的"步骤"单元（Step）与"课后活动"（Thinking Your Enquiry Through）。下面选取第一个大专题的片断向读者展示"思考"和"章节活动"结构。

两颗子弹夺走两千万生命
——一起谋杀案如何导致 1914 年的大战

照片：费迪南大公与夫人在被刺当天的一张照片。

课文：（萨拉热窝事件生动具体的过程叙述，略）如果我们想要理解导致一战的事件线索，我们就要更深一步了解萨拉热窝事件。

课文：（背景介绍，略）

图表：1914 年的奥匈帝国。

思考：1. 从帝国的最东边到最西边有多远？

2. 帝国皇帝在统治的时候可能会遇到什么问题？

3. 你还了解历史上哪些帝国？

课文：(奥匈帝国所面临的难题，略)

思考：1. 哪两个国家可能因为奥地利大公遇刺而交战？

2. 他们会为什么而战？

课文：奥地利人根本没有向塞尔维亚民族主义者屈服的打算。如果塞尔维亚人独立，那么波兰人和捷克人乃至其他民族都会要求同样的自由，整个帝国也就解体了。但是一些波斯尼亚的塞尔维亚人通过暴力与恐怖活动向奥地利人表达了仇恨。这也是为什么他们会在1914年刺杀奥地利大公的原因。

步骤一：一条线索包括许多环节。

在导致一战的事件线索中有三个环节。把每一个环节认真抄写到一张纸上，以便后面进行展示。

从"民族国家与帝国"这一节中选择正确的信息填空。后面还会有更多的环节包括进来！

环节1：塞尔维亚民族主义者在＿＿＿＿＿（日期）刺杀奥地利大公。

环节2：奥匈帝国是一个强大的＿＿＿＿＿，如果1914年她向民族主义者屈服，那么她就会解体。

环节3：＿＿＿＿＿在1912年和1913年进行扩张，并希望所有的塞尔维亚地区能够并入一个民族国家。

课文：同盟与敌人

也许正如你已经猜到的那样，弗朗茨·费迪南大公遇刺导致奥匈帝国与塞尔维亚在1914年6月开战。但是它并未到此为止。

由于所有欧洲的大帝国被卷进一个复杂的联盟体系，这场塞尔维亚与奥匈帝国的战争升级了。一个联盟就是两个或更多的国家结成的合作关系。这些联盟通常都是由条约联系起来的。通常领导人们会保证在同盟受到攻击时予以援助。

下面这个图表告诉我们在弗朗茨·费迪南大公遇刺后六周内发生了什么事件。

图表：欧洲的联盟们如何将世界拖入大战……第一次世界大战开始了。

一战一直进行到1918年的11月。战争期间，别的国家如意大利（1915年）和美国（1917年）加入了英国一方。土耳其（1914年）加入德国一方。

思考：1. 一个国家加入一个联盟的原因有哪些？

2. 你认为联盟的出现使战争更容易爆发还是更可能遏制战争？

步骤二：这里有另外三个环节供你抄写并在不同纸上完成。从上表中找出哪些国家或帝国站在哪一方。提示：谁帮助塞尔维亚？谁攻击塞尔维亚？

环节1：欧洲复杂的_____体系在1914年8月4日之前将所有大帝国拖进战争。

环节2：塞尔维亚得到三国协约的支持。它将_____，_____和_____三个大国联系在一起。

环节3：塞尔维亚的敌人包括三国同盟，_____和_____。

步骤三：略

章末练习

你已经做出所有的环节。现在需要将这些环节组织起来，展示一战爆发的原因。你可以在两种不同的方案当中任选其一。

方案1："战争原因是链式反应"

如果你选择这种方案，你必须：

a. 在一页大一些的纸上安排你做出的环节，以便按时间顺序联系起来（这些事件发生的顺序）。

b. 找出可以称之为短期原因的环节。这些事件发生在战争爆发前不久。将这些环节涂成红色。

c. 就历史学者为什么会在研究一战原因时使用"一系列事件"这个词汇作一段简短的阐述。

方案2："战争原因就像爆炸混合物一样"

如果你选择这种方案，你必须：

a. 使用同样的材料但采用不同的安排方式。你要做的是表现它们如何会像爆炸混合物的配料，例如火药一样，而不是将这些原因排成一条线来比较。你可以像下图（略）一样将原因安排在一幅图解中，将这些原因分类，归纳到下图中的三个类型中。

　　b. 就历史学者为什么会在研究一战原因时使用"爆炸混合物"这个词汇作一段简短的阐述。

　　图解：类型1：处理民族主义与帝国关系的一系列事件
　　　　　类型2：关于联盟的一系列事件
　　　　　类型3：关于武装力量的一系列事件

"步骤"重在帮助学生梳理想法，为"课后活动"做准备。"课后活动"则要求学生对本专题探讨的主要问题做出自己的解答。当然，编者已经在每一个小专题的开头部分，或者以故事引出的形式，或者以图片展示的形式，将"要探究的问题"（Your enquiry）呈现在学生面前。为了更好地发挥章节活动的效用，编者在"教师用书"[①]中以资料卡的形式帮助教师设计教学方案。

教师用书主要栏目为"拓展思路"（Extra Access）与"拓展挑战"（Extra Challenge）两部分。栏目的基本内容是资料卡。在每一个小专题开头处，编者就资料卡的运用做了简短的介绍，初步将2~3个资料卡做出分类，安排在"拓展思路"与"拓展挑战"中。当专题的主题对于学生难度较大时，编者也会单独列出一个资料卡做介绍。例如，第五个小专题要解决的是对于历史的诠释问题，为此编者将资料卡5.1的内容设计为对"历史诠释"的介绍。

"拓展思路"基本按照教材中"步骤"单元的顺序设置，针对教材中"步骤"较为分散的问题进行集中设计，多采用图表的形式。例如，第一个小专题的资料卡1.1、1.2、1.3将教材中的图表集中在一起，基本任务是帮助学生完成一战爆发原因的线索归纳。其他小专题的"拓展思路"大同小异，基本上体现了简单明了的要求，力图培养学生们从课文中寻找并使用相关信息的能力。

教师用书的特色体现在"拓展挑战"上。十一个（第六与第十三个小专题没有专门设置资料卡）"拓展挑战"主要内容举例如下。

[①] Jamie Byrom, Christine Counsell, Michael Riley, *Modern minds: the Twentieth - century World, Teacher's book*, Harlow: Longman, 2000.

（1）资料卡1.4：挑战历史学家——与历史学家A.J.P.泰勒讨论一战爆发的原因；

（2）资料卡2.3与2.4：小心艾弗·格尔尼——体验严谨的历史语言；

（3）资料卡3.3：疑虑，担忧——尼克尔森信件所反映的仇德情绪；

（4）资料卡4.3："公平"的分配——俄国革命所进行的财产再分配是不是公平的；

（5）资料卡5.3：诠释——对历史诠释的再思考；

（6）资料卡7.3：对绥靖主义的不同诠释

——就阿兰·布洛赫（Alan Bullock）与A.J.P.泰勒（Taylor）的不同意见进行讨论；

……

综合这些"拓展挑战"来看，其主要内容多半是摘抄自与章节活动有关的课外材料。而课外材料的选用也是经过编者精挑细选的，其中既有泰勒、布洛赫这样专业学者的作品，也有罗伊等人文学性较强的作品，更有戈尔巴乔夫的《开放与改革》这样的回忆录性质的文章。虽然作者的历史学功底不同，但或多或少都对学生的研究能力有所帮助，这主要体现在"拓展挑战"栏目的活动性质上。虽然"拓展挑战"附录在教师用书中，但其对教师的基本要求只是指导，活动的主体是学习能力较强的学生。这一栏目的设计初衷并不是为了完成教学任务，而是实践《课程标准》"学校的课程安排必须达到为所有学生提供学习和发展机会的目标"的要求。与"拓展思路"相配合，教师可以在保证大部分学生完成教学任务的前提下，适当培养学生的历史研究能力，真正实现面向全部学生，使所有学生获得相应的发展。

（四）值得借鉴的几个特点

通过对《现代思想》的分析研究我们可以看出，该教材有以下几个特点。第一，采用专题结构，每一专题都设计成开放式的章节活动形式，集中解决一个精确定义的历史问题。一册书的大专题不多，但是围绕专题提供的材料丰富多彩。章节活动都经过精心组织，对学生进行系统训练，使他们用有目的的、批判性的思维来思考；进行回忆、选择和编排信息；使用表格、标题和图表等练习。其目标是在第三学段（7~9年级）结束之前，学生能够在相对独立的情况下解决历史问题。

第二，每个章节活动集中训练学生一项能力。例如，在第二章中，学生会学到如何利用一个战地诗人的原始资料来反驳空泛的关于战争经历的陈述。在第五章中，学生将会了解大量的二手史料如何诠释历史，在此基础上帮助学生建立自己对历史事件与问题的看法。

第三，通过多样化的活动设计实现因材施教。教材设计了不同层次的活动，以适应学生的差异。对于接受能力较低的学生来说，完成"步骤"后，已经基本达到了《课程标准》要求。教师用书上的资料卡既可以帮助大部分学生完成章节活动，即"拓展思路"；又为接受能力较强的学生提供了更具挑战性的问题，即"拓展挑战"。"拓展挑战"的设置将会为他们提供机会，让他们应用额外知识或者在更高的层次上进行思考。这些拓展资料不会漫无目的地设置，而是会围绕章节的核心问题，既确保大部分学生能够完成教学任务，又可以保证水平较高学生经历更丰富的知识和更复杂的组织结构的考验，从而提高自身水平。

第四，将叙事性放到首位，以此来帮助学生理解历史，使学生建立一个更加牢固和易于记忆的知识体系。如在第二章中，对于战争经历的审视就集中在战地诗人艾弗·格尔尼的故事上；而在第五章中，迈克尔·科林斯的故事则被用来展示对于历史不同的诠释是如何产生的。在第三章中，通过让学生们饰演诸如外交官哈罗德·尼克尔森的角色，帮助他们理解1919年"和平制造者"们所面对的困难。通过这些努力，历史上人们的态度、信仰和价值观（对于理解政治、社会和文化至关重要）对于学习能力有限的学生来说就变得易于理解。

总之，教材编者摒弃了单向的知识传授结构，使学生有充裕的机会主动加入教学活动中，通过探究活动理解历史，构建自己的历史知识体系。教材在引导学生正确认识历史和培养学生的历史研究能力方面，对我们有明显的借鉴价值。

第二节
普通高中新课程历史教科书的成绩与问题[*]

2004年9月，教育部开始在山东、广东等4个省（区）进行普通高中课程改革试验，2010年9月随着重庆、甘肃两省市进入课改，全国绝大部分地区都已使用高中课程标准实验教科书。新教科书是新课改的主要成果之一，从一个侧面反映了课改的成就。2010年12月，为了解新课改后的高中历史教科书使用情况，教育部委托北京师范大学及相关省市对现行四个版本（人教版、人民版、岳麓版、大象版）的高中历史课程标准实验教科书（以下简称新教科书）进行了调查。调查采用分层随机抽样的方法，对全国东中西部10个省市（北京、吉林、安徽、甘肃、江西、河南、湖北、重庆、浙江、云南）三种经济类型（经济发达地区、经济中等地区、经济欠发达地区）两类学校（示范校、普通校）的12330名学生、968名教师和101名教研员进行问卷调查，最终获得学生有效问卷12081份、教师有效问卷906份、教研员有效问卷99份（有效率均在90%以上。基于标准化的克隆巴赫系数：学生问卷为0.866，教师问卷为0.962，教研员问卷为0.945）。我们将数据录入SPSS 18.0和Microsoft office Excel 2010软件进行统计分析，对高中历史新教科书取得的成绩和存在的问题得出以下认识[②]，这些认识主要反映了教材使用者对教材的看法，以及我们的一些思考，仅供课改决策者、历史教科书的编写者和使用者参考。

（一）取得的成绩

调查表明，新教科书在很多方面得到学生、教师和教研员的肯定，新教科书的编写基本体现了新课改的理念，基本达到历史课程改革的要求。

---

[*] 原文题为《新课程背景下普通高中历史教科书的调研》，发表于《历史教学问题》2012年第2期。

[②] 由于学生对一些专业性问题明显缺乏有效判断的能力，因此有关教科书编写的评价以教师卷和教研员卷为判断基础，在作用和使用方面适当补充学生的评价意见。

1. 新教科书内容选择符合"课程标准",有助于培养学生的能力和情感态度价值观

新课标规定,历史课程"在内容的选择上,应坚持基础性、时代性,应密切与现实生活和社会发展的联系,关注学生生活"。"通过历史学习,使学生增强历史意识,汲取历史智慧,开阔视野,了解中国和世界的发展大势,增强历史洞察力和历史使命感。"[①]调查显示,新教科书"注意吸收新的史学研究成果"(满分5分,教师卷均值3.78,教研员卷均值3.89,下同);"内容注意与学生生活、现代社会问题的联系"(3.57,3.98)。使用后,能"促进学生对历史问题和现实问题的思考"(3.45,3.67)。其中,75.8%的教师对"新教科书注意吸收新的史学研究成果"表示"完全同意"和"基本同意",在教科书整体评价中位居第二,说明新教科书充分重视学术前沿,受到教师和教研员的认同。

与旧课程相比,新课程改革提出了知识与技能、过程与方法、情感态度与价值观的三维目标,更强调学习过程,注重思维能力的培养。调查显示,新教科书"注重历史思维和方法的渗透"(3.56,3.67);使用结果"有助于学生思维能力的培养"(3.40,3.60);"有助于引导学生形成积极主动的学习态度和正确的价值观"(3.33,3.67)。其中,新教科书对学生态度和价值观的培养的促进作用是学生、教师和教研员对新教科书作用评价中最高的。

2. 新教科书体例结构促进了教师教育教学观念和学生学习方式的转变

新课标要求"普通高中历史课程的设计与实施有利于教师教学理念的更新,有利于教学方式的转变","为学生的自主学习创造必要的前提"。新课程要"有利于学生学习方式的转变,倡导学生主动学习,在多样化、开放式的学习环境中,发挥学生的主体性、积极性与参与性,培养探究历史问题的能力和实事求是的科学态度"。[②]

调查表明,"新教科书的前言中关于教师使用教科书方法的说明清楚、明了"(3.59,3.91),"选修教科书和必修教科书为教师自主使用教科书留有弹性空间"(3.42,3.82),使用新教科书后,对教师的最大促进作用

[①] 中华人民共和国教育部:《普通高中历史课程标准(实验)》,第2页。
[②] 中华人民共和国教育部:《普通高中历史课程标准(实验)》,第2页。

就是"促进教师教育教学观念的转变"(3.60，3.88)，69%的教师和82.6%的教研员对"新教科书有助于促进教师教育教学观念的转变"表示"完全同意"和"基本同意"，具体表现如使用新教科书后，教师的教材观有较大变化，不再仅仅依赖于教科书和教参，而是增加了对其他课程资源的开发与利用。调查发现，教师在备课时，除了以往常用的教科书和配套教参外，还参考使用了其他版历史教科书、网络资源、同校老师的教案和其他资源，而什么也不参考的教师极少（占全体教师的1.2%），其中使用最多的是网络资源。

同时，新教科书注重为学生自主学习创造条件。调查表明：(1)"新教科书对每一课/章节/单元的学习重点说明具有教学指导作用"(3.8，4.03)；(2)"新教科书中的学生活动注重利用多样化的教学资源"(3.73，4.00)；(3)"新教科书的目录清晰呈现了书的主要内容，便于学生整体把握"(3.63，3.91)；(4)"新教科书中所涉及的学习活动融合了自主学习和合作学习"(3.57，3.92)；(5)"新教科书推荐的教学资源（如书目、图片、网络资源）容易获得"(3.57，3.77)；(6)"新教科书中的学习活动给予学生个性发挥的余地"(3.54，3.72)；(7)"新教科书的语言文字易于学生理解"(3.44，3.65)；(8)"内容编排和练习设计等方面凸显出学法指导"(3.28，3.48)。许多教师和教研员认为，使用新教科书"有助于培养学生主动参与、乐于探究的习惯和能力"(3.27，3.60)，"有助于引导学生掌握历史学习方法"(3.26，3.41)。总之，新教科书初步具有"学本"特征。

3. 初步建立了多元评价方式

课标规定，"普通高中历史课程的设计与实施有利于历史教学评价的改进，形成以评价学生综合素质为目标的评价体系"，调查显示，51.3%的教师和45.9%的教研员对"新教科书体现了多样化的评价方式，以配合不同的评价目的"表示"完全同意"和"基本同意"，并对"新教科书中的评价能为学生提供诊断、补救或完善的途径和方法，易于学生自我评价"(3.04，3.00)一题作出了肯定评价。但均值在4（基本同意）和3（说不清）之间，而且偏向于3，说明很多教师对这一问题不置可否，新教科书评价设计还有进一步改进的余地。

与旧的大纲版教科书的对比调查显示,新教科书明显"更注重加强与生活、社会及其他学科的联系";在落实三维目标上,"更注重培养学生的情感态度与价值观","更注重学生的自主、合作学习","更能促进学生深入思考";"更注重渗透历史思想与方法","更重视学习过程"的展示和"给予学生更多个性发挥的余地与成功体验"。说明新教科书基本实现了新课程改革的初衷与要求。

总之,新教科书的编写基本体现了课标要求,促进了三维目标中"过程与方法"和"情感价值观目标"的落实;有助于促进教师教学理念和学生学习方式的转变。

(二) 存在的问题

新教科书虽取得了上述成绩,但也存有很多不容忽视的问题,亟须在下一步改革中修订。

1. 新教科书的内容组织和选择问题

调查中发现,新教科书的问题,突出表现在内容组织和选择方面,问题依据从大到小的排列,依次是:(1)初高中衔接差;(2)内容编排顺序不太符合学生的认知发展规律;(3)各章节(单元)的内容有失均衡和连贯;(4)教科书的内容容量和难度偏大(认为内容难度"偏大"和"过大"的学生、教师、教研员比例分别为 23.8%、67.8%、58.8%);(5)模块+专题结构不太适合教师的教学需要;(6)学习活动设计没有做到循序渐进,不符合学生能力发展水平;(7)评价设计不能兼顾不同层次的学生,没有充分考虑学生的差异性。其中,(1)(3)(4)属于内容的选择问题;(2)(5)属于内容的组织问题;(6)(7)属于活动与评价设计的问题,即教科书是否以学生为本。在这些问题上,教师和教研员均给予了否定评价,其中对内容选择和组织的评价最低;学生虽没有作出负面评价,但也对教科书的内容选择、组织和活动设计的满意度较低。与旧大纲版教科书对比调查也显示,新教科书在内容的编排顺序、初高中衔接、内容的容量、难度、知识结构安排等方面均不如旧大纲版教科书。

2. 新教科书对教学的促进作用问题

编写存在的问题直接影响新教科书的作用,主要问题从大到小包括:

（1）学生不能形成清晰的、完整的历史线索和脉络；（2）学习活动不能很好地帮助学生形成良好的历史学习习惯；（3）学习情境缺乏生动性，不能激发学生的学习热情（或兴趣）。其中，最严重的问题是（1）。"新教科书有助于学生形成清晰的、完整的历史线索和脉络"（2.58，2.66）是教师和教研员对教科书的作用评价中唯一给予否定评价的一题，同时也是学生、教师、教研员三个群体对教科书的作用评价中均值最低的一题。这也是在访谈中教师反映得最多最大的问题。

历史学习的最基本目标之一就是要使学生"了解人类社会发展的基本脉络"，然后才能实现"总结历史经验教训，继承优秀的文化遗产，弘扬民族精神；学会用马克思主义科学的历史观分析问题、解决问题；学习从历史的角度去了解和思考人与人、人与社会、人与自然的关系，进而关注中华民族以及全人类的历史命运"；等等更深远的目标。然而，新教科书在基本目标这一点上不能不说有明显的缺陷。新教科书的另一个欠缺是趣味性。兴趣是学生学习的第一动力。教科书的趣味性应是第一位的，但数据调查显示，仅有51.7%的学生、52.5%教师和59.2%的教研员对"新教科书的学习情景生动有趣，能激发学生的学习热情"表示"基本同意"和"完全同意"。最终，只有57.5%的学生、31.2%的教师和39.1%的教研员表示新教科书受欢迎，即新教科书的平均满意度仅为四成多。

总之，新教科书在"克服专业化和成人化倾向，增强可读性，适应高中学生的心理特征和认知水平"[①]；"体系构建上，注意与初中课程的衔接……，遵循高中历史教学规律"；"形成以评价学生综合素质为目标的评价体系，全面实现历史教学评价的功能"[②]；以及容量安排，关注学生的认知规律，激发学生的学习兴趣等方面，与课程标准的要求尚有一定的距离。

（三）思考与建议

1. 正确看待新教科书存在的问题

古今中外的改革，有成绩就有问题，更何况在改革的初始阶段；同时

[①] 中华人民共和国教育部：《普通高中历史课程标准（实验）》，第32页。
[②] 中华人民共和国教育部：《普通高中历史课程标准（实验）》，第2页。

任何改革都是系统工程，其成功与失败都是各种因素综合影响的结果，课程改革概莫能外，因此，我们应全面、客观地看待和评价新教科书的问题。

当前，人们众口一词认为新教科书的体例问题太大，甚至因其所带来的负面影响对新课改备加质疑。我们认为，新教科书采用专题式体例，古今中外贯通地编排，从纵横比较的角度重新整合了历史中最具代表性的问题，力争"体现多样性，多视角、多层次、多类型、多形式地为学生学习历史提供更多的选择空间"①。这种变化不仅可避免初高中的简单重复，还大大拓展了历史的广度和深度，从另一角度展示了历史学的魅力。但是由于这种专题结构体例所呈现的知识的跳跃性大，没有充分考虑到与初中历史的衔接问题，造成学生学习高中新课程的历史知识储备不足；更未充分考量使用新教材的条件如教师的专业知识储备，学校各门课程课时的整体安排，不同地区、不同学校的差异，等等，诸多因素使得专题式内容编排的优势很难得到发挥。使用新教科书后，教师们都反映累。这种累除了客观上新教科书本身内容组织、选择的缺陷所带来的教学困难外，更有主观条件不达标的原因。新课程改革后，照本宣科已经无法完成历史课程的目标。教师必须彻底改变教育教学理念（教学观、教材观、学生观、教师观）、知识结构、能力结构，全面提升专业素养，才能胜任新课程。而我们目前的教师继续教育体系、新课程培训体系尚无法完全满足教师专业素养提升的需要。

总之，新教科书的编写体例确实存在缺陷，使新教科书没有发挥应有的作用，而相关使用条件的不到位，进一步阻碍了新科书作用的发挥。

2. 解决问题的几点建议

针对教科书编写和使用中暴露的问题，提出以下建议供参考。

第一，完善课程标准，改善教科书的体例结构。现行教科书体例的最大问题是学生无法形成清晰的历史线索和脉络，教师感到备课工作量大。这是下一步教科书修改亟须考虑的问题。教科书的知识结构问题根源在于历史课程标准，历史课程标准内容标准的整体结构设计决定了历史教科书

---

① 中华人民共和国教育部：《普通高中历史课程标准（实验）》，第2页。

的整体结构。因此，我们认为，应对历史课程标准中的历史知识体系重新设计。已经有专家提出将现有的必修部分改为通史体例，而选修部分使用专题体例，这是一种方法。也可以借鉴国外中学历史课程的专题史结构设计，做到既保持专题史的优点，又能兼顾历史的时序性和政治、经济、文化各方面的联系。

第二，进一步增强教科书的"学本"特征。学生是学习活动的主体，历史教科书是学生获得历史基础知识、发展能力以及形成健康向上的情感价值观的主要工具。历史教科书成为"学本"，才能顺利地实现教学目标。与旧教科书相比，新教科书在便于学生使用上已有很大的改进，但新课程教科书结论性的内容依然较多，语言也不够生动，采用浓缩中外历史的写法，把生动有趣的历史变成"压缩饼干"，在有限的字数里塞进了许多史实，致使每件史实十分简略、干瘪，甚至语焉不详，可读性大为降低。建议适当减少结论性观点、抽象的原理和规律的陈述，增加史实细节的描述等自主学习材料。同时，一定要根据学生的认知规律和生活经验等实际，对已选取的历史素材进行针对性的加工和改造。这样的教科书才可能成为学生学习历史的学材、学本。

第三，加强教师培训，提高教师的专业素养。教师的专业素养对使用好新教科书有重要的影响。因此，各地方应继续加强对教师的培训。要完善教师继续教育体系，提高教师培训的质量。合理设置培训课程，提高培训内容的针对性、有效性。充分利用国家、省、市各级集中培训、进修学校每周培训、平时校本教研，多途径增强教师专业素养的提升，为下一步课改提供相应的人力条件。

第三节
普通高中新课程历史教科书难度问题分析[*]

在对全国十个省市现行四个版本（人教版、人民版、岳麓版、大象

---

[*] 原文发表于《历史教学》（中学版）2012年第5期。

版)的高中历史课程标准实验教科书（以下简称新教科书）进行的调查中，有关新教科书难度的调查结果显示：46.4%的教师和43%的教研员认为新教科书比旧大纲版教科书难度大；教师和教研员对"教科书内容的难度"表示"适当"的分别为26.9%、41%；认为新教科书的内容难度"偏大"和"过大"的分别为68.6%、55.4%，其中14.3%的教师认为新教科书难度"过大"。

（一）"新教科书难"是否具有普遍性

通过对新教科书难度的相关性分析表明，新教科书的难度与教师的职称（相关系数 $R = -0.06$，$P = 0.084 > 0.05$）、学历（相关系数 $R = -0.063$，$P = 0.069 > 0.05$）、高中教龄（相关系数 $R = 0.028$，$P = 0.410 > 0.05$）、新教科书的版本（相关系数 $R = -0.018$，$P = 0.622 > 0.05$）及新教科书使用时间的长短（相关系数 $R = 0.027$，$P = 0.444 > 0.05$）均无显著相关；与教研员的性别（相关系数 $R = -0.06$，$P = 0.565 > 0.05$）、学历（相关系数 $R = -0.079$，$P = 0.451 > 0.05$）、所学专业（相关系数 $R = 0.169$，$P = 0.112 > 0.05$）、任职时间（相关系数 $R = 0.129$，$P = 0.217 > 0.05$）和新教科书的版本（相关系数 $R = -0.005$，$P = 0.967 > 0.05$）也无显著相关。从这一结果我们可以得出以下结论：第一，新教科书的难度判定与教师和教研员的教龄、专业、职称、学历均无关，即教师和教研员对教科书难度的评价没有受到个人主观因素的影响；第二，新教科书难与版本无关，即难度大不是哪个版本的问题，而是各版本的共同问题，具体频度统计如表2-1所示，教师和教研员认为各版本难度"适当"的比例均不足50%；第三，新教科书难与新教科书的使用时间无关，即不存在使用时间短就认为难度大的偏向。所以，新教科书难的问题客观存在，而且是普遍现象。

（二）教师认为新教科书难的原因

在本次调查中，有关新教科书编写的调查有25道题，包括与课标的一致性（第1~2题）、内容选择（第3~7题）、内容组织（第8~11题）、活动设计（第12~15题）、使用的便捷性（第16~19、21~22题）、语言表述（第20题）、评价设计（第23～25题）等七个维度。难度的相关性统计结果如表2-2所示。

表2-1　各版本新教科书难度频度统计

		人教版		岳麓版		人民版		大象版	
		教师	教研员	教师	教研员	教师	教研员	教师	教研员
26. 新教科书内容的难度	过小	1.0						1.6	
	偏小	2.2	4.9	4.9		2.2		19.7	
	适当	29.0	45.9	12.2	10.0	25.3	42.9	24.6	40.0
	偏大	53.8	37.7	58.5	80.0	57.0	57.1	47.5	60.0
	过大	14.0	11.5	24.4	10.0	15.6		6.6	

表2-2　新教科书难度的相关性检验

		教师卷		教研员卷	
	与"26. 新教科书内容的难度"相关	Pearson相关	显著性（双侧）	Pearson相关	显著性（双侧）
与课标的一致性	1. 新教科书适合您所在学校的学生	0.260**	0.000	0.152	0.138
	2. 新教科书注重历史思维、方法的渗透	0.153**	0.000	-0.057	0.583
内容选择	3. 新教科书内容容量适当，能够在规定时间内完成	0.284**	0.000	0.340**	0.001
	4. 新教科书对历史学的基本史实、概念、线索表述准确、清楚	0.216**	0.052	0.110	0.284
	5. 新教科书注意吸收新的史学研究成果	0.067	0.000	-0.099	0.339
	6. 新教科书的内容编排顺序符合学生的认知发展规律	0.194**	0.000	0.231*	0.024
	7. 新教科书的内容注意与学生生活、现代社会问题的联系	0.183**	0.000	0.035	0.733
内容组织	8. 新教科书的内容编排体现历史学科知识的内在联系与规律	0.211**	0.000	0.231*	0.023
	9. 新教科书各章节（单元）的内容均衡而连贯	0.203**	0.000	0.042	0.686
	10. 新教科书恰当地处理了初高中历史之间的衔接问题	0.227**	0.000	0.125	0.226
	11. 新教科书的模块+专题结构适合教师的教学需要	0.216**	0.000	0.146	0.154

续表

		教师卷		教研员卷	
与"26. 新教科书内容的难度"相关		Pearson 相关	显著性（双侧）	Pearson 相关	显著性（双侧）
活动设计	12. 新教科书中的学习活动循序渐进、符合学生能力发展水平	0.219**	0.000	0.139	0.174
	13. 新教科书中所设计的学习活动融合了自主学习与合作学习	0.153**	0.000	-0.123	0.229
	14. 新教科书中设计的学生活动注重利用多样化的教学资源	0.138**	0.000	-0.219*	0.032
	15. 新教科书中的学习活动给予学生个性发挥的余地	0.152**	0.000	-0.075	0.465
使用的便捷性	16. 新教科书前言中关于教师使用教科书方法的说明清楚、明了	0.140**	0.000	0.136	0.185
	17. 新教科书对每一课/章节/单元的学习重点说明具有教学指导作用	0.147**	0.000	0.076	0.473
	18. 新教科书推荐的教学资源（如书目、图片、网络资源）容易获得	0.098**	0.004	0.259*	0.012
	19. 选修教科书和必修教科书为教师自主使用教科书留有弹性空间	0.196**	0.000	0.071	0.489
	21. 新教科书的目录清晰呈现了书的主要内容，便于学生整体把握	0.190**	0.000	0.094	0.363
	22. 新教科书在内容编排、练习设计等方面凸显出学法指导	0.203**	0.000	0.052	0.610
语言表述	20. 新教科书的语言文字易于学生理解	0.230**	0.000	0.138	0.177
评价设计	23. 新教科书体现了多样化的评价方式，以配合不同的评价目的	0.141**	0.000	-0.022	0.834
	24. 新教科书中的评价兼顾不同层次的学生，考虑学生的差异性	0.172**	0.000	0.006	0.950
	25. 新教科书中的评价为学生提供诊断、补救或完善的途径和方法，易于学生自我评价	0.179**	0.000	0.044	0.671

说明："**"在 0.01 水平（双侧）上显著相关；"*"在 0.05 水平（双侧）上显著相关。

从表 2-2 中可知，除了第 5 题"新教科书注意吸收新的史学研究成果"与难度无关以外,其他 24 道题均与难度有关。在这 24 道题中,与难度的相关性系数在 0.20 以上的有 10 道题,从高到低依次是第 3 题"新教科书内容容量适当,能够在规定时间内完成"($R_P = 0.284$),第 1 题"新教科书适合您所在学校的学生"($R_P = 0.260$),第 20 题"新教科书的语言文字易于学生理解"($R_P = 0.230$),第 10 题"新教科书恰当地处理了初高中历史之间的衔接问题"($R_P = 0.227$),第 12 题"新教科书中的学习活动循序渐进、符合学生能力发展水平"($R_P = 0.219$),第 4 题"新教科书对历史学的基本史实、概念、线索表述准确、清楚"($R_P = 0.216$),第 11 题"新教科书的模块 + 专题结构适合教师的教学需要"($R_P = 0.216$),第 8 题"新教科书的内容编排体现历史学科知识的内在联系与规律"($R_P = 0.211$),第 9 题"新教科书各章节(单元)的内容均衡而连贯"($R_P = 0.203$),第 22 题"新教科书在内容编排、练习设计等方面凸显出学法指导"($R_P = 0.203$)。那么,教师对这些影响教科书难度的因素是如何评价的呢?本次调查采用 5 分量表,对每个问题的评价都分为完全同意(5 分)、基本同意(4 分)、说不清(3 分)、不太同意(2 分)、不同意(1 分)五个选项,教师和教研员对各个问题的评价均值统计如表 2 - 3 所示。

表 2 - 3 教师、教研员对新教科书整体看法各道题均值统计排序

对新教科书的整体看法	教师卷 均值	排位	教研员卷 排位	均值
17. 新教科书对每一课/章节/单元的学习重点说明具有教学指导作用	3.80	1	1	4.03
5. 新教科书注意吸收新的史学研究成果	3.78	2	7	3.89
14. 新教科书中设计的学生活动注重利用多样化的教学资源	3.73	3	2	4.00
21. 新教科书的目录清晰呈现了书的主要内容,便于学生整体把握	3.63	4	5	3.91
16. 新教科书前言中关于教师使用教科书方法的说明清楚、明了	3.59	5	5	3.91
7. 新教科书的内容注意与学生生活、现代社会问题的联系	3.57	6	3	3.98
13. 新教科书中所设计的学习活动融合了自主学习与合作学习	3.57	6	4	3.92

续表

对新教科书的整体看法	教师卷均值	教师卷排位	教研员卷排位	教研员卷均值
18. 新教科书推荐的教学资源（如书目、图片、网络资源）容易获得	3.57	6	9	3.77
2. 新教科书注重历史思维、方法的渗透	3.56	9	11	3.67
15. 新教科书中的学习活动给予学生个性发挥的余地	3.54	10	10	3.72
20. 新教科书的语言文字易于学生理解	3.44	11	12	3.65
19. 选修教科书和必修教科书为教师自主使用教科书留有弹性空间	3.42	12	8	3.82
23. 新教科书体现了多样化的评价方式，以配合不同的评价目的	3.30	13	16	3.27
22. 新教科书在内容编排、练习设计等方面凸显出学法指导	3.28	14	14	3.48
1. 新教科书适合您所在学校的学生	3.11	15	15	3.39
4. 新教科书对历史学的基本史实、概念、线索表述准确、清楚	3.10	16	13	3.49
8. 新教科书的内容编排体现历史学科知识的内在联系与规律	3.04	17	20	3.15
25. 新教科书中的评价为学生提供诊断、补救或完善的途径和方法，易于学生自我评价	3.04	17	21	2.99
24. 新教科书中的评价兼顾不同层次的学生，考虑学生的差异性	2.91	19	17	3.19
12. 新教科书中的学习活动循序渐进、符合学生能力发展水平	2.91	19	19	3.17
11. 新教科书的模块+专题结构适合教师的教学需要	2.91	19	24	2.70
3. 新教科书内容容量适当，能够在规定时间内完成	2.82	22	18	3.18
9. 新教科书各章节（单元）的内容均衡而连贯	2.75	23	22	2.97
6. 新教科书的内容编排顺序符合学生的认知发展规律	2.59	24	23	2.71
10. 新教科书恰当地处理了初高中历史之间的衔接问题	2.56	25	25	2.44

均值统计显示，第10题"新教科书恰当地处理了初高中历史之间的衔接问题"（教师卷均值为2.56，下同）、第6题"新教科书的内容编排顺序符合学生的认知发展规律"（均值2.59）、第9题"新教科书各章节（单元）的内容均衡而连贯"（均值2.75）、第3题"新教科书内容容量适

当，能够在规定时间内完成"（均值2.82）、第11题"新教科书的模块＋专题结构适合教师的教学需要"（均值2.91）、第12题"新教科书中的学习活动循序渐进、符合学生能力发展水平"（均值2.91）、第24题"新教科书中的评价兼顾不同层次的学生，考虑学生的差异性"（均值2.91）评价均值都小于3，也就是说，教师对这几个问题大都是否定评价——不太同意。第25题"新教科书中的评价为学生提供诊断、补救或完善的途径和方法，易于学生自我评价"（均值3.04）、第8题"新教科书的内容编排体现历史学科知识的内在联系与规律"（均值3.04）、第4题"新教科书对历史学的基本史实、概念、线索表述准确、清楚"（均值3.10）、第1题"新教科书适合您所在学校的学生"（均值3.11）等得分也不高，处于说不清和基本符合之间，偏向于说不清。这说明上述因素是造成教师认为新教科书难的主要原因。

关于地区适用性，新教科书难度的相关性调查显示，教师对教科书难度的评价与学校所在的省份（相关系数$R=0.081$，$P=0.017<0.05$）、行政级别（相关系数$R=0.082$，$P=0.018<0.05$）和目前任教的年级（相关系数$R=0.076$，$P=0.033<0.05$）在95%的置信区间有显著正相关。这些说明，新教科书的难度与地区适用性有关，适合本地师生使用的教科书，其难度就小，反之难度就大。此外，新课程推荐的教学资源（如书目、图片、网络资源）是否容易获得也与难度有关，说明地区差异中的教学条件也会影响难度大小的判定。

（三）对新教科书"难"的几点看法

造成普通高中新课程历史教科书难的因素有多种，初高中历史之间的衔接，教科书各章节（单元）的内容均衡连贯，教科书内容容量，教科书中的学习活动设计，教科书的模块＋专题结构，教科书的内容编排，教科书对历史学的基本史实、概念、线索表述的清晰准确性，等等，属于教科书编写的问题；而教科书的地区适用性等则属于教科书使用的外部条件问题。

1. 新教科书编写方面的问题

新教科书编写方面的问题大部分与体例有关。新教科书采用模块＋专题的编写体例,将中外历史混合编排,有很多优点,但在实践中也暴露出一些问题。

第一,同类知识过于集中,不利于让学生多角度分析历史问题,也不利于激发学生学习兴趣。

高中历史新课程的必修课分为政治史、经济史、思想文化史三个模块,每个模块一册书,把同类的知识编排在一起集中叙述。以人教版中国古代史部分为例,旧教科书将同一朝代的政治、经济和文化等不同侧面合编在同一本书的一章或一单元里,新教科书将这三个方面分编在三本书里。必修1第一单元讲古代中国的政治制度,分为四课:"夏商西周的政治制度""秦朝中央集权制度的形成""从汉至元政治制度的演变""明清君主专制的加强";必修2第一单元讲中国古代的经济结构,也分为四课:"发达的古代农业""古代手工业的进步""古代商业的发展""古代的经济政策";必修3也用了四课讲儒家思想的发展:"'百家争鸣'和儒家思想的形成""罢黜百家,独尊儒术""宋明理学""明清之际活跃的儒家思想"。这种编排有助于学生认识同一个历史现象的来龙去脉和发展演变规律,但是不利于学生对历史现象发展变化的原因做多因素分析。因为一定历史阶段的政治、经济和文化是相互影响的。经济基础的变化是包括政治制度在内的上层建筑变化的根本原因,思想文化的变化也会对政治产生直接或间接的影响。离开经济和思想文化孤立地讲政治制度的发展演变,只能呈现各个历史阶段政治制度的不同,但是无法解释产生这些不同的原因。同样,政治也会反作用于经济、思想文化。我国古代在政治上不断强化中央集权、君主专制,在经济上就会出现把人民固着在土地上的"重农抑商"、官府垄断商业手工业的经济政策。而为了配合政治上集权与专制的需要,文化上才会出现"独尊儒术"。总之,政治、经济和文化的发展是有内在联系的,分开就割裂了历史发展各个方面的联系,不利于学生形成对历史问题的全面认识。另外,同类知识过于集中,会把难点集中,容易让学生对历史学习失去兴趣。例如,制度、思想等,比较抽象、枯燥。旧教科书把这些枯燥的内容分散到各个章节,和其他容易引起学生兴趣的内容穿插进行教学,一个学期当中,不同性质的内容有周期性的变化,可以起到调节学生学习兴趣的作用。新教科书把政治制度集中到一册书,思想文化集中到一册书。学生一个学期中，几乎每节历史课都学习同样抽象枯燥的内容，会产生倦怠，给教师教学带来困难。

第二，内容跨度大，高度概括，加剧了学生的认知难度。

目前的这种专题史体例，把不同时期的同类历史内容集中叙述，有的单元内容跨越十几个朝代，历经几千年，如必修 2 第一单元古代中国经济的基本结构与特点。有的一节课就涵盖几百年或者上千年的内容，如历史必修 1 第一单元第 3 课"从汉至元政治制度的演变"。在有限的篇幅内叙述如此丰富的内容，只能用抽象的概念做高度概括性的叙述。由概念组成的课文如果以前没有系统地学习过中国古代经济史、中国古代政治史，不了解相关概念的具体史实，阅读起来就很吃力，不容易理解。在实际教学中，教师为了让学生理解专题史的内容，不得不补充大量教科书外的知识，增加了每节课的容量，造成课时不够用。教科书一节课的容量，大致有两种情况：一种是文字量固定的情况下，一节课的知识点多，历史概念多；一种是知识点固定的情况下，每个知识点的具体史实叙述文字量大。通常第一种情况难度大，第二种情况难度小。现行的新教科书就属于前者。而一节课的知识点多、概念多主要是由于内容跨度大造成的。结果是新课程改革后，高中历史教学基本上以教师讲述为主，教师忙于赶进度，完成知识教学任务，根本没有时间让学生开展探究性学习。可以说，使用目前的高中历史教科书，很难实现教学方式的转变。调查中约一半的教师（48.2%）和教研员（50.5%）认为新教科书的知识结构不如旧教科书科学合理，呼吁改回通史体例。

第三，历史发展的时序性不清晰，学生不容易搞清历史内容的先后顺序。

目前的这种专题史编排方式，单元和单元之间有很多是并列关系，如必修 1 第一单元和第二单元；课与课之间也有很多是并列关系，如必修 2 第一单元的 4 课。它们之间既没有时间的递进关系，也没有因果关系，从教科书的目录很难呈现出清晰的历史发展线索和脉络，而目录是帮助学生建立整本书知识结构的主要工具。目录没有时序，一册书的知识结构就没有时序，学生学完后，也很难形成清晰的时序，不容易搞清一些历史事实的先后顺序。调查中，学生、教师和教研员对"新教科书内容有助于学生形成清晰的、完整的历史线索和脉络"评价最低,教师和教研员还均给予否定评价。

上述问题主要是由高中历史新教科书的编写体例造成的,而这种专题式体例结构的源头是历史课程标准中内容标准的知识结构。要改变目前历史教科书的体例,就要先改变历史课程标准内容标准的知识结构。高中课程中的历史知识可以按照以前的通史形式编排,也可以按照专题来编排,两种编排形式各有优势。但是目前的这种专题形式显然有很多问题,可以借鉴国外历史教科书的专题形式加以改进。例如,韩国高中历史教科书也采用专题形式,高一历史必修课的内容分为"史前时代的文化和国家形成""统治结构和政治活动""经济结构和经济生活""社会结构和社会生活""民族文化的发达"等五个专题,合编在一本书中,专题内容举例如下。

表2-4 韩国高中历史教科书专题内容举例

Ⅲ 统治结构和政治活动	Ⅳ 经济结构和经济生活
1. 古代的政治 （1）古代的世界 （2）古代国家的成立 （3）三国的发展和统治体制 （4）对外抗争和新罗实现三国统一 （5）南北国时代的政治变化	1. 古代的经济 （1）三国的经济生活 （2）南北国时代的经济的变化
2. 中世的政治 （1）中世的世界 （2）中世社会的成立 （3）统治体制的整备 （4）门阀贵族社会的成立和动摇 （5）对外关系的开展 （6）高丽后期的政治变动	2. 中世的经济 （1）经济政策 （2）经济活动
3. 近世的政治 （1）近世的世界 （2）近世社会的成立 （3）统治体制的整备 （4）文苑的抬头和朋党政治 （5）朝鲜初期的对外关系 （6）两乱的克服	3. 近世的经济 （1）经济政策 （2）两班贵族和平民的经济活动

续表

Ⅲ　统治结构和政治活动	Ⅳ　经济结构和经济生活
4. 近代萌动期的政治 （1）近代的世界 （2）统治体制的变化 （3）萌动政治的开展和荡平政治 （4）政治秩序的变化 （5）对外关系的变化	4. 近代萌动期的经济 （1）收取体制的改变 （2）小民经济的发展 （3）商品货币经济的发达
5. 近现代的政治 （1）近现代的世界 （2）开化和主权保卫运动 （3）民族的受难和抗日民族运动 （4）大韩民国的成立和发展	5. 近现代的经济 （1）外势的经济侵略和国民经济的谋求 （2）日本的经济侵略和民族经济运动 （3）现代的经济成长和资本主义的发达

每个专题按照大的历史时段组织，时序非常清晰，而且能够涵盖比较丰富的内容。例如，政治史包含了政治的各个方面，不仅仅是讲政治制度。新加坡、澳大利亚等国的历史教科书也是采用专题式编排，但是形式又与韩国完全不同，限于篇幅，这里不再一一列举。总之，专题有多种形式，我们可以多做些探索，找到一种适合我国国情的专题式历史教科书编写形式。

2. 新教科书使用的外部条件问题

我国地域广袤，由于地区经济文化发展水平、师资力量、学生的认知水平、能力不同，对新教科书的可接受程度也会不同。我们按照各版本使用教师人数相当的标准，对新教科书的难度与各地区适用性评价进行检验，结果发现教师对教科书难度的看法与教科书的地区适用性是一致的，适合本地师生使用的教科书，其难度就小，反之难度就大。首先，我们以河南、北京两个地区为例，分别以他们对人教版和大象版、人教版与岳麓版的难度评价进行检验。结果表明：河南教师认为，人教版和大象版相比，人教版难度更小；从对本地区学校学生的适用性来看，也得出人教版更适合河南省的结果。北京教师认为，人教版和岳麓版相比，岳麓版难度较小；从地区适用性来看，也是岳麓版更适合北京学生。其次，我们再以人教版这一版本为例，在教师使用人数相当的北京、吉林、甘肃、江西、河南五个地区中，调查显示，人教版的地区适应性从高到低依次是吉林、河南、江西、甘肃、北京，而难度由小到大依次是吉林、江西、河南、甘肃、北京；显然，适用性和难度评价两个结果基本一致。最后，我们又在使用人民版的江西、重庆、浙江、云南四个地区中检验，地区适用性由大到小和难度由小到大的两个排列顺序完全一致，依次均为江西、浙江、云南、重庆。所以，新教科书是否难，因地、因人而异，不能一概而论。

根据上述调查结果，我们认为教科书的编写要充分考虑学生的差异。学生的差异除了通常所说的年龄特点和心理因素的群体和个体差异外，还包括学生所在地区的经济文化差异造成的各种认知与能力水平的差异。地区差异是编写教科书首先应关注的。新课改后，高中历史教科书开始实行"一纲多本"。真正的一纲多本不应仅仅是由多个出版社组织编写多套教科书，"多本"应是针对不同地区编写适合本地区的教科书。新课程提倡以学生为本，而编写教科书时充分考虑学生的地区差异性就是以学生为本的体现。我国地域辽阔，发展水平千差万别，不同版本的教科书应该有其鲜明特色，每个版本的教科书都应该有其特定的适用地域范围。着眼地域差别，编写适合不同地区学生的认知特点和能力水平的教科书是下一步高中历史教科书修订需要认真考虑的问题。

在决定教科书难度的外部条件中，教师是最重要的因素。教师感觉新教科书难，除了前述教科书编写本身的问题以外，教师自身的历史专业素养也是一个重要原因。新教材增加了很多旧教材没有的知识，如古希腊罗马的政治制度、宋明理学等。这些内容老师不熟悉，而教科书中又写得很概括，所以很多老师觉得新教科书难。如果老师平时有这方面知识的积累，可能就不会因为新教科书增加了很多"新"知识而感觉比以前的教科书难了。我国不同地区历史教师的职业素养差距很大，如何缩小差距，也是今后课程改革必须认真考虑的问题。中学历史课程改革不能仅仅局限于中学课程本身，应该把教师继续教育和师范大学的未来教师培养也纳入改革的视野，为新课程的实施创造必要的条件。

第四节
民国时期初高中历史教科书内容的衔接研究*

从民国时期一直到21世纪初的历史课程改革以前，我国中学历史课程内容的编排多以螺旋式结构为主，中外历史分编，通史体例，同一课程内容在初中和高中两个阶段重复出现，逐渐拓展广度、加强深度。根据课程标准或教学大纲编写的初高中历史教科书，也大多采用中外历史分编的通史体例，初中和高中教科书的知识结构大体相同，内容也必然会有重复。"高中学生再学一遍通史。虽然层次更高，毕竟难免重复感，缺少学习全新知识的新鲜和刺激。"② 为避免初高中内容重复，提高学生学习兴趣，2003年颁布的《普通高中历史课程标准（实验）》按模块和专题编排课程内容，中外历史合编。三个必修模块大体按照政治史、经济史、文化史划分，每个模块之下又分为若干专题。除必修模块以外，还有"历史上重大改革回眸""近代社会的民主与实践""20世纪的战争和平"等六个选修模块。根据课程标准编写的高中历史教科书在全国推广使用后，教师们发现这种课程内容编排方式也有问题，例如，各个模块之间的内容有重复、初高中内容脱节等。这些问题给中学历史教学带来很多困难，教师们希望高中历史教科书改回原来的通史体例。但是如果高中历史按通史编写，又会出现与初中重复的问题。如何解决这个问题，专家和一线教师们曾经提出过各种方案。李纯武在谈到如何对待内容的重复问题时说："历史课的内涵是多层次的。在历史教科书里，讲什么或不讲什么构成一个层次，讲多讲少构成另一个层次，讲深讲浅，又构成一个层次，而这都是受学生的年龄特征制约的。从不同的层次安排教科书的知识内容和思想教育要求，就避免了简单的重复，就能在不同年级讲相同的主题显出详略和深浅的差异。"③ 也有人主张改变高中历史教科书的体例。例如，可以采取通史和专

---

* 本文是在笔者的研究生高原同学的学位论文基础上修改而成。
② 李伟科：《初高中历史教材整体化》，《历史教学》2001年第5期。
③ 李纯武：《历史课，高中还是设置好》，《课程·教材·教法》1989第Z2期。

题史结合的形式，也可以将高中历史教科书完全变成专题史的形式，中外合编。究竟怎样才能处理好初高中历史教科书的衔接，我们可以从多种角度探索。本文试图从教科书发展史的研究中找到一些思路。民国时期，一些历史学家曾编写出版过各具特色的中学历史教科书，关于民国时期中学历史教科书编纂方面的研究，梳理性的较多，深入探讨的相对较少，而且这一方面的研究多集中于初中中国史上，高中中国史和世界史方面则研究甚少，目前还没有从初高中教科书内容衔接角度来研究的。本节选择了四套民国时期的中学历史教科书，两套中国史、两套外国史，每一套的初中、高中课本都出自同一位编者之手，这几位编者也是当时具有代表性的历史学家，由他们编写的每一套教科书中隐含的衔接理念与方法，具有重要的研究价值，对当今及以后的中学历史教科书编纂能起到一些借鉴的作用。

表 2-5　四套民国时期的中学历史教科书作者及书名

作　者	书　名
孟世杰	《初级中学中国史》《新标准高级中学本国史》
梁园东	《初中本国历史教本》《高级中学教本本国现代史》
何炳松	《复兴初级中学教科书外国史》《复兴高级中学教科书外国历史》
杨人楩	《初级中学北新外国史》《高中外国史》

（一）教科书中历史知识的广度从初中到高中的拓展

中学历史教科书采取"螺旋式"的编纂方式，最大的问题就是怎样避免初高中教科书内容的简单重复，解决的方法，主要是让高中历史教科书内容在初中的基础上拓宽和加深。与初中相比，民国时期高中历史教科书中的知识点明显增加，拓宽了知识的广度。这又分为两种情况，一是在高中历史教科书中新增初中没有的知识；二是将初中原有的知识从一个点扩展为面。

1. 新增知识

"新增知识"，指的是在高中历史教科书中增加未曾在初中教科书出现过的知识。高中教科书新增加的知识可以分为两种：历史学科的知识和其他学科的知识。

(1) 历史学科知识的增加

历史学科知识的增加，许多立足于较长一段历史时期内的史实，并对其某一方面的发展进行较为系统的讲解。这一类知识在行文中所占的篇幅较大，往往自成一章，其内容涵盖了很多较小的知识点。例如，孟世杰编著的高中历史教科书新增了"制度与社会"，主要包括官制、地方制、赋税制、选举制、学校制、兵制、刑制、礼俗、宗教、农业、工业、商业、币制等，其内容根据各朝代具体情况的不同而略有变化，但总体上是按照这十三个条目来对各朝代的内容进行讲解。梁园东的《高级中学教本本国现代史》，在第一篇"闭关时期"中添加了"闭关时期之中西贸易状况"作为第十一章，讲述了从明代中期到鸦片战争之前，中国与外国——主要是欧洲的贸易情况，包括通商口岸、"公行"制度、商馆、开税概况、贸易概况等内容，同时其第三篇"戊戌政变"中，添加了"清中叶以来对外贸易概况"作为第三十三章，讲述了从南京条约签订到辛亥革命前，中国在外国列强压迫下的对外贸易情况，从这段时间中国进出口货物的种类以及数目入手，分析了当时中国的出超和入超情况。此类知识的增加，使得学习者不再单单拘泥于政治史这一条线索，而是将学习者的思维引向了社会、经济等方面，使其能够更加全面地了解历史。

还有一些新增的知识带有较强的叙事性质，篇幅稍小，自成一章的可能性不大，内部涵盖的小知识点也较少，通常以"节"的形式增加。例如何炳松《复兴高级中学教科书外国历史》（上册）第一编"世界人类文化的起源"第三章中，新加入了第五节"古代的美洲"，内容包括美洲土人起源、农业开端、高等文化兴起、玛雅民族[①]、阿兹特克民族[②]、印加民族以及美洲土人对文化的贡献等内容，较为全面地介绍了哥伦布发现美洲大陆以前，美洲本土的民族与文化。这一部分内容在初中历史教科书中未被提及，在高中教科书中加入，让学习者能够认识到，美洲大陆同世界上其他地区一样，有着独特而辉煌的历史成就。与之起同样作用的还有第六编

---

① 原文作"马雅"。
② 原文作"阿兹忒克"。

第二十四章"突厥民族的再起和十字军东征"中,增加了第三节"欧洲所谓异端和托钵僧的兴起",从异端的兴起、几种异端教派的介绍、异端法院、托钵僧团的创设、几种托钵僧团的介绍这几部分来叙述中世纪欧洲教会的一个侧面,展示了当时教会内部的复杂性以及各派别不同的发展方向,丰富了这一时段欧洲天主教的历史,使学习者认识了一个更加立体饱满的中世纪天主教世界。

这样的例子还有很多。此类知识的添加,意义在于让高中生认识到,历史并不是单线行进的,而是多线、多面的,学习者通过对此类新添加知识点的学习,能够认识到历史的复杂性和多样性。

(2) 其他学科知识的增加

除了历史学科知识以外,其他学科的知识在高中历史教科书中也有一定的增加。从学科种类上来看,有政治学、经济学、考古学、地理学、生物学等多种学科。如在孟世杰的《初级中学中国史》(上册)中,关于殷商部分的内容只有第一篇第三章"夏殷的起灭"中的第二部分"汤武的贵族革命",而在其《新标准高级中学本国史》(上册)中,与之相对应的是第一篇第三章"夏殷的政治与社会"的第二部分"商之建国及其盛衰"。高中教科书第三章新增加了第三部分"殷墟甲骨的研究",文中提到:"殷墟出土书契,皆龟甲兽骨上所刻之卜辞。殷人尚鬼,每事必卜,此卜辞实为殷王朝占卜之遗物。经孙诒让、罗振玉、王国维先后研究结果,多能通其读。"① "殷墟遗物中最重要者,为刻有文字之龟甲兽骨。此外尚有石器、骨器、土器、青铜器……凡此皆殷代铜器之使用已行,文化阶段进入金石并用期明证……而殷俗信鬼神,重祭祀,嗜田猎,好卜筮,亦皆得于殷墟卜辞中征之。"② 编者将殷商时期"信鬼神,重祭祀,嗜田猎,好卜筮"的社会风俗状况,用考古学上的成果加以证明,加强了这段历史的可信度。补充考古学知识,为殷商时期的历史提供了证据。

近现代史的内容里也有其他学科知识的添加,如杨人楩的《高中外国史》上册第九章第一部分"近代国家之初展"中,新添了"国家之意义及

---

① 孟世杰:《新标准高级中学本国史》(上册),文化学社,1934~1937,第65页。
② 孟世杰:《新标准高级中学本国史》(上册),第66页。

其成因",包括"国家的观念、国家是什么以及国家发展四因素"三小部分,在叙述中,将政治学理论辅以史实,二者相辅相成。下册第七章"帝国主义时代"中,新增"近代帝国主义概观",介绍了帝国主义的概念、溯源及其形成等内容。

2. 知识从点到面的拓展

知识从点到面的拓展,指的是初中历史教科书中原本概述性的知识,在高中历史教科书中变为详细叙述。与添加新知识相比,这一类处理方式显得更为重要。因为在高中历史教科书中,新增加的知识在全部知识中所占的比例很小,绝大部分的知识都是曾经在初中历史教科书中出现过的,怎样处理这些知识从初中到高中的发展,是编者重点思考的问题之一。

(1) 事件本身的过程更加具体

此类处理方式多见于某些具体的史实,如战争、政变等。初中历史教科书对于史实经过的叙述所用的篇幅尽量简短,语言也尽量简洁,在高中历史教科书中,编者对过程的叙述篇幅增加,细节描述增多。

例如"淝水之战",孟世杰在其《初级中学中国史》(上册)中仅以一小段话带过。

> 苻坚既欲并江南,统一中国,乃率九十万大军,侵入东晋。东晋孝武帝用名相谢安从子谢玄等,领兵八万逆击之淝水(安徽寿县东北),大败苻坚兵,苻坚仅以身遁。[1]

而在其《新标准高级中学本国史》(第一册)中,对战争的部分细节也做了描述。

> 前秦苻坚既统一江北,因渐南侵,晋人以为忧,举谢安从子玄,使镇北方……太元七年(民前一五三〇年,西历三八二年),苻坚会群臣于太极殿,议大举伐晋……八年七月,发长安……戎卒六十万。骑二十七万……晋诏谢石谢玄等,督众八万拒之……十一日,秦兵逼淝水(在寿县境内)而陈。谢玄使请陈小郤,俾晋兵得渡,以决胜

---

[1] 孟世杰:《初级中学中国史》(上册),百城书局,1931,第157页。

负。坚欲俟其半济，以铁骑横蹙之，乃麾兵使郤。而号令未预，秦兵遂退不可止！朱序复从阵后大呼曰：秦兵败矣。众遂大奔。谢玄等亟引兵渡水乘之，秦兵自相蹈藉，死者蔽野……玄等追击至青冈（在淝水西），秦兵昼夜不敢息，闻风声鹤唳，皆以为晋兵且至，死者什七八。坚中流矢，单骑走淮北。……①

（2）同一主题的知识点相对扩充

作为历史知识体系，一个主题之下包含很多知识点，初中历史教科书出于简单易懂等方面的考虑，只选择一两个最重要的知识点来叙述，其他知识点则省略。高中历史教科书在初中基础上，扩充了一些知识点。例如"欧洲宗教改革"，杨人楩在《初级中学北新外国史》中，重点讲述路德教派，而对于加尔文教派则用概述，仅寥寥数语。

> 较路德略迟而同为宗教改革领袖的，有法国之加尔文（Calvin），以瑞士为根据地；这一派的传播较路德派更广。此后宗教改革运动，广播于欧洲大陆——尤其是在北欧。②

而在其《高中外国史》（上册）中，对加尔文教派的内容进行了相应的扩展，自成一段：

> 新教中另有一派，也许比路德派更有势力的，便是加尔文派。加尔文（John Calvin，1509～1564）是个法国人，当他在巴黎大学读书的时候，就有反对正统教的意思；但法王法兰西斯第一是个卫道之君，他只得跑到瑞士。他出版基督教义诠释（Institutes of Christian Religion）一书，发表他的宗教意见。当他到日内瓦（Geneva）时，正当那儿接受新教而陷于纷乱的状态，他便乘机取得了政权，一直到死。这位有时被称为"新教教皇"的加尔文，在那城市中创立了严肃的政教；在那里，赌博、跳舞以及装饰等，视为万恶；每人每天要做礼拜，尤其是在星期日，加尔文派之传播比路德派更广，这是因为：

---

① 孟世杰：《新标准高级中学本国史》（上册），第256页。
② 杨人楩：《初级中学北新外国史》，北新书局，1932，第115页。

(一) 信仰有系统,足以激发资产阶级;(二) 他奖励新兴的资产阶级,使他们便成为这一派的主要力量;(三) 神学明晰,组织简单;(四) 奖励教育。故此,这一派得分布于法、荷、英、瑞、日耳曼及苏格兰;而路德派则除日耳曼外,仅达于斯干的那维亚①半岛旁及波兰及匈牙利而已。②

再比如,何炳松的《复兴初级中学教科书外国史》里,对于日耳曼以外地区的宗教改革以及由宗教改革引发的宗教战争都采取了概述的形式,目的是突出日耳曼宗教改革的中心地位,而在其《复兴高级中学教科书外国历史》(上册)中,对于其他地区的宗教改革以及宗教战争加大了叙述力度,其中瑞士的宗教改革、英国的宗教改革和三十年战争等内容,在初中教科书中仅有几句话,在高中教科书中则自成一节。

(二) 教科书中历史知识的深度从初中到高中的发展分析

民国时期高中的历史教科书与初中相比,其深度也有了变化。学科知识更加全面系统,反映出了历史的多样化和复杂性,理论分析也增加了,对学生能力的要求提高了。

1. 知识的系统化

纵观四套历史教科书可以看出,初中历史教科书的线索比较简单,时间轴清晰,行文上也更加注重连续性,更注重知识点间的纵向联系,即历史的发展脉络;为了突出主线,横向枝节较少,有些知识被一笔带过。而高中教科书在连贯性的基础上,加强了知识点间的横向联系,每个知识点衍生出来的枝节增多,对每段史实的叙述角度增多,内容也更为全面,力图在初中历史教科书的基础上使知识更加系统和完善。知识系统化的具体方法主要有两种:一是通过补充初中教科书中简写或省略的知识内容,加大知识点间的横向联系;二是通过调整历史知识叙述的顺序,将原有知识重新整合。

(1) 知识框架充实完善

初中历史教科书为了适应学习者的认识水平,将原本复杂的历史简

---

① 今译作"斯堪的纳维亚"。
② 杨人楩:《高中外国史》(上册),北新书局,1933~1934,第329页。

历史课程教材教法研究

化。为了突出时间轴和降低学习难度,许多知识点间的横向联系被弱化甚至忽略。高中历史教科书则在初中基础上增强了知识点间的横向联系,除了以时间轴为基本线索以外,空间轴线也渐渐凸显出来。比如对于同一时间段不同地点的史实间的联系和相互作用,初中历史教科书可能会适当省略,而高中教科书则通常会如实描绘。此外,一些被初中忽略的历史细节也在高中教科书中体现了出来。高中历史教科书叙述的历史更加复杂。例如在何炳松的《复兴初级中学教科书外国史》中,对于希波战争中波斯人第二次入侵希腊的经过,只是概述:

……隔了二年又发生第二次的战争。结果,因为希腊各邦一致团结起来,力量顿形浓厚,加以海军较强,所以又打败波斯军。[1]

而在其《复兴高级中学教科书外国历史》(上册)中,对于这次战争则是详述:

公元前四九〇年夏,波斯军队用战船渡过爱琴海……预备向雅典进发。希腊人鉴于爱奥尼亚希腊叛党的失败,本已粟粟危惧,现在看见波斯军队长驱直入,更是人心惶惶,不可终日……幸而雅典当时出了一个名将密尔替阿提斯[2](Miltiades),统帅希腊军队赶到马拉敦[3]岸边,打败了波斯人……同时雅典又出了一个目光远大的政治家,名叫提密斯托克利[4](Themistocles),竭力主张扩充海军以备波斯人第三次的反攻。果然希腊人不久又得到波斯王薛西斯(Xerxes)开凿阿梭斯海股以备运兵的消息。雅典国民议会于是不得不听提密斯托克利的话,议决造楼船一百八十支以备迎敌之用。但是希腊全国到这样危急之秋还是不能联成一气。斯巴达虽然允许出兵,还要以得能统帅全部海军为交换条件。[5]

---

[1] 何炳松:《复兴初级中学教科书外国史》,上海:商务印书馆,1933,第43页。
[2] 今译作"米太亚得"或"密尔提阿得斯"。
[3] 今译作"马拉松"。
[4] 今译作"地米斯托克利"或"忒弥斯托克利"。
[5] 何炳松:《复兴高级中学教科书外国历史》(上册),上海:商务印书馆,1934-35,第80页。

对比这两段文字可以看出，高中历史教科书与初中相比增加了许多细节描写，如希腊人面临波斯入侵时的恐惧感，以及关键历史人物的出现等，这些细节的描述使得历史更真实、复杂，更具有立体感。此外，对初中教科书中"希腊各邦一致团结起来"的描述做了修改，增加了斯巴达"以得能统帅全部海军为交换条件"的出兵要求，如实描绘了"希腊全国到这样危急之秋还是不能联成一气"的史实。初中历史教科书将这部分省略是为了突出希波战争的大主题，而在高中教科书中将其加入，是为了表明，雅典与斯巴达间的竞争早已有之并表面化，而不是像初中教科书给学习者的印象那样，是在希波战争后才出现的，在对抗外族侵略的同时，希腊内部的争斗也从来没有停止过。这些不仅反映了真实的历史，还有利于学习者进一步思考古希腊人的民族性以及他们的思想与文化。

（2）知识系统重新整合

初中历史教科书主要根据时间顺序安排内容，而高中历史教科书则往往把同一个主题的知识安排在一起，局部的时间先后顺序被打乱，有些发生较晚的史实被排在了较早史实的前面，编者对历史知识系统作了重新整合。例如孟世杰的初高中历史教科书中对于从西周开始每个朝代的学术、思想、宗教和文艺的内容都有描述，但所在的位置却截然不同。《初级中学中国史》中，将这部分内容安排在了每个朝代的衰落与灭亡之前，如近古史第三篇第四章"宋代的学艺与宗教"[1] 就安排在了第六章"南宋灭亡与元之极盛"[2] 之前。但在《新标准高级中学本国史》中，有关学术、思想、宗教和文艺的内容统统安排在了每个朝代的灭亡之后，如第三篇第八章为"宋之学术思想与文艺"[3]，而"元之勃兴与夏金宋被灭"[4] 的内容则被安排在了第三篇第六章。初中教科书在每个朝代灭亡前阐述这个朝代的文化和思想，以时间顺序为基准，而高中教科书采取了不同方法，先将每一个时代的政治史部分叙述完整之后，再来讲述思想文化史的部分，虽然打乱了时间顺序，但政治史、文化史部分分别得到了独立完整的叙述。

---

[1] 孟世杰：《初级中学中国史》（下册），百城书局，1931，第29页。
[2] 孟世杰：《初级中学中国史》（下册），52页。
[3] 孟世杰：《新标准高级中学本国史》（下册），文化学社，1934~1937，第81页。
[4] 孟世杰：《新标准高级中学本国史》（下册），39页。

2. 理论分析增多

与初中历史教科书以史实叙述为主相比，高中历史教科书的理论性大大增强，其重心从史实本身向背景、原因、后果、影响等理论分析偏移。

（1）史实叙述的弱化

初中历史教科书多以史实叙述为主，对于背景、原因、后果、影响等理论性的分析比较简略。高中教科书中史实的地位相对弱化，退而成为辅助性知识，将主要角色让给了理论性分析，有关背景、原因、后果、影响等方面的内容成为主要知识。如杨人楩的《初级中学北新外国史》中，对于世界大战①的叙述，战争经过占有三分之二的篇幅，是课文的主体。而在其《高中外国史》（下册）中战争经过只占有三分之一的篇幅，大战的背景、原因以及大战引起的欧洲部分国家的革命共占有了三分之二的篇幅。再比如其对俄国革命②的叙述，《初级中学北新外国史》只用了一个自然段，不到全部四分之一的篇幅来阐述革命的背景及原因，其余篇幅都在叙述革命经过，而在《高中外国史》（下册）中，革命背景原因"酝酿革命的帝政时代"③ 被单独提出，与革命经过"一九一七年之大革命"④ 并列成为第九章"俄国大革命"的两个不同部分，讲背景原因的篇幅有将近25页，而革命经过的篇幅只有12页多，差了将近一倍。

（2）背景、原因、影响等相关内容更加具体、翔实

初中历史教科书在处理背景、原因、后果、影响等内容时，多采取概述、概论、概说等形式，以较为简单易懂的语言用一个或几个段落来阐释，分析较浅显。高中历史教科书对这些内容的处理则加大了力度，背景更具体，原因更多，对相关影响的分析角度也更多。例如，何炳松的《复兴初级中学教科书外国史》中对于希波战争原因的叙述以直接原因为主。

> 到公元前四九二年，雅典人为了小亚方面殖民地的争执，居然东来干涉，于是波斯人不能忍了，便发生第一次的战争。⑤

---

① 指第一次世界大战。
② 指从二月革命开始到十月革命结束这段时期．
③ 杨人楩：《高中外国史》（下册），北新书局，1933~1934，第408页。
④ 杨人楩：《高中外国史》（下册），第432页。
⑤ 何炳松：《复兴初级中学教科书外国史》，第42页。

而在其《复兴高级中学教科书外国历史（上册）》中，对希波战争的原因，从民族的角度加以分析：

> 原来当公元前五四六年时，波斯名王西鲁士①的领土已向西达到爱琴海。因此波斯人和住在小亚西亚②的希腊人就变成直接毗连的邻人，当时的小亚西亚因为有爱奥尼亚柱支希腊人移来的缘故，所以称为爱奥尼亚。这支希腊人原是雅典人的同族，性质非常优秀。所有希腊的文化大部分都是起源于此地的希腊人。现在波斯的势力日向西方逼来，此地希腊人当然不能不屈服于波斯人的治下。波斯文化程度虽然很高；但是在爱奥尼亚的希腊人眼中看来，总觉得非我族类，势难两立，因此他们就起来反抗。……爱奥尼亚的希腊人既起叛乱，雅典人就派遣战船二十支去帮助他们。波斯王大流士因此就迁怒雅典，乃发生西征希腊的意思。③

与初中历史教科书相比，高中教科书对历史事件原因的阐释已不再仅仅停留在导火索一类的层面，而是扩大角度，深入分析，大大扩展了历史知识的深度。初中概论的形式在高中被多角度的系统分析取代，对原因等内容挖掘更深更细，以"几要素""几条件"的形式加以阐释。如关于隋炀帝无道以致隋朝灭亡的叙述，孟世杰在其《初级中学中国史》中，将隋炀帝的无道定为"好豪奢"④，分为"内事土木，外事土木"⑤ 两个方面，每方面用一个自然段大约60字来描述，遣词造句较为简洁。而在《新标准高级中学本国史》中，编者将隋炀帝的无道重新定义为"性夸大豪华，虐用其民"，并将其具体行径分为六部分："营宫室""开河渠""修驰道""筑长城"⑥ "恣巡幸""夸侈靡"⑦，分别用六个自然段，每段用字50到130字不等。与初中相比，高中历史教科书对隋朝灭亡的原因分析得更加

---

① 今译作"居鲁士"。
② 今译作"亚细亚"。
③ 何炳松：《复兴高级中学教科书外国历史》（上册），第79页。
④ 孟世杰：《初级中学中国史》（上册），第183页。
⑤ 孟世杰：《初级中学中国史》（上册），第184页。
⑥ 孟世杰：《新标准高级中学本国史》（上册），第342页。
⑦ 孟世杰：《新标准高级中学本国史》（上册），第343页。

细致、更加全面。

3. 能力要求的提高

初中生的年龄较小，认识能力有限，因此初中历史教科书篇幅较小，文字简明易懂，以具体的史实叙述为主。而到了高中，随着学习者年龄的增大、认识能力的提高，教科书的难度也相应提高，具体表现在以下几个方面。

（1）篇幅增大

与初中历史教科书相比，高中教科书最明显的特征就是文字增多、篇幅增大，这对学习者的阅读理解能力提出了更高的要求，

表 2-6 四套教科书初高中的页数和章数对比

		初中	高中
孟世杰	页数	448	1068
	章数	52	94
梁园东	页数	236	734
	章数	27	63
何炳松	页数	373	886
	章数	28	57
杨人楩	页数	346	969
	章数	15	85

从表 2-6 可知，高中历史教科书页数和章数都有大幅增加，图 2-1 和图 2-2 能更直观地表明，页数和章数从初中到高中增加的幅度。

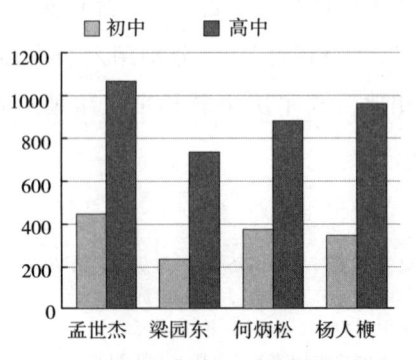

图 2-1 四套教科书初高中页数对比

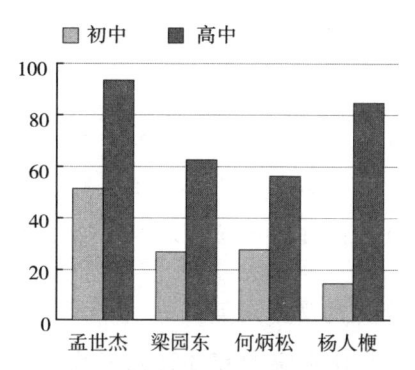

图 2-2 四套教科书初高中章数对比

从以上两幅对比图可以看出,高中历史教科书无论是页数还是章数,其幅度都基本超过了初中教科书的一倍。如此大的变化要求学习者的阅读速度、理解能力、记忆能力等与初中相比,要有大幅的提高。

(2) 行文风格更趋于学术性

初中历史教科书注重其文本的可读性,语言浅显、易懂。高中历史教科书更注重学科知识编排的科学性和系统性,专业知识增加,行文风格更趋于学术性。如梁园东对明朝中后期政治衰败的描写,初中运用较为通俗形象的语言。

> 自中叶以来,君主荒淫,百政俱废,人民的富力和国家的财政,不惟不见富裕,而且反日见短绌。自武宗十数年的巡游耗散,又继以世宗好道学仙,土木繁兴……神宗后三十余年,几乎比世宗时还要坏,二十年中居然能概不视朝……当时最扰民的为"矿税",开矿抽税,本是正当办法,只是中国向来没有,而且征发的意本不在谋矿业的发展,只一意藉端搜括,所以当时"开矿助工"的实业政策,竟一变而为中官横索民财的好资料!……这样搜括了三五十年,那社会民生,那有不衰败的道理……于是不数年,满洲的军事既日急,而内地亦流寇遍起。①

高中教科书则用高度凝练的语言。

---

① 梁园东:《初中本国历史教本》(第三册),上海:大东书局,1930-32,第33页。

及孝宗以后，武宗、世宗、神宗三朝，内则君主荒淫偷怠，以巡游渔色学仙为事，嘉庆万历间，至一二十年不视朝；外则宦官权奸把持政柄，对士大夫尽力压迫屠杀，朋党叠兴，一百年中演尽专制政体下诸般恶现象……明室已以长期的政治黑暗，社会生活久感不安，及满族兴起，数数用兵，财源枯竭，累加赋税，致盗贼蜂起。①

（3）增加了编者个人的学术观点

初中教科书偏重于具体史实的叙述，到了高中，随着对历史问题分析的深入，编者们将自身的认识和看法更多地表达了出来，高中历史教科书个人风格也渐浓厚。例如，何炳松在《复兴高级中学教科书外国历史》古希腊部分，对于古希腊统一的问题，表达了自己的观点。

我们此地可以注意的一点，就是历史上所谓希腊人始终是一个城邦林立互争雄长的民族，未曾建立一个大一统的国家。一部分因为国中山河分隔，各城间声气不甚相通；一部分因为各城各有各的习惯、方言和神祇。②

在后面的章节中又进一步分析。

……有种种原因足以使得希腊人的心中发生统一的情感。第一，他们向来有一种体育比赛会，在一定的时期去庆祝神祇。……第二，他们有一种全国崇奉的神祇。因此各城邦往往组织宗教同盟处理一切教务。……第三，希腊各地虽然各有方言，但是开会时他们仍旧能够听得懂，这亦足以使他们互通声气。第四，荷马诗中英雄故事的流传亦可以使得希腊人心中发生一种本是同宗的感想。因为有这种种原因，所以他们对于外族人往往叫他们为"蛮夷"，而自命为海伦（Hellen）的苗裔。不过他们虽然都抱有同族的感情，但是始终不能放弃他们的"乡曲之私"，所以终究因国内四分五裂的缘故，引起亡国

---

① 梁园东：《高级中学教本本国现代史》（上册），上海：世界书局，1932-33，第57页。
② 何炳松：《复兴高级中学教科书外国历史》（上册），第68页。

的大祸。①

在高中教科书中，编入很多带有个人色彩的理论分析，提升了对学习者的能力要求。

（三）小结

通过对民国时期四套中学历史教科书内容的分析，我们可以归纳出以下几种初高中教科书衔接的方法。

第一，内容编排从"单线索"到"多线索"。四位编者在处理初中历史教科书内容的编排时，将政治史作为历史叙述的主线。其他诸如文化史、社会史方面的内容多是作为政治史的背景出现。高中教科书政治史所占的比例与初中相比有所下降，社会史、文化史、经济史等方面的内容比例上升，历史内容的叙述从多条线索展开。这种编排方式，考虑到了初中生和高中生历史认知能力的差异。初中生认知能力有限，教科书的历史叙述减少头绪，突出重点，可以大大降低难度，有利于学生顺利进入历史学习的状态。高中生历史知识已经有了一定的积累，增加历史叙述的头绪，可以提升教科书的难度，使高中生的分析能力得到训练和提高。

第二，历史叙述从简单到复杂多样。编者在处理初中教科书内容时，在保留历史原意的前提下，删减了很多历史情节，对保留下来的史实进行了缩写与简述，以时间线索为轴，建立了一个较为简单的历史知识框架，使学习者能较为容易地学习历史。到了高中，为了使学习者的水平和能力在初中基础上得到提高，编者将一些初中未被选择的史实加入，初中阶段被简化的史实也被扩充，许多历史旁枝、细节等被如实叙述出来。历史过程变得更加丰满，也更加复杂、多面，更具有变化性。学习者原有的历史知识框架被扩充，变得更加立体，其对历史的理解也逐渐加深。可以说，历史的复杂性、多变性与多面性，在高中历史教科书中通过编者对史实的增加、扩充而直接体现出来。这样的编排方式，符合中学生历史认知的发展过程。"初中生对于历史的因果关系往往用形式逻辑的观点看待，原因

---

① 何炳松：《复兴高级中学教科书外国历史》（上册），第74页。

就是原因，结果就是结果，对于错综复杂的历史客体因果关系的相互转化，他们不能清楚地理解。"而到了高中阶段，"他们能够理解并运用对立统一的辩证思想分析充满着矛盾的发展变化的历史现象"。①

第三，从侧重史实叙述到侧重理论分析。在编写初中历史教科书时，编者多采用已被当时史学界共同认定的历史事实作为教科书内容的基础，对历史事实的理论分析则尽量简述或避免使用。到了高中阶段，编者在这一方面做了一定程度的探索，加大了历史事件原因结果的分析，一些个人观点被编排进教科书，编者自身的史学观念得到展现。这样的安排，也符合中学生历史思维发展的规律。初中生"能系统收集历史信息，再认再现事实；能用历史唯物主义的基本观点分析、评价历史问题；能比较历史事件和历史现象的异同……"，高中生能"从历史材料中最大限度地获取有效信息，分析问题，提炼观点或从中选取某些有效信息支持特定论点；区分历史材料中的客观事实和主观见解，并指出其立场、时代局限和社会偏见；依据历史事实论证某些观点……"，对史实的理解、分析能力，学生从初中到高中有一个明显的上升阶段，"后一学段应包含前一学段"②，因此在教科书编纂中，从重视史实到重视史论要有一个明显的发展变化过程，即高中历史教科书在史论方面要在初中基础上上升一个层次。四位编者对初高中历史教科书的处理，恰恰符合了这一点。

第五节
历史课堂如何处理好教学与教科书的关系[*]

自2001年《全日制义务教育历史课程标准（实验）》颁布以来，根据"课程标准"编写的各种版本的初中历史教科书已经在全国推广，这些新版教科书让人耳目一新，令师生们感到欣喜。与此同时，教师们在使用新

---

① 白月桥：《历史教学问题探讨》，第30页。
② 赵恒烈：《历史思维能力研究》，第16页。
[*] 原文题为《提高历史课堂教学效果的一个关键问题——处理好教学与教科书的关系》，发表于《历史教学》（中学版）2007年第2期。

版历史教科书时面临的一些新情况、新问题也值得关注。其中一个比较普遍的问题是：在历史知识点大量减少、历史的连续性被打断的情况下，怎么讲历史。在给基层的历史教师进行新教材新理念培训的过程中，有不少老师反映，课程改革以前是老师为学生梳理教材中的历史知识，现在是让学生自己梳理教材中的历史知识。学生对历史课不感兴趣这一老问题没有解决，新问题又出现了：以前一节课的历史知识点比较多，还能讲满 45 分钟，现在知识点大幅度缩减，有时候不到二十分钟就把内容讲完了，剩下的时间不知道要干什么。据一些市、县教研员反映，这种现象在县一级的中学历史课堂教学中比较普遍。出现上述问题，原因是多方面的，其中一个重要原因是没有处理好历史教学与历史教科书的关系。

（一）历史教学与历史教科书

历史教学要以历史教科书为依据，但是又不能局限于历史教科书。不论是旧教科书还是新教科书，由于篇幅、字数的限制，都只能叙述历史发展的概要，不可能把所有具体生动的历史细节呈现出来，因此显得比较单调。如果过分依赖历史教科书，历史课不论是由老师讲述还是由学生阅读、讨论，都很难生动起来。

我们不能把历史教科书等同于历史。历史本身是丰富多彩，极具魅力的。历史学家们用文字把这些丰富多彩的历史记录下来，保存至今。从这些前人的记述中我们能够发现很多有趣、有意义的东西。例如，许多家喻户晓、脍炙人口的历史故事就出自西汉历史学家司马迁的《史记》。历史不仅有趣，而且有意义，有其独特的功能，人们通过学习历史可以获得很多收益。历史的功能是多方面的，其中最重要的功能之一就是其借鉴作用。北宋政治家、史学家司马光著《资治通鉴》就是为了给统治者提供历史借鉴。毛泽东同志十分喜欢《资治通鉴》，他曾经对史学家吴晗说："《资治通鉴》这部书写得好，尽管立场观点是封建统治阶级的，但叙事有法，历代兴衰治乱本末毕具，我们可以批判地读这部书借以熟悉历史事件，从中汲取经验教训。"[①] 历史课程标准的基本理念中也提到，"通过历

[①] 张贻玖：《毛泽东读史》，中国友谊出版公司，1991，第 29 页。

史学习，使学生增强历史意识，汲取历史智慧"①。这些都说明学习过去的历史对当代人是有意义的，关键是学什么、怎么学。就中学历史课堂教学来说，关键是老师讲什么、怎么讲。如果历史教师对历史的讲述超越了历史教科书，向学生们呈现出历史的生动、具体、丰富的一面，学生们会觉得历史非常有意思，能从中受到启发。历史教科书只是历史教学的一个内容提纲，它为历史教师组织课堂教学提供了一个基本线索。丰富生动的历史内容需要历史教师去选择、去组织。同样一个课题，如果历史教师只向学生叙述教科书中的条文，或者让学生自己阅读归纳这些条文，很难体现历史的魅力。只有将具体生动的历史情节、历史材料向学生呈现出来，才能使历史变得有趣、有价值，发挥出历史的各种教育功能。从这种角度来说，历史教学是向学生呈现具体生动的历史，而不是复述历史教科书中的文字。这些教科书中的文字，不论是由教师讲述还是由学生复述，都不能构成完整意义上的历史教学。只有以教科书为线索，师生共同在具体翔实的史实基础上开展各种形式的教学活动，形成对历史的认识，才是完整的历史教学。新课标大量削减历史知识点，最主要的意图就是为实现这一历史认识活动创造条件。

（二）新课标教科书削减历史知识点的意图

从初中历史教科书的知识结构来看，新旧教材的最大区别是知识点数量的不同。我们以课程改革以前的初中人教版全国统编教科书和课程改革后北师大版实验教科书作一比较。

表2-7 初中人教版和北师大版比较

初中人教版全国统编历史教科书	初中北师大版实验历史教科书
第2课　氏族公社繁荣时期的居民 河姆渡和半坡原始居民 大汶口原始居民 炎帝、黄帝和尧舜禹的传说	第3课　传说时代的文明曙光 炎帝与黄帝 尧舜"禅让" 大禹治水

---

① 中华人民共和国教育部：《普通高中历史课程标准（实验）》，第2页。

续表

初中人教版全国统编历史教科书	初中北师大版实验历史教科书
第7课 辉煌灿烂的秦汉文化 从甲骨文到竹帛书 硕果累累的科学技术 天文、历法、医学 丰富多彩的文学艺术 《诗经》《楚辞》，青铜器、编钟	第9课 甲骨文与青铜器 刻在龟甲兽骨上的文字 闻名于世的青铜器
第9课 秦的统一 秦灭六国和中央集权制度的建立 巩固统一的措施 修建长城和开发边疆	第13课 秦始皇建立中央集权的措施 废分封，立郡县 车同轨，书同文 焚书坑儒

从表2-7的对比可以看出，在新教科书中，一节课的历史知识点被大大削减了。旧教科书中的第2课"氏族公社繁荣时期的居民"有三个子目：河姆渡和半坡原始居民；大汶口原始居民；炎帝、黄帝和尧舜禹的传说。在新教科书中，把其中的一个子目："炎帝、黄帝和尧舜禹的传说"提出来，单独作为一节课，知识点只有旧教科书的三分之一。仔细对比其他几节课，也可以发现同样的情况。当然，这种区别从根本上讲还是课改前的历史教学大纲和课改后的历史课程标准之间的区别，因为教科书是根据教学大纲或课程标准编写的。

历史知识点大量削减，历史的连贯性相应地就差一些了。为什么历史课程标准要不惜牺牲历史的连贯性，大量削减知识点？

主要有两个意图：第一，为教师充实历史课堂教学内容创造条件；第二，为学生的自主学习活动创造条件。

课改前，人们对中学历史教科书有一个普遍的看法，即它是大学历史教科书的压缩本。作为历史知识体系，中学历史教科书是完备的，但它只是一些干巴巴的条文，只有历史知识的基本框架和历史结论，缺少生动具体的史实。由于一节课的知识点密度大，老师要完成教学任务，只能蜻蜓点水，对每一个知识点都概括性地提一下，基本上不可能给学生讲述每一个知识点的具体史实、向学生展现历史的细节。历史缺少具体生动的史实、缺少故事情节，自然显得枯燥无味，引不起学生的学习兴趣。而且，缺乏具体情节的历史也很难让学生产生情感态度上的反响，很难让学生从中得到启示。削减知识点，就是为了给老师足够的时间把最重要的历史知识点给学生讲透，让师生共同发掘出这一历史知识点所隐含的丰富的历史内容[①]。另外，一节课的历史知识点密度大，师生的主要时间用在掌握这些知识点上，师生交流互动、学生自主活动的时间就少，甚至没有时间了。削减知识点，为学生的自主活动和师生互动留出了时间。总之，义务教育历史课程标准大量削减历史知识点的主要意图是要让师生共同在具体翔实的史实基础上开展各种形式的教学活动，形成对历史的认识，并在这种具体生动的历史教学过程中陶冶情操，发展各种学习能力。

新教科书的知识点大量削减，如果还用以前讲授旧教科书的思路来讲新教科书，45 分钟时间就显得富余了，也达不到课改所要求的历史教育目标。

（三）如何以教科书为线索丰富历史课堂教学的内容与形式

前面提到，新课标历史教科书削减历史知识点的主要目的之一是为教师充实历史教学内容创造条件，让师生对每一个重要的历史知识点能有时间深入探索。当然历史课不仅仅是探索历史知识，更重要的是培养学生的能力和情感态度价值观，但是这些历史教育目标的实现都需要以历史知识为媒介，如果离开历史知识，就不是历史课了。那么，应该怎样选择和组织历史知识、丰富历史课堂教学的内容和形式呢？这需要根据每一节历史课的具体情况来定。下面举一个课例略作分析。

北师大版历史教科书七年级上册第 9 课为"甲骨文与青铜器"[②]，只有两个子目：刻在龟甲兽骨上的文字；闻名于世的青铜器。与旧教科书相比知识点很少，如何把这两个知识点讲深、讲透，这是一个如何补充和组织教学内容的问题。以甲骨文为例，课文正文中对甲骨文的介绍仅用了一个自然段，一百多字。加上楷体小字的补充介绍，也不超过三百字。作为一

[①] 到底哪些历史知识点是最重要的，这也是一个大问题，需由历史学专家来探讨，本书暂不讨论。

[②] 《义务教育课程标准实验教科书·历史·七年级上册》，北京师范大学出版社，2002，第 46 页。

种历史知识介绍，不论是由教师讲述还是由学生带着问题阅读以后回答，顶多十几分钟就完成。通过这些文字介绍，同学们对什么是甲骨文也会有一个概念上的了解。问题是，把这段文字讲过或看过之后，能达到什么教育目标？如果只是让学生知道了什么是甲骨文，显然不能全面体现新课标的教育理念，因为我们从中看不到过程与方法、情感态度与价值观等教育目标，而且课时还会富余。那么，怎么讲才能实现过程与方法、情感态度与价值观的目标呢？

1. 课题导入

课题导入是营造学习情境的重要环节，课题导入的好坏直接影响到学生的学习兴趣和情感体验的效果。案例：

教师：同学们，在上课之前我们先做一个游戏：两个人一组，用三分钟时间互相交流，告诉你的同伴你最喜欢的歌星或电影明星是谁，为什么喜欢他或她。但是有个要求：不能张口说话。开动脑筋，看看除了口语还能用什么方法把自己的想法告诉同伴。开始！

学生两人一组，不说话，用其他方式交流。

教师：同学们，刚才你们是用什么方式交流思想的？对，是用文字。有哪位同学知道咱们中国的文字是什么时候发明的？

学生的几种回答：（1）黄帝；（2）半坡遗址；（3）商朝。

教师总结：同学们的回答都有自己的理由。相传黄帝让他的官员发明了文字，但这只是传说。后来在半坡遗址发现了带有文字性质的刻画符号，说明我国早在六千年以前就已经出现了文字的萌芽，比传说的黄帝时期还早。我们今天能够看到的最早的比较成熟的文字则是商朝的甲骨文。现在用的汉字就是从甲骨文演变过来的。好，现在我们就来一起学习"刻在龟甲兽骨上的文字"——甲骨文。

案例评析：这个课题的导入以游戏开始，游戏内容是当代中学生最熟悉的人物以及每天都要使用的汉字，贴近生活、贴近现实，容易引起学生的兴趣。让学生们谈论他们最感兴趣的歌星或电影明星，但是又不许说话。同学们基本上是用笔写字来交流的。通过这个活动，调动起同学们参与教学的积极性，使他们切身体验到文字的意义。在此基础上教师顺势提出"中国的文字是什么时候发明的",利用同学们的答案自然过渡到本节课要讲的课题。

在这一过程中,教师对学生回答的总结非常重要。因为学生们有几种不同的答案,而且不一定每一个学生在陈述时都能准确说明自己的理由。教师要及时总结,对学生每一种答案的合理性做出清晰的说明,帮助学生形成一种比较准确的历史概念。例如黄帝时期发明文字只是一种传说,确切的证据是在半坡遗址发现的,比传说的黄帝时期还要早,但也只是文字的萌芽。最早的比较成熟的文字是商朝的甲骨文。这样,学生对文字发明的时期就有了比较准确的概念:文字不是在某个确定的时期发明的,而是一个逐渐发展完善的过程。老师虽然没有明确把这句抽象的话说出来,但是在对学生答案的总结过程中,已经隐含了这个意思。给初中生讲述抽象的道理学生不容易理解,而用具体史实则容易让学生对某个历史问题形成比较准确的认识。

2. 选择和组织教学内容

选择和组织教学内容,换言之,给学生讲什么、怎么讲,是历史课堂教学要解决的最重要的问题。以问题为核心来选择和组织教学内容是课改以后用得比较多的一种方法。案例:

教师:同学们,对于甲骨文,你最想了解的是什么?

学生答案:(1)甲骨文是怎么被发现的?(2)甲骨文是做什么用的?(3)甲骨文是什么时候被发现的?(4)甲骨文是什么样子?(5)甲骨文我们能看懂吗?等等。

教师:看来同学们对甲骨文充满了好奇,我们现在就一起来探索这些问题。先看第一个问题:甲骨文是怎么被发现的?有哪位同学知道,给大家讲一讲。

学生讲述甲骨文发现的经过。

教师对学生的讲述作归纳、补充。

案例评析:有许多历史教科书中的内容,教师觉得已经叙述得很清楚,没有什么可讲的了,这是因为教师自己具有较丰富的历史背景知识和工作生活阅历,一看就明白,没有什么好奇。但是初中学生在这些方面还有许多是空白，是未知领域。学生的知识盲点、兴趣点教师不一定能全面了解，因此，要让教学符合学生的理解力、认识力，符合学生的需要，不是一件特别容易的事情。如果让学生自己把不理解的问题、想知道的问题说出来，教师再选择教学内容就比较容易了。

在这一案例中，教科书中的文字已经把甲骨文介绍得很清楚，还需要补充什么？教师把补充内容的权利交给学生，让学生说说他们对于甲骨文想知道些什么，根据学生的问题补充和组织教学内容，而且还给学生提供了解决问题展现自我的机会，实践了新课标的教学理念。不过，在实际操作过程中，有很多教师在学生回答完问题或讲述了一段历史故事之后，就接着进行下一个内容的教学，没有对学生的回答或讲述做总结，这有可能出现教学漏洞，因为尽管有个别同学可能知道某个问题的答案或某个历史故事，但是由于自己的表述能力或知识的限制，不能把问题说清楚。在这种情况下教师如果不及时总结、补充学生的回答，这部分内容就等于没讲。教师及时对学生的行为做出反应，完善学生陈述的历史内容，使学生的回答条理化，这是教师在运用问题来组织教学时必不可少的一项工作。

3. 提供历史细节

学生感觉历史枯燥是因为在他们的学习经历中所知道的历史仅仅是一些年代、地名、人名、物名，或者是一些政治经济制度、措施的条文，对历史的结论、评价。这些抽象的、概念性的文字如果没有具体的历史过程、历史情景来支撑，对于学生来讲就毫无意义，难以理解。历史教学就是要为这些抽象的文字添枝加叶，使干枯的树干变成郁郁葱葱的大树，使枯燥的文字变成生动具体的历史。也就是说，要提供历史细节，把教科书文字还原为历史。案例：

教师：现在我们进入下一个问题：甲骨文是什么样子？我们能看懂吗？我先出示几个甲骨文字，同学们猜一猜，这些字表示什么？（用投影出示牛、羊等十几个表示动物的甲骨文字）

几个学生分别说出这些甲骨文表示牛、羊等。

教师（问一名学生）：你根据什么说这个字表示牛？

学生：因为这个字像牛。

教师（逐个问回答问题的学生类似问题，然后归纳）：同学们识别甲骨文字的依据是看它像什么。甲骨文基本上是象形文字，要表示什么东西，就画出它的大致形状来。同学们刚才都猜测对了。现在我们再做一个活动，每位同学自己创造几个甲骨文字，比一比看谁先造出来。

学生造字以后上台展示，其他同学猜测，然后由他向其他同学解释这个字表示什么。

教师：文字是要向别人表达你的意思，同学们的猜测和造字同学想表示的意思一致，造字成功。大家用掌声鼓励！

案例评析：提到历史细节，人们更容易想到对历史事件和历史人物的细节描述。实际上其他历史现象也有细节。就这节课的甲骨文来说，教科书中只有两幅图片：《商朝龟甲卜辞》和《商朝牛骨刻辞（局部）》，前者只展现了两片龟甲，上面的文字根本看不清楚；后者能看出图中的文字，但是文字比较多，也不容易识别。仅凭这两幅图可以让学生对甲骨文的轮廓有个大致的了解，但是还不足以使学生对什么是甲骨文形成比较深刻的认识。教师挑选一些学生容易识别的甲骨文，放大之后一个一个呈现给学生，让学生自己识别这些字表示什么，然后又让学生自己造字。通过这一活动过程，学生们会对甲骨文及其特征有比较深刻的感性认识，加上教科书中对甲骨文的概念陈述，对甲骨文的理解就比较完整、深刻了。

从某种意义上说，教师在历史课堂教学中提供历史细节的水平决定了历史教学效果的好坏，决定了历史教育目标实现的程度。历史课程标准中所提"过程与方法"不是脱离历史课堂教学独立存在的历史教育目标，而是渗透在历史课堂教学中，在师生共同探索历史细节的教学活动中实践"过程与方法"，在"过程与方法"中引发学生的情感态度和价值观。至于引发出学生什么样的情感态度和价值观，就要看教师选择史料、提供历史细节的水平了。

第三章
历史教学研究

自近代学校教育产生以来，教育界对历史教学的理解随着时代的发展而变化。传统的看法认为，历史教学就是以历史教科书为媒介，教师向学生传授现成的历史知识，用历史对学生进行思想道德教育的过程。这样的历史教学往往是以教师讲授为主，教学活动的基本形式大多是：教师在讲台上讲，学生在下面听课、记笔记。教师传递历史知识，学生被动地接受、记忆。20世纪中期以后，随着教育的发展，人们对于教学的理解逐渐发生了变化。现代教育观认为，历史教学是建构历史知识的过程。师生以史料为媒介，通过"对话"、"交流"和"沟通"，形成对历史的认识和理解。学生在交往活动中完成对历史知识的建构和能力的培养，同时情感态度价值观也发生变化。在这样的教育理念指导下，历史教学不再是由教师向学生展示前人认识的成果，而是在平等的师生关系中，让不同见解和主张相互碰撞，教师、学生以教材和其他课程资源为媒介共同探索历史的奥秘，通过对话和交流，形成自己对历史的认识。在这种教学中，无论是教学目标还是教学过程设计，学生的主体地位得到了强化。本章对以学生发展为中心的教学目标、教学方法、教学过程设计作了初步探索。

第一节
新课程下历史课堂教学目标的设计[*]

历史教学目标是师生在历史教学活动中所要达到的预期结果。它是教学设计的基础，所有教学过程都是为实现教学目标而设计的。它也是教学评价的依据，检验教学效果的好坏主要就是检验教学是否达到了预设的教学目标。可以说，教学目标设计得恰当与否决定着整个课堂教学设计的质量。

历史课堂教学目标设计是把历史教学总目标转化为具体的课时教学目标的过程。初中或高中历史教学的总目标新课改前的教学大纲中称为"教学目的"，新课改后的课程标准中则称为"课程目标"。虽然都是指历史教学的总目标，但是其理念和内涵却发生了很大的变化。由于对这种变化理解得不够透彻，目前中学历史课堂教学目标设计中还存在着诸多问题。一是目标定位仍以教师为中心，例如"使学生……""激发学生……""培养学生……"等。这种表述多为教师要学生怎样，教学目标的行为主体是教师而不是学生。二是目标表述笼统、不规范，无法有效操作和检测。例如"培养分析历史问题、解决问题的能力"，"掌握历史发展规律、体会历史唯物主义观点和方法"，这样的目标表述很难确定教学目标是否达到，难以对教学活动发挥应有的指导作用。[①] 三是"过程与方法"教学目标内涵混乱。有的以教师的教学过程和教学方式方法，代替学生学习、思维、参与学习的过程和学生学习的方式方法；有的将"能力"与"方法"混淆。[②]

---

[*] 原文题为《例谈新课程下历史课堂教学目标的设计》，发表于《历史教学问题》2016年第5期。
[①] 李英顺：《中学历史课堂教学目标的设计》，《中小学教师培训》2010年第10期。
[②] 陈光裕：《"过程与方法"教学目标理解与设计指误》，《历史教学》2007年第12期。

怎样避免上述问题,设计出规范、具体、可操作的历史课堂教学目标?本文结合实例略作探讨。

(一) 目标的行为主体

历史教学目标是历史教学所要达到的预期结果,其预期的对象在新课改前后是不一样的。新课改前,预期的对象是教师;新课改后,则是学生。例如,1992年初中历史教学大纲中的教学目的规定:"初中历史教学,要求教会学生初步掌握记忆、分析、综合、比较、概括等方法","培养学生学习和表述历史的能力",等等。这里,是要求教师教会学生什么方法、要求教师培养学生什么能力。历史教学大纲中的教学目的是预期教师要达到的目的。再看2001年初中历史课程标准中的课程目标的表述:"能够对历史现象进行初步的归纳、比较和概括","学习解决历史问题的一些基本方法"。历史课程标准中的课程目标是预期学生要达到的目的。新课改后的课程目标一般用"行为目标"来陈述。行为目标描述学生通过学科的学习以后预期产生的行为变化。"既指出要使学生养成的那种行为,又言明这种行为能在其中运用的生活领域或内容。"[①] 美国课程专家拉尔夫·泰勒所说的这种行为目标包含两个要素:行为主体——学生,行为对象——学习的内容。这是宏观的行为目标,通常用于课程标准中课程目标或内容标准的陈述。课堂教学中的行为目标要具体化、可测量,通常包括五个要素:行为主体、行为动词、行为对象、行为条件、表现程度。例如,"提供一篇历史材料,学生能将材料中阐明历史事实与发表议论的句子进行分类,至少90%的句子分得正确"。其中"学生"是行为主体,"将……进行分类"是行为动词,"材料中阐明历史事实与发表议论的句子"是行为对象,"提供一篇历史材料"是行为条件,"至少90%的句子分得正确"是表现程度。在课程标准中,陈述目标时通常把行为主体学生省略,但是通过行为动词可以看出,发出动作的主体是学生。教学目标是对课程目标的具体化,应该与课程目标的陈述方式保持一致。但是在实践中,很多教师写的教学目标,行为主体依然是教师,而不是学生。例如:"用图片形

[①] 〔美〕拉尔夫·泰勒:《课程与教学的基本原理》,人民教育出版社,1994,第36页。

式列出西欧经济发展变化情况,让学生逐步掌握运用图、表、数据等分析相关历史问题的能力","通过阅读教科书祖冲之内容,训练学生提取关键词语,概括要点的方法"。这些目标的行为主体都是教师,是对教师教学的要求,而不是学生学习某个历史内容后预期产生的行为变化。新课程改革以前,用这种陈述是可以的,它与教学大纲的"教学目的"陈述形式一致。但是新课程改革以后,再用这种形式来陈述课程目标就不规范了。

(二) 目标的分类陈述

新课程改革后,历史课程标准中的课程目标是分为三个方面来陈述:知识与能力、过程与方法、情感态度与价值观。教师们在写历史教学目标时,一般也套用这种分类方式。但是在具体陈述目标时,往往三个方面交叉重复。例如人教版七年级上册第21课"承上启下的魏晋南北朝文化(一)",有老师撰写了如下的教学目标:

知识与能力:
(1) 了解祖冲之和圆周率、贾思勰和《齐民要术》、郦道元和《水经注》。
(2) 培养阅读、理解历史资料和提取、处理历史信息的能力。
过程与方法:
(1) 通过阅读教科书祖冲之内容,训练学生提取关键词语,概括要点,转化为简洁语言表述的能力。
(2) 通过观察《贾思勰种植农作物》图,指导学生按顺序、有重点,从人物的形——动作外观,到人物的情——情感内心读图识图的方法。
情感、态度、价值观:
(1) 通过学习圆周率、《齐民要术》和《水经注》了解我国古代科技的辉煌成就,增强民族自豪感。
(2) 通过学习祖冲之、贾思勰和郦道元的事迹,培养学生科学求实的探究精神。

其中的过程与方法目标(1)"通过阅读教科书祖冲之内容,训练学生提取关键词语，概括要点，转化为简洁语言表述的能力"，把能力目标放到了"过程与方法"目标中。另外，这个目标行为动词的主语还是教师，"教师训练学生……"。情感、态度、价值观目标（1）"通过学习圆周率、《齐民要术》和《水经注》了解我国古代科技的辉煌成就"，把知识目标放到了"情感、态度、价值观"目标中。

还有些教师在陈述过程与方法目标时，把教师在这节课要用的方法放了进去："依据文字和图片资料通过合作学习的方式学习李贽、黄宗羲、顾炎武、王夫之等思想家的思想"，"课堂上通过材料学习法和观察学习法了解欧盟建立的过程和影响"，等等。这些案例说明教师对课程目标中每个维度的内容到底指什么没有认识清楚，导致在陈述教学目标时各个维度的目标界线不清楚，相互之间交叉重合，甚至把不属于教学目标范畴的内容也写入教学目标中，显得很不规范。规范的教学目标陈述应该做到以下几点。

第一，涵盖三个维度的目标，每个维度的目标界线清楚，不重复；

第二，每个维度的目标都针对本节课的具体历史内容；

第三，目标要用动词表现学生行为，行为动词的主语为学生。

仍以人教版七年级上册第21课"承上启下的魏晋南北朝文化（一）"为例，修改后的教学目标如下。

知识与能力：

（1）了解祖冲之和圆周率、贾思勰和《齐民要术》、郦道元和《水经注》。

（2）能够通过阅读教科书祖冲之内容，提取关键词语，概括要点，并用简洁语言表述。

过程与方法：

通过观察《贾思勰种植农作物》图，掌握按顺序、有重点，从人物的形——动作外观，到人物的情——情感内心读图识图的方法。

情感、态度、价值观：

（1）认识圆周率、《齐民要术》和《水经注》在我国古代科技史上的辉煌成就，增强民族自豪感。

（2）感受祖冲之、贾思勰和郦道元的事迹，树立科学求实的探究精神。

经过这样的修改，知识与能力、过程与方法、情感态度与价值观三个维度的目标内涵清楚，界线分明，具有较强的指导教学的意义。

（三）目标的具体可操作性

历史教学的目标有宏观和微观之分。宏观目标只对历史教学要达到的结果提出总体要求，指明大方向，并不规定具体要做到什么程度。在历史课程标准中，"课程目标"就属于宏观目标，它规定了在中学开设历史课的总目标。例如高中历史课程目标："在义务教育的基础上，进一步认识历史发展进程中的重大历史问题，包括重要的历史人物、历史事件、历史现象和历史发展的基本脉络。"认识哪些重大历史问题，哪些重要历史人物、事件和现象？认识到什么程度就算达到标准了？这些在课程目标中并没有规定。"内容标准"比"课程目标"要具体一些，它规定了通过具体历史内容的学习要实现的目标。例如，"了解宗法制和分封制的基本内容，认识中国早期政治制度的特点"。[1] "知道《九章算术》，讲述祖冲之推算圆周率的史实，了解中国古代的数学成就。""知道《水经注》、《齐民要术》、《天工开物》等重要著作。"[2] 通过内容标准的这些规定，我们可以知道要学习哪些具体知识，但是，学到什么程度，在能力方面、情感态度和价值观方面要达到什么标准，并不清楚。教师需要根据"课程目标"、学生的学情，以及自己对"内容标准"所涉及的历史知识的理解来设计课堂教学目标，把这些问题说清楚。而在实践中，许多老师只是把"内容标准"原封不动地变为课堂教学目标。例如"内容标准"中规定："知道唐太宗和'贞观之治'，……初步认识唐朝兴盛的原因。"[3] 教师在"知识与能力"教学目标中也写成"知道唐太宗和'贞观之治'，……初步认识唐

---

[1] 中华人民共和国教育部：《普通高中历史课程标准（实验）》，第6页。
[2] 中华人民共和国教育部：《全日制义务教育历史课程标准（实验稿）》，第10页。
[3] 教育部：《义务教育历史课程标准（2011年版）》，北京师范大学出版社，2012，第13页。

朝兴盛的原因"。再另外写一条能力目标："通过对历史事实的分析、综合、比较、归纳、概括，培养历史思维和解决问题的能力。""知道唐太宗和'贞观之治'"是要学生知道"唐太宗"和"贞观之治"这两个名词就行了，还是要知道唐太宗的事迹、贞观之治的内容，抑或是要知道贞观之治是唐太宗统治时期出现的繁荣局面，或者是别的什么要求，并不清楚。另外，"通过对历史事实的分析、综合、比较、归纳、概括，培养历史思维和解决问题的能力"，是历史课程在能力培养方面的总目标，这节课到底要培养学生什么能力，也没有说清楚。教学目标不清晰，就不好根据目标设计教学过程，教学完成后也难以根据目标检测教学效果的好坏。那么，上述教学目标应该怎样写才比较清晰、便于操作呢？可以尝试将能力、方法、情感等要求融入具体的历史内容中。例如"唐太宗与贞观之治"的教学目标可以陈述为：

呈现相关史实，（学生能够）归纳贞观之治的主要内容；
提供多种材料，（学生能够）分析贞观之治出现的原因；
在充分掌握史实的基础上，正确评价唐太宗。

分析、归纳等学生的行为表现既包含方法，又包含能力，很难把两者分开。方法是操作程序，属于程序性知识。如果能够用某种方法解决具体问题，就说明学生具备了某种能力。如果学生能够用分析历史问题的方法完成分析"贞观之治出现的原因"这一任务，那么他就具备了一定的分析历史问题的能力。归纳也同此理。评价则包含了方法、能力和情感态度价值观。评价需要掌握某种方法，如果能用这种方法评价唐太宗，说明学生具备了评价历史人物的能力。评价需要对历史上的人或事做出自己的价值判断，表达出爱或憎、赞许或批判等情感或态度。因此，评价本身又包含情感态度价值观。在陈述历史教育的总体目标时，三个方面可以分开表述。但是如果针对具体的历史内容，分开表述往往会交叉重合，各个维度之间界线不清。有鉴于此，在设计具体的历史课堂教学目标时，不必非要像总目标那样把三个维度拆分开来陈述。

（四）教学与目标的一致性

教学与目标的一致性，是指预设的每一条教学目标必须由相应的教学活动来实现。如果在教学过程中没有相应的活动，目标就成了摆设，失去了意义。因此，检验教学目标是否合理、是否可操作，也可以看教学过程中有没有与教学目标相对应的活动，这种活动设计是否能实现预定的目标。具体可操作的教学目标，在教学过程设计中肯定有相应的教学活动。例如前面所提"承上启下的魏晋南北朝文化（一）"的知识与能力目标（2）"能够通过阅读教科书祖冲之内容，提取关键词语，概括要点，并用简洁语言表述"，情感、态度、价值观目标（2）"感受祖冲之、贾思勰和郦道元的事迹，树立科学求实的探究精神"。在教学过程设计中相应的活动见表3-1（只节选了和祖冲之、贾思勰相关的部分内容）。[1]

表3-1 教学过程设计中相应的活动示例

教师活动和教学资源	学生活动	设计意图
[教师指导] 祖冲之成就取得的原因：指导学生阅读教材第118页相关内容，联系上面教学内容思考。 (1) 祖冲之取得伟大成就的因素有哪些？ (2) 教材"动脑筋"：祖冲之是我国古代伟大的科学家，你认为他最值得你学习的地方是什么？ [指导] 将冗长的回答言语凝练成简洁的词语。 [根据学生回答，将答案要点整理成板书写在黑板上] 从小 → 一生 不盲从 → 求实　　从小立志 利用 → 继承　　严谨求实 发展 → 创新　　科学创新 小结：祖冲之圆周率的成就，确立了古代中国在数学领域长期领先世界的地位。	阅读教材、了解成就。 阅读分析教材第118页："他从小就对科学研究兴趣浓厚，注意学习前人的成就，但又不盲从。""祖冲之利用并发展前人创造的'割圆术'……"记笔记	学法指导：寻找教科书关键词语，概括成要点，转化为简洁语言表述历史问题。 认识升华：感悟科学巨匠成才的历史条件，创新求实的科学精神，彪炳史册的伟人风范。

---

[1] 郑林主编《中学历史教材分析》，光明日报出版社，2013，第66页。

上述教学设计案例中，教师指导学生阅读教科书祖冲之内容，提了两个问题。第一问："祖冲之取得伟大成就的因素有哪些？"需要学生通过阅读教材找答案并用自己的话表述出来。学生的表述内容很长，教师指导学生将冗长的回答言语凝练成简洁的词语，并根据学生回答，将答案要点整理成板书写在黑板上。这一系列活动对应的是知识与能力目标（2）"能够通过阅读教科书祖冲之内容，提取关键词语，概括要点，并用简洁语言表述"。活动的实施将有助于这一目标的实现。第二问用的是教材中"动脑筋"栏目的问题："祖冲之是我国古代伟大的科学家，你认为他最值得你学习的地方是什么？"需要学生在感知祖冲之相关史实的基础上发表自己的看法。对应的是情感、态度、价值观目标（2）"感受祖冲之、贾思勰和郦道元的事迹，树立科学求实的探究精神"。

过程与方法目标："通过观察《贾思勰种植农作物》图，掌握按顺序、有重点、从人物的形——动作外观，到人物的情——情感内心读图识图的方法。"也有相应的活动设计。[①]

表 3－2　教学过程设计中相应的活动示例

教师活动和教学资源	学生活动	设计意图
［看图说话］ 观察教材第 119 页《贾思勰种植农作物》插图。 ［指导］ 观察全图：图中所画反映的是生产过程中的哪一步骤？ 观察图中人物形象：整体、上肢、下肢。 观察图中人物表情：面部神态、内心。 ［问题］画中人物的劳作形态和表情，告诉我们什么信息？	观察图片、讨论 除草、松土 工具：锄头 躬身、弯腰、双手握紧锄头；双脚踏实、表情专注，神态从容，倾心于农事劳作 耕种	通过观察《贾思勰种植农作物》图，指导学生按顺序、有重点，从人物到动作，从表情到内心的读图识图方法。

总之，这节课的教学目标设计得具体、明确，教师很清楚教学过程中要做什么，因此每条目标在教学中都有活动一一对应，能够很好地实现预设的目标。

---

① 郑林主编《中学历史教材分析》，第 68 页。

（五）结语

教学目标是教学设计的重要组成部分，有了具体明确的目标才可能有针对性地选择教学内容和方法，设计好教学过程。要设计出高质量的历史教学目标，首先要理解新课程的理念，了解新课程下教学目标陈述的基本规范；其次要全面了解课程标准的要求，从课程总目标、模块或每段历史的教学要求到各个专题或主题的内容标准都要仔细分析，而不能仅看内容标准；最后，要熟悉历史内容，发掘出历史的教育价值。其中，最后一条对于提升历史课堂教学目标的设计质量尤其重要。熟悉历史内容并不仅仅是熟悉历史教科书上写的文字，而且是要熟悉历史教科书所写这段历史本身的内容。把历史史实搞清楚，才能进一步分析这段历史有什么教育价值，从而设计出针对具体历史内容的、可操作的教学目标。

第二节
历史课程改革中的教学方法问题[*]

2001年公布的《全日制义务教育历史课程标准（实验稿）》提出："历史课程改革应有利于学生学习方式的转变，倡导学生积极主动的参与教学过程，勇于提出问题，学习分析问题和解决问题的方法，改变学生死记硬背和被动接受知识的学习方式。历史课程改革要有利于教师教学方式的转变，树立以学生为主体的教学观念，鼓励教师创造性地探索新的教学途径，改进教学方法和教学手段，组织丰富多彩的教学实践活动，为学生学习营造一个兴趣盎然的良好环境，激发学生学习历史的兴趣。"[②]

为了贯彻历史课程标准的这一教学理念，历史教师们积极探索，创造出很多有效的、以学生活动为主的历史课堂教学方法、教学模式，例如历史研究性学习，历史活动探究课等。历史教学方法上的创新提高了学生学

---

[*] 原文发表于《历史教学问题》2006年第3期。
[②] 中华人民共和国教育部：《全日制义务教育历史课程标准（实验稿）》，第2页。

习历史的兴趣,增强了学生学习历史的主动性、创造性,给中学历史教学带来了生机和活力。但是在创新过程中也出现了忽视传统教学方法——讲述法的情况。一提讲述法,就与教师满堂灌、学生死记硬背相联系,似乎应该被淘汰。讲述法果真像人们现在想象的那么呆板吗?在新一轮历史课程改革中,讲述法还有没有价值?讲述法在历史课堂教学中应该占有怎样的地位?

记得在历史课程标准研制过程中,历史课程标准研制核心组成员曾经请北京大学和北京师范大学的历史学专家座谈,征询他们对历史课程标准的意见。笔者印象最深的是这些专家对改变历史学习方式、提倡研究性学习的看法。这些看法对我们正确认识讲述法的价值也有所启发。专家们认为,在中学,尤其是初中阶段,不宜搞研究性学习。据他们介绍,目前大学生能搞历史研究性学习的都不多,中学历史教师绝大多数也没有搞历史研究的经历,我们怎能要求中学生做历史研究性学习呢?按照刘家和先生的说法,中学历史课最好像讲故事一样,由老师讲给学生听。因为历史距离现实生活遥远,而绝大多数学生对于同现实生活无关的历史内容是没有兴趣的。只有生动具体的故事能够吸引学生。在每一个历史时期选几个有代表性的故事,通过故事把这段历史时期的主要内容联系起来,这样才有吸引力。如果让学生直接面对史料,不要说中学生,即便成年人也未必有兴趣。其他专家们表示认同。其中有人提到,《三国志》和《三国演义》就是很好的例子。人们对于三国时期人物和事件的了解,主要是通过《三国演义》这部历史小说,而不是《三国志》这部历史著作。当然,《三国演义》是小说,有虚构的成分,人们通过这部小说所获得的历史知识有不真实的成分。举这个例子只是说明人们对有生动故事情节的内容很感兴趣。历史能不能讲得生动具体,跌宕起伏,引人入胜呢?答案是肯定的。司马迁的《史记》就是典型,它既是一部杰出的历史著作,又是一部优秀的文学作品,其中对历史人物、历史事件的描绘就非常生动。而在实际的中学历史教学中,也确实有一些教师的历史课讲得生动有趣,引人入胜,只是这样的老师太少,不能满足广大学生的需要。

当时在座的各位都觉得历史学专家们讲得有道理。笔者自己也深有体会:如果不是为了写论文,是不太愿意看史料的。即便是看史料,也没有耐心去看太长的时间。而看小说就不一样了，由于故事情节的吸引，往往能废寝忘食。由于中学历史课的目的不是培养历史学家，而是通过历史培养学生的人文素养，我们不能强制学生花大量时间去钻研历史，只能通过适当方式引导学生来学习。而绝大多数学生的志趣并不在历史，不可能主动地学习历史。要让历史课变得有意思，能够吸引学生来学习，最好是选择一些具体生动、有代表性的历史内容，通过教师生动具体的讲述来吸引学生。同样的内容，教师绘声绘色的讲述比让学生自己看书上呆板的方块字更具有吸引力。有人担心这样讲课学生得不到系统的历史知识。其实如果不是为了培养历史学家，根本没有必要把整个历史学科体系的知识和技能全传授给学生。当然，我们并不排除中学生当中也有一小部分学生从小就对历史感兴趣，他们不满足于历史教师课堂上的讲授和历史教科书中的知识，在课外涉猎了很多历史书籍。在这部分学生中开展研究性学习，无疑会满足他们的求知欲，拓展他们的历史思维能力。但是这类学生在一个班级中毕竟只占极少数。而在历史课程标准的基本理念中，第一段就是："历史课程应突出体现义务教育的普及性、基础性和发展性，应面向全体学生"。[①]

因此，我们在选择教学方法的时候，应该以全体学生为依据，而不应该以部分优秀学生，甚至是个别历史特长生为依据。尽管最能体现课程改革新理念的教学方法是学生主动探究的研究性学习，但是这种方法在中国目前的情况下，对于绝大多数学校、绝大多数学生可能并不完全适用。

也许有人会问：如果不采用研究性学习，历史教学如何体现课程改革的新理念？其实，新教育理念不一定非要用新教学方法才能体现。传统教学方法运用得好，同样能体现新的教育理念。

一提传统的教学方法，很多人就联想到教师满堂灌、学生死记硬背。这是对传统教学方法的误解。笔者以为，不论采用哪种教学方法，教学效果的好坏关键在于教师的水平，与方法本身无关，与方法的新旧无关。换言之，教学方法本身没有好坏之分，有差别的只是教师灵活运用各种教学方法的能力以及教师的学术水平。其实，在本次课程改革以前，早就有一

[①] 中华人民共和国教育部：《全日制义务教育历史课程标准（实验稿）》，第2页。

批历史教师的课非常具有吸引力，而他们所用的基本方法就是讲述法。

笔者1990年听过北京三中特级教师朱尔澄老师的课，她用的是旧教材、传统的讲述法讲课。印象中朱老师讲的是中国边疆地区的新危机那一课。当时，不仅那些初中学生听得津津有味，我们这些大学三年级的学生也被她的课深深吸引。朱老师讲课声情并茂，在讲述过程中，她会在恰当的时机提出问题，引发学生们思考。全体学生整堂课都全神贯注，跟着她讲课的思路走，沿着她提出的问题思考。在她的历史课上，虽然发言的同学并不多，但是听课者的思想却始终在活动、在思考。在讲课过程中，虽然她从没有明确向学生说：你们要爱国！但是，随着她那激动人心的历史情节的叙述，听众内心自然生成强烈的爱国激情。下课铃声响了，我们的兴致未尽，还想继续听下去。听完课后，我感慨道：真是三百六十行，行行出状元。原先以为做中学历史教师很平庸，如今看来未必。能达到朱老师那种水平，做一名中学历史教师我会觉得很光荣。

参加工作以后，笔者还曾经遇到一位北京工业大学的毕业生，学自动化专业的。一听说我是学历史的，马上来了兴趣，说自己上中学时最喜欢的就是历史课，教他们历史的时宗本老师，讲历史就像讲故事一样，全班同学都喜欢上他的历史课，以至于许多学生立志将来要做一名像时宗本老师那样的中学历史教师。尽管后来出于多种因素的考虑，同学们都选择了理工科，但是中学时代的课程中，没有哪门课能像历史课那样给他们留下深深的印象。笔者没见过时老师，但是听人介绍说，时老师是燕京大学历史系的高才生，毕业时他的老师挽留他在燕京大学历史系任教，但是时老师毅然选择了去中学教历史，后来成为全国第一位中学历史特级教师，其历史学功底不亚于大学的历史学教授，而其教学艺术则可能是大学教授所不能比的。

由此可见，历史课能不能引起学生的兴趣、能不能启发学生的思维、能不能培养学生的情感态度与价值观，关键并不在于以教师讲述为主，还是以学生自主探索为主，起决定作用的是历史教师的综合素质，是教师选择教学方法的能力。同样是讲述法，有些教师讲得枯燥无味，学生毫无兴趣；有些教师却讲得生动有趣，引人入胜。同样是研究性学习，有些教师应用得好，有些教师应用得不好。之所以会有这种差别，问题恐怕不在方法本身，而在教师的学术功底和教学水平。讲述法是一种传统的教学方法，也是历史课堂教学中运用最广泛的教学方法。我们不能因为要创新，而忽视这种传统方法。

当然，中学历史课的讲述法，并不是教师在课堂上一讲到底，没有学生思考和活动的余地。历史课上教师的讲授，往往是综合运用了多种教学方法，包括讲述法、讲解法、谈话法、讲读法、图解法、讨论法等多种历史课堂教学基本方法。其中的一些所谓新方法，在本次课程改革以前早已经存在。例如，北京师范大学、天津师范大学和北京师范学院的历史教学法教研室合编，1988年出版的《中学历史教学法概论》中，就提到，谈话法也叫"问答法"。这种教学方法古已有之，孔子的教学多是采用谈话法，《论语》一书便是孔子与学生的谈话集[1]。而在王铎全主编的《历史教育学》中，就已经提到历史学科的问题探究教学模式[2]。这种模式的教学目标，是让学生掌握认识历史的方法，使学生形成自己对历史的认识，提高对历史及社会问题进行分析的能力。其教学程序是：提出问题—展示材料—分析讨论—形成假设—解释问题—总结。可以说，师生之间的对话与交流、问题探究教学模式等，并不是本次课程改革中创造的新方法，而是以前就存在的。只是在课程改革以后，对这些方法、模式更加重视罢了。至于在历史教学中到底运用哪些方法效果最好，关键在教师。

笔者认为，历史课程改革中的教学方法问题不是创新问题，而是选择问题。也就是如何根据不同的教学内容，学生的心理发展水平、知识积累程度，教师的学术水平、性格、能力，以及学校的教学条件等因素，选择不同的教学方法或教学方法组合，以达到最佳教学效果的问题。在决定教学方法选择的诸多因素中，教师的水平是起决定作用的。教学方法本身不宜分优劣，只能说某种方法适合某些内容、某类学生、某类教师。至于选择哪种方法最合适，主要取决于教师。所谓历史课讲得好，除了教师的历史学术功底外，很大程度上是由于教师选择了合适的教学方法，最大限度地发挥出自己的长处。如果不顾客观条件，盲目求新，现在流行哪种教学

---

[1] 北京师范大学历史教学法教研室等编《中学历史教学法概论》，北京师范大学出版社，1988，第157页。
[2] 王铎全主编《历史教育学》，上海教育出版社，1996。

法，教师就采用哪种教学法，结果会事与愿违。

俗话说，教无定法。有些教师语言表达能力强，能够把复杂深奥的历史知识用生动活泼的语言呈现出来，但是自己并不擅长从事历史研究。这类历史教师用讲述法可能会取得很好的教学效果，但是如果让他用探索法教学，指导学生自主探究历史问题，则有可能达不到本来的教学目标，因为要指导学生研究历史问题，教师自己必须会研究、做过历史研究。如果自己都不会，怎么指导学生呢？有些历史教师喜欢研究、分析历史问题，但是不擅长语言表达。他们可能会写出质量很高的历史学术论文，但是站在讲台上讲课学生却不爱听。这类教师如果换一种教学方法，自己少讲，多设计一些历史问题指导学生自主探索，可能会取得良好的教学效果。

多媒体教学是本次历史课程改革大力提倡的。有些历史教学内容，用讲述法会枯燥无味，用研究法又无法操作，而用多媒体却能引起学生强烈的兴趣。例如讲艺术史的时候，某个历史时期的音乐、绘画作品，让学生亲自听一遍，亲眼看一下，比单纯用语言描述效果要好得多。对某些历史场景的再现，用图片、录像等也比用语言描述效果好。但是如果过分依赖多媒体，也会适得其反。有些教师在教学中大量运用历史图片、音像资料，一堂课中的大部分时间用来向学生展示，却很少有教师的讲解，结果，学生虽然看到很多生动形象的历史资料，却并不知道要从中得到些什么，使多媒体教学失去了历史教育的意义。因此，即便在多媒体教学中，也离不开教师的讲述。

综上所述，历史课程改革需要创新，也需要继承。教学方法改革不是废除旧方法，凭空创造出新方法，而是在原有基础上增加教学方法的多样性，给教师创造更多的选择机会。

第三节
论历史活动探究课的定位、目标与组织形式[*]

教育部 2001 年颁布的《全日制义务教育历史课程标准（实验稿）》提

---

[*] 原文发表于《历史教学》2005 年第 3 期。

出,"历史课程改革应有利于学生学习方式的转变,倡导学生积极主动的参与教学过程","应有利于教师教学方式的转变,树立以学生为主的教学观念,鼓励教师创造性地探索新的教学途径,改进教学方法和教学手段,组织丰富多彩的教学实践活动,为学生学习营造一个兴趣盎然的良好环境,激发学生的学习兴趣"。[①] 在"课程目标"的"过程与方法"一节进一步指出,要注重探究式学习,鼓励学生通过搜集资料、构建论据和独立思考,对历史现象进行初步的归纳、比较和概括,并做出自己的解释。在"实施建议"的"教学建议"部分,还列举了许多教学活动案例。这一切都是为了鼓励历史教师实现教学方式的转变。

该历史课程标准倡导的教学方式改革受到各地中学教师的欢迎,他们积极贯彻该历史课程标准,在实践中探索出许多新的历史教学模式,历史活动探究课就是其中之一。

活动探究课将学生查找历史资料,参观历史文物古迹、阅读分析史料、辩论、表演小话剧等整合在一起,构成以学生自主学习、探究为核心的新课型,充分体现了该历史课程标准的教学理念。但是,由于处于探索阶段,教师们没有现成的经验可借鉴,在实践中难免会出现一些问题。笔者曾听过一些历史活动探究课,感觉是在演戏,是演给听课的老师看的,而不是实实在在的一节历史课,其他听课老师也有同感。而且,由于要突出学生的活动,体现教学形式的多样性,短短45分钟内安排了太多的活动形式和内容,每一项活动都是匆匆忙忙,草草了事。由于表演不到位,无法将想要表达的历史教育的内容充分展现出来,也不能给人以艺术的享受,自然也就谈不上有什么吸引力。另外,活动安排比较多也使得教学内容分散,不知道通过这节课要给学生什么东西。总之,历史活动探究课虽然在形式上已经体现了该历史课程标准的基本教学理念,但是活动之后能留给学生些什么,是否达到了历史教育的目标,这值得我们进一步探索。

要使历史活动探究课做到既能调动起学生的学习兴趣,又能实现历史教育的目的,就必须首先澄清一些历史活动教学的理论问题。只有厘清了

[①] 中华人民共和国教育部:《全日制义务教育历史课程标准(实验稿)》,第4页。

思路，才能使历史活动探究课设计得比较合理。

（一）历史活动探究课的定位

目前我国中等学校的课程体系，主要由学科课程、活动课程和课外活动三部分组成，它们都是学校有组织、有计划、有目的的教育活动，各自具有不同的特点和功能，在素质教育和学生的全面发展中，发挥着不可相互替代、相辅相成的作用。"要真正实现素质教育，推动课程改革的健康发展，必须正确地把握三者的性质和相互关系，注意发挥其各自的优势，实现功能互补。"[①]

历史活动探究课属于学科课程还是属于活动课程？澄清这一问题非常关键，它决定了历史活动探究课的目标、内容和评价标准。课程定位不同，其目标、内容和评价标准都会有所不同。对于活动课程来说成功的课，对于学科课程来说不一定就是成功的。反之亦然。

要回答这一问题，首先要明确学科课程与活动课程的区别。

学科课程是根据学校的教育任务和一定年龄阶段学生的发展水平，从各门学科中选择学生必须掌握的基础知识，组成各种不同的学科，按照一定的学习顺序、学习周期和学习时数，分科进行教学安排的课程。这种课程能够系统高效地向学生传授人类通过长期实践积累起来的各种经验，但是由于这些经验主要是以记录在书本上的文化科学知识的形式保存下来的，学生只能通过语言文字来学习，获得的只是间接经验。这种课程往往是以教师讲授、学生被动记忆为主要教学形式。如果长期使用这种单一的教学形式，就会使学生失去对现实社会环境和自然环境的应变能力，较难应对复杂多变的现实生活。活动课程在某种意义上讲正是针对传统的学科课程的弊端而提出并发展起来的，它是以综合性信息和直接经验为主要内容，以学生主体的学习活动及体验学习为主要形式，以促进学生的认知、情感、行为的统一协调发展为主要目标的课程及教学组织形态[②]。与学科课程相比，活动课程具有以下特点。首先，活动课程是以探究体验为主要

[①] 高峡：《关于活动课程性质和定位的几点认识》，《课程·教材·教法》1998年第11期。
[②] 高峡：《关于活动课程性质和定位的几点认识》，《课程·教材·教法》1998年第11期。

形式的实践活动，它把智力活动和操作活动更紧密地结合起来，强调"做中学"，重视直接体验和经验学习；其次，活动课程具有很强的综合性，其内容可以不受学科知识体系的局限，常以涉及多学科的综合信息和直接经验为主；最后，活动课程以学生为中心，尊重学生的主体性和个性，强调发挥学生自身的主动探索和创造精神。

从活动课程的上述特征来看，历史活动探究课似乎更接近于活动课程。尽管如此，笔者还是倾向于将它定位为学科课程。理由如下。

第一，目前的课程设置是学科课程、活动课程与课外活动并行，历史活动探究课是历史学科课程中的一种活动教学形式，它由历史任课教师在历史课上进行。我们不能把学科中的活动教学和活动课程相混淆，它们有着各自的目标指向和功能，不能简单地替代。否则我们就可以干脆把历史活动探究课并入活动课程中去，历史课本身无须再开展活动课教学了。

第二，尽管历史学科课程中的活动教学所依据的指导思想和原则与活动课程有共同之处，但它毕竟是为学科教学目标服务的，其活动局限于历史领域，其综合性也主要是历史学科范围内的综合。而活动课程则具有更强的跨学科性和综合性，而且在目标和内容方面比历史学科的活动教学更广泛。

第三，历史学科课程中的活动学习虽然是学生的主动学习，但是其获得的仍然是间接经验和对间接经验的认识，因为历史上的事情一去不复返，学生不可能让时光倒转，亲身去经历过去的事件，从而获得直接经验。而活动课程中的活动内容则是直接来源于现实，通过让学生研究解决现实社会中的问题来获得直接经验。

总之，历史学科课程的教学活动可以积极吸取活动课程的思想和教学组织策略，以改进传统的教学方法。但是不能将这种活动教学方式混同于活动课程，否则会造成历史教育目标的混乱。

(二) 历史活动探究课的目标

明确了历史活动探究课的历史学科课程定位，我们就可以专心解决其课程目标了。《全日制义务教育历史课程标准（实验稿）》将历史课程目标分为"知识与能力"、"过程与方法"和"情感态度与价值观"三个部分。

历史课程教材教法研究

虽然这种分类方法和每部分的具体表述尚有值得推敲之处，但是其表达的基本思想还是比以往的《历史教学大纲》前进了一大步，它对历史能力的表述更具体明确："掌握正确计算历史年代、识别和使用历史图表等基本技能，初步具备阅读、理解和通过多种途径获取并处理历史信息的能力，形成用口头和书面语言，以及图表等形式陈述历史问题的表达能力"，"初步形成在独立思考的基础上得出结论的能力。"在课程目标中特别重视历史学习的过程与方法，"注重探究式学习"，要求学生"乐于同他人合作，共同探讨问题，交流学习心得"。这些历史课程目标已经涉及历史学的本质问题。

历史学研究过去发生过的事情，其基本依据是史料。搜集史料并进行考证、辨别真伪，是历史研究的基础工作和进一步研究的前提。通过一定的理论和方法对史料进行梳理，得出自己对某一历史现象的认识则是史学家的主要工作。用一定的语言形式把这些史学家的研究成果表述出来，就成为我们通常所看到的历史。可以说，我们今天在历史课上学习的历史，并非客观存在的历史，那种历史我们已经看不到了，我们看到的只是历史学家对历史认识的成果。传统的灌输式历史教学方式最大的缺陷在于，它使学生误以为书本上的东西就是真实的历史，就是真理。而事实上，由于历史学家的个体差异，对同一史料会得出不同或相反的结论，形成不同的历史观点，书本上仅仅选择了某一种观点。另外，即便是一些已经成为定论的东西，随着历史理论的发展，历史研究方法的进步和新史料的发现，书本上原有的结论也可能会改变。这是历史学科的特点。这一特点决定了学习历史最科学的方法是掌握研究历史的理论和方法，至少应该知道历史结论是怎样得出来的。只有这样才能增强历史识别能力，从历史中受益。但是，用传统的历史教学方法较难做到这一点，因为传统教学方法注重历史知识的传授，而较少关注历史知识本身的特点，较少关注学生判断历史知识的能力，难以培养学生的批判性思维。而利用活动教学方式则可以解决这一问题。可以说，历史活动探究课在历史学科课程体系中起到了拾遗补缺的作用，它弥补了以历史知识传授为主的各种传统历史教学法的不足，能够实现传统历史教学法所不能实现或较难实现的历史教育目标。

有鉴于此，历史活动探究课的目标，应该定位为教会学生研究历史的方法，培养学生用科学的理论、方法来看待历史现象、解决历史问题。初中学生不可能掌握高深的历史理论，但是最起码应该知道，回答历史问题应该有史料做依据，不能信口开河，不能完全凭自己的想象来解答。如果不明确历史活动探究课的这一目标，就会使这种课偏离主题，成了与历史无关的活动课。学生在活动中满足了自己的娱乐需求，教师却没有达到历史教育的目的。学生们与历史无关的需求可以通过历史课以外的其他途径来满足，没有必要占用本来就不多的历史课的时间。

笔者曾经利用指导大学本科生教育实习的机会到实习中学作调查，许多初中学生在实习教师的历史课上积极性很高，但是并不是因为对历史课本身有兴趣，而是因为现在的历史课堂教学过程中教师提问多，给了初中学生们表现自己的机会。一遇到教师提问，全班学生们争先恐后，抢着回答，但是答非所问，目的是引起全班同学哄堂大笑①。这样确实为学生提供了乐趣，但是并不能达到历史教学的目标。这是常规教学过程中遇到的问题，如果是活动教学，类似的问题可能会更多，学生参与活动的目的可能并不是学习历史，而是出于好奇、好玩，组织得不好，就会偏离教育者的本意。因此，依据历史活动探究课的教学目标制订周密的活动计划来组织教学，引导学生的活动指向特定的历史教育目标，是保障历史活动探究课成功的关键。

（三）历史活动探究课的组织形式

历史活动教学的形式很多，例如编写历史剧本、表演历史剧；搜集、整理、展示历史文字、图片资料；热点历史问题探讨；参观、调查历史文化古迹，采访历史见证人；举办历史故事会和历史辩论会；等等。有些中学历史教师还将这些历史活动教学形式做了分类，分为读书阅读类活动、历史创作类活动、艺术表现类活动、技能展示类活动、社会实践类活动②。不管是哪一类活动，活动中都有很大一部分不可能在课堂上进行。因此其

---

① 这是实习教师上历史课时的亲身体验。如果是原来的任课教师上课，则会出现另一种现象：只有坐在前排的少数几个学生踊跃回答问题，其他学生都趴在课桌上睡觉。这说明仅仅靠改变教学方式、增加提问次数，并不一定能引起学生学习历史的兴趣。
② 徐赐成：《高中历史活动课：课程类型及其实施特点》，《中学历史教学参考》2004年第6期。

教学组织形式应该和传统的教学组织形式不同。

　　传统的学科课程组织教学的基本形式是班级授课制。在这种形式下，学校将学生按照不同年龄段分级，同一级学生又编入不同的班，每班都有固定的教室；各班的每一门课程都有特定的专业教师在固定的时间、到固定的教室来上。在中学通常是一门学科课程每个班每天一到两节课，每节课45分钟，各门课程交叉排列，历史课就是其中之一。这种教学组织形式是为了有效地进行知识传授而设计的，是学科课程的基本教学组织形式，但是它并不适合活动课程。在典型的实施活动课程的学校，如杜威主持的美国芝加哥实验学校，为儿童安排的课程是儿童日常生活经验的各种类型的活动作业，如纺织、烹饪、金工、木工等。儿童是在模拟的厂房或厨房参加这些实际的操作活动，因此其组织形式也模拟现实中的工厂或社会组织，与我们习以为常的学科课程的教学组织形式完全不同，不可能有固定的班级在固定的教室和固定的时间上课。当然，像这种以活动课程为主的学校在全世界都很少见，绝大部分学校还是以学科课程为主，采用班级授课制，活动课程只是处于辅助地位，大多是在保障学科课程教学的前提下，安排一些时间来进行，它不限于班级内或学校内，时间也不局限于45分钟。

　　历史活动课虽然属于学科课程的一种教学方式，但是又具有活动课程的特点，这些特点决定了历史活动探究课不可能在课堂45分钟内完成。因此，我们对历史活动探究课的概念要更新。这种概念更新不仅表现在教学内容和形式上，也表现在其教学活动实施的地点和时间上。这一点很重要。如果我们把历史活动探究课局限于课堂45分钟，会出现很多问题，这已经为实践所证明，"表演课"就是典型。由于人们对课的概念是课堂上的45分钟教学，所以在做历史活动探究课时，就将所有的活动在课上展示，由于时间有限，每项活动做得都不充分、不到位，收不到活动探究课应有的效果。例如，有些教师将阅读、分析史料，展示参观访问所得图片、调查报告，表演小话剧，讨论，等等组合到一节课中，活动内容是丰富多彩，但是每一项活动都是匆匆忙忙，一带而过，整体感觉是内容分散，主题不明，把握不住这节活动课要完成的主要历史教育目标是什么。课上得像是表演，但又不是成功的表演。例如，小话剧就是几个学生站在讲台上，面对手里拿着的台词念，这与普通历史课上教师请几位同学朗读课文的感觉没有太大的差别。这种话剧并不能再现历史情景，观众从中得不到什么历史的情感体验。几分钟的台词朗诵也不可能说明一个道理、给人一种启迪。

也许有人会说，活动课重在参与，只要学生们积极参与活动，锻炼了各方面的能力，活动课的目的就达到了。作为与学科课程相对应的活动课程，这样说有一定的道理，但是作为历史学科课程中的活动课，就不太妥当。既然是历史课，不管采用那种教学形式，都应该为实现特定的历史教育目标服务。如果历史课没有历史教育目标，那就不叫历史课了。

总之，历史活动探究课的教学组织形式应该与普通历史课不同。其地点不局限于学校、课堂，其时间不局限于45分钟，其学生也不局限于一个班级。

尽管历史活动探究课具体的组织形式因不同学校、不同教师而异，但是在学科课程占主导地位环境下的历史活动探究课，也可以有一些共同遵循的原则。

第一，在历史活动探究课中，学校课程表中安排的课堂45分钟可以作为一个教学环节，但是不应该作为历史活动探究课的全部。历史活动探究课从教师向学生们布置活动任务那一刻就开始，一直到教学活动完成并公布评价结果才告结束。这期间，学生们可以在家里、在图书馆、在历史文化遗址或其他与历史教育有关的场所进行探究活动。

第二，历史活动探究课的内容应该是学生的各种历史探究活动和活动的结果，教师主要起计划和协调作用，不能喧宾夺主。这些活动内容包括：学生查阅、搜集历史资料的过程和搜集到的各种历史文字、图片、音像资料；考察历史文物古迹的过程和对该过程的文字、图像记录，以及考察报告；撰写历史小论文；编写历史剧本、表演历史剧；等等。教师在历史活动探究课中的作用主要是制订周密的教学计划，引导学生按教学计划活动，解答学生在活动中遇到的疑难问题，校正学生偏离历史教学目标的行为。

第三，历史活动探究课应该为每位学生建立教学档案，详细记录每位

历史课程教材教法研究

学生进行探究活动的全过程。档案中除了学生搜集到的资料,撰写的报告、论文外,还应该包括一份历史活动探究课的日记,如实记录自己的每一项活动的经过,包括遇到的问题,解决问题的途径,感想、体会,等等。学生的活动教学档案将作为教学评价的主要依据。

第四,历史活动探究课的教学评价与教学过程应该同步进行,以便将评价结果及时反馈给学生,激励或校正他们的探究活动。例如,教师定时检查学生的活动日记,发现问题及时帮助学生解决,发现学生的创新之处及时在课堂上表扬并向其他学生推荐。

第五,历史活动探究课的教学计划应该纳入历史课的年度教学计划之中,以便同历史课的普通教学形式相配合,完成其他教学方式难以完成的历史教育目标。实践表明,历史活动探究课需要花费的时间和精力要远远大于普通历史课,一名教师一个学期能上好一节历史活动课就很不容易了。我们假设一名教师一个学期上一节历史活动探究课,三年六个学期共有六节历史活动探究课。对这六节活动探究课应该有一个统一计划。首先要对传统教学方式不能完成、需要历史活动探究课来完成的历史教育目标作一个分类,分出层次。然后结合每学期的历史教学内容,将这些教育目标安排到这六节历史活动探究课中。最后根据各学校、教师和学生的具体情况选择一项历史课程标准或历史教材中的内容,制订一节课的教学计划。

第六,每一节历史活动探究课,在课堂上的45分钟内,最好以一种活动方式为主,一节课解决一个问题。如果一节课安排太多的活动,解决多个问题,会分散学生的注意力,结果一个问题也解决不好。例如,可以用问题设置为主要形式,将材料显示和分析结合在一起,通过提出问题、引导学生阅读分析史料,得出历史结论,来解答某一个历史问题[1];可以安排一节课讨论一个历史问题[2];当然也可以让学生们表演一个小话剧;等等。总之,在有限的时间、地点,只能安排有限的活动形式和内容。如果安排活动过多,可能适得其反。

---

[1] 陆建国:《"我的最高目标是拯救联邦"——研究型学习案例》,《历史教学》2004年第10期。

[2] 徐彪、孙梅:《"火烧曹宅对不对"——研究型学习案例》,《历史教学》2004年第9期。

第三章 ◎ 历史教学研究

第四节
历史课堂教学中的问题设计[*]

自新一轮历史课程改革以来，中学历史教学，尤其是初中历史教学发生了一个显著的变化，即课堂上学生的活动增加，学习积极性提高。之所以会出现这种可喜的变化，根本原因在于历史课程标准中教育理念的变化，直接原因则是一线教师对教育新理念的落实、对学生活动的鼓励。教师鼓励学生活动的主要手段之一是提问。教师通过提问，引导学生积极参与到历史教学中来，师生共同完成历史教学的任务。不过，在看到这一可喜现象的同时，我们也不能忽视其中存在的问题。在现实中可以看到，有些历史课上，老师提问很多，学生也积极地回答，表面上虽然很热闹，可是学生答非所问，游戏的动机远远大于学习的动机，一堂课下来，学生虽然积极活动了，但是，教师这节课的历史教学目标并没有达到[②]。这说明提问作为一种重要的教学手段，有其自身的特点和适用条件，并不是一用就灵。可以说，历史课堂教学中的提问是一门专门的技术，只有掌握了这门技术，才能在教学中应用自如，实现历史教学的目标。

（一）提问的目的

提问需要根据教学目标事先设计。历史教学中提问的目的，大致有三个。

第一，引起兴趣和吸引注意力。

"人们初次见面时，总要先问'贵姓'。你想过没有，中国人数以千计的姓是从哪儿来的？"[③] "造纸术是中国古代的四大发明之一，你知道最初的纸是怎样制造出来的吗？"[④]

---

[*] 原文发表于《历史教学》2006年第7期。
[②] 郑林：《论历史活动探究课的定位、目标与组织形式》，《历史教学》2005年第3期。
[③] 《义务教育课程标准实验教科书历史七年级下册》，北京师范大学出版社，2002，第50页。
[④] 《义务教育课程标准实验教科书历史七年级上册》，北京师范大学出版社，2002，第86页。

设计这类问题，通常假设学生以前没有学过相关内容，或者虽然对现象很熟悉，但是从来没有当作问题认真思考过。在教学之前提出这些问题，会引发学生探索的兴趣，使他们把注意力集中到课堂教学中来。

第二，回忆具体知识或信息。

"东周建立在哪个世纪哪个年代？""北魏孝文帝促进民族融和的措施主要有哪些？"

这类问题通常在一节课的教学内容完成之后提出，帮助学生记忆所学知识要点。

第三，鼓励更高层次的思维活动。

"从夏朝和商朝灭亡的历史中我们能得到什么启示？""对于司马光幼年的这种勤奋学习的精神，今天我们应该如何借鉴？"[1]

这类提问的目的，"关键不在于以最快和最有效的方式达到正确答案，而是激发一个学习活动，这个过程不仅成功地构建更为准确的答案，而且这些答案是运用学生自己选择并在教师的指导下的个性化的探索和发现活动去获得的"[2]。

英美国家的研究表明，在课堂教学提问的每五个问题中，有三个需要回忆知识点，一个是课堂管理的，只有一个要求更高层次的思维活动[3]。本次基础教育课程改革之前，我国中学教学中的提问也存在相似的情况。这种回忆型问题和思考型问题之间比例的不平衡，是由多方面的因素造成的，其中之一是教育目标。就我国而言，以往的教育目标侧重知识传授，在课堂教学中使用回忆型问题，能较好地达到这一教学目标，因此回忆型问题在教学中所占比例很大。本次课程改革提倡学生学习方式的转变，由被动接受转为主动探索，由重知识传授转为重能力和情感态度价值观的培养。课堂教学中思考型问题所占比例也相应提高，有时候会超过回忆型问题。

---

[1] 《义务教育课程标准实验教科书历史七年级下册》，第87页。
[2] 〔美〕加里·D. 鲍里奇：《有效教学方法（第四版）》，易东平译，江苏教育出版社，2002，第195页。
[3] 〔美〕加里·D. 鲍里奇：《有效教学方法（第四版）》，第210页。

（二）问题的类型

问题的设计是多种多样的，但是大致可以归于两种类型。

第一种，封闭性问题。一个将回答限定在一个或少数几个答案之内的问题叫封闭性问题。对于这种问题，学习者已经读到过或听到过它的答案，因此只需要回忆某些知识点即可[①]。例如前面所提"东周建立在哪个世纪哪个年代？"就属于典型的封闭性问题，只有一个标准答案。

第二种，开放性问题。允许有多种不同回答的问题叫开放性问题。它没有唯一正确的答案，甚至有些问题只是让学生表达出他们的感觉。"从夏朝和商朝灭亡的历史中我们能得到什么启示？"每个人的学识、阅历不同，得到的启示可能会不一样。作为教师，在设计这类问题时，需要为学生提供更多的历史细节、更新的历史研究成果。如果史实过于简单，学生看过之后根本得不到什么启示，这个问题就没有意义了。

需要注意的是，同一个问题在一种情况下是封闭性的，而在另一种情况下则有可能是开放性的。"中国共产党第一次全国代表大会为什么选择在上海召开？"[②] 如果教师只给学生提供了中国共产党成立的一系列史实，要求学生通过史实分析问题，这就是一个开放性问题。不同学生对史实的选择和判断不同，得出的回答就会有所不同。也许每个学生都从某一个方面回答了这个问题，答案都是正确的。但是，如果教师已经从阶级力量、发起组织、城市特点、地理交通等方面对这一问题作了分析，再向学生提问，就属于封闭性问题了。学生的回答必须把几个方面都包括，才算完全正确。同理，"李白、杜甫诗歌创作的主要艺术特色是什么？""你怎样评价洋务运动？""你知道中国传统科技与西方近代科技的区别吗？"这些问题，如果教科书中已经有了叙述，就是封闭性问题。如果教科书中没有现成的答案，就属于开放性问题。

---

① 〔美〕加里·D. 鲍里奇：《有效教学方法（第四版）》，第 211 页。
② 《义务教育课程标准实验教科书中国历史初中二年级（八年级）（上）》，华东师范大学出版社，2002，第 57 页。

（三）问题的层次

问题是为实现教育目标服务的，布卢姆将认知领域的教育目标分为六个层次：识记、理解、应用、分析、综合、评价[①]。不同层次的教育目标，有与其对应的提问策略。换言之，不同层次的教育目标有与之相应的不同层次的问题设计。

1. 识记

这一层次的问题要求学生回忆、描述、界定或认识记忆中已有的知识。其典型问题如下。

> 秦始皇"焚书坑儒"发生在哪一年？
> 什么是分封制？
> 北魏孝文帝改革的主要措施有哪些？
> 你能给同学们讲一讲"破釜沉舟"的故事吗？

这些问题，只要学生对以前学过的知识进行回忆就可以正确地回答，不需要理解所记忆的知识。

2. 理解

理解层次的问题需要学生改变交流的形式，能够转述或重新组织所学过的知识，展现出他们对所学知识的解释、概括和说明的能力。以下问题属于理解型问题。

> 可以用你自己的话解释一下"贞观之治"吗？
> 你能用自己的话概括三民主义思想的主要内容吗？

要回答这些问题，前提是学生必须记忆相关的知识，但是仅有记忆是不够的，还需要对以前学过的知识加以思考、重新组织。例如，对"贞观之治"的解释要求学生不用教科书中的原话，而是用自己的语言重新表述出来。只有对概念真正理解了，才能换一种方式表述出来。可以说，对同一个历史概念，用不同的言语表述出来，这一过程就是理解的过程。

[①] 〔美〕B. S. 布卢姆等编《教育目标分类学（第一分册　认知领域）》，第19页。

3. 应用

应用层次的问题超越了记忆和对知识的转述阶段，它要求学生把知识应用于和所学时不同的问题、语境和环境中。例如：

　　张之洞、梁启超、黄兴这几个历史人物中哪一位属于维新派？
　　你能举一个身边的例子，说明人们提高法制观念的重要性，或不遵守法制的危害吗？[1]

在应用层次的问题中，给学生提供的是与以前所学材料不同的环境或问题，鼓励学生把所学知识用于新环境中。回答这类问题要求有两个相关的认知过程：第一，同时回忆并考虑问题所包含的各个知识点；第二，将各个知识点组成一个和谐的序列，快速而自动地做出回答[2]。

从这个过程可以看出，应用知识的前提是记忆和理解。没有对知识的记忆和理解，知识应用便无从谈起。

4. 分析

分析，要求学生把一个问题分成几个部分，并在部分之间建立起联系。分析层次的问题是要学生发现历史现象背后的道理。回答这类问题时，学生需要识别逻辑错误，区分事实、观点和假设，得出结论。例如：

　　鸦片战争爆发的原因是什么？
　　有哪些因素能将资本主义和社会主义区分开来？

分析层次的问题能促进历史概念的形成和历史思维的进行，它往往是探究或解决问题过程的最基本的形式。可以把分析层次的问题看成是探究或解决问题过程的开始。在设计这类问题时，要有一种心理准备：由于大多数分析型问题没有唯一正确的答案，你需要对各式各样的答案做出评价，指出它们的合理性或错误。要做到这一点，教师必须有丰富的历史知识积累，对相关问题要有比较深入的了解。

---

[1]《义务教育课程标准实验教科书中国历史八年级（下册）》，人民教育出版社，2002，第40页。

[2]〔美〕加里·D. 鲍里奇：《有效教学方法（第四版）》，第220页。

5. 综合

这一层次的问题要求学生将各个部分的知识加以整合，构建出对一个问题的独特新颖的回答。可以是设计一个解决方案、组织一个回答、预测一个问题的结果等。例如：

> 假设你是林肯，面对南方的分裂行动，你会怎么做？
> 中国革命为什么要走"农村包围城市，武装夺取政权"的道路？
> 如果没有袁世凯，辛亥革命的结果会怎样？

与分析型问题相比，综合型问题的答案具有更大的多样性。所以，教师在设计综合型问题时，要有更为充分的准备。

6. 评价

这类问题要求学生依据一定的标准对历史现象、人物、思想、制度等进行价值判断，并能做出决定，这是对学生历史认知水平的最高要求。例如：

> 用你所选择的史实说明，为什么只有社会主义才能救中国？
> 发达资本主义国家的哪些方面值得我们借鉴？
> 西方民主政治有哪些优越性和局限性？中国能照搬美国的民主吗？

评价型问题的显著特征是让学生尽可能面对真实的问题，也就是说尽可能与现实相联系。由于决定和判断是成人生活的主要部分，很有必要让学生在教室就能经历作决定和判断的过程，评价型问题为学生提供了这种机会。

在上述六个层次的问题中，前三个层次一般属于封闭型问题，侧重于让学生掌握事实、规则和动作序列。后三个层次属于开放型问题，侧重于培养学生的抽象思维能力。在教学中，不同层次的问题要互相配合使用，才能实现历史教学的目标。

（四）问题设计应注意的几个问题

一个有效的问题必须是学生能够组织回答并积极参与学习过程的问题，在设计这样的问题时，应注意以下几方面。

第一，与教学目标相适应。教学中的提问是为实现教学目标服务的，如果教学目标是让学生掌握历史基础知识，那么采用封闭型问题比较合适。如果教学目标是训练学生的历史思维能力，或引发学生的情感态度，那么采用开放型问题比较合适。通常，后一种目标的实现以前一种目标的实现为前提。离开历史知识，历史思维能力和情感态度价值观就无从谈起。故而一节历史课上同时要采用封闭型问题和开放型问题。当课堂内容侧重知识传授时，封闭型问题和开放型问题的最佳比例为 70∶30。当课堂内容侧重历史思维能力和情感态度价值观的培养时，封闭型问题和开放型问题的最佳比例为 60∶40。两种情况下开放型问题的比例都小于封闭型问题，这是因为回答开放型问题需要一定量的历史知识积累，这种知识积累可能需要一个单元、一个学期甚至更长的时间才能完成。因此，一节课中，能够设计的开放型问题是有限的。而封闭型问题则不同，几乎每节课的内容都可以设计成封闭型问题。另外，回答开放型问题所需时间较长，在有限的时间内也不可能安排太多的开放型问题。

第二，照顾到学生已有的历史知识积累。不论是封闭型问题还是开放型问题，在设计时都要考虑学生已有的知识积累。封闭型问题直接针对当堂课讲过，或以前学过的内容提问，比较容易设计。开放型问题则不容易把握，在设计时要特别注意学生是否能够回答。例如，"唐末用于军事上的火箭与现在航天发射的火箭有何异同？"在教材中，关于火箭的叙述给学生提供的信息是："最初用火药制造的武器叫'火箭'"，火药的配方为：硫磺、硝石、木炭[①]。文中既没有提供唐末火箭的形象，也没有唐末火箭的结构。仅凭这些信息，学生很难准确回答唐末的火箭与现在航天发射的火箭有何异同。如果教师事先准备了翔实的图片和其他有关火箭的资料，在课堂上向学生呈现，再让学生回答此问题就比较合适了。再如："你知道中国传统科技与西方近代科技的区别吗？"在初中一年级提出这个问题，学生无法回答，因为他们还没有学习过西方近代科技。虽然教材中对这个问题作了回答，但是由于没有史实作支撑，学生对这种抽象的论述很难理解。因此，这个问题在初中一年级提出，基本上属于无效问题。如果是在

[①] 《义务教育课程标准实验教科书历史七年级下册》，第 41 页。

学习了世界史以后，这个问题就有意义了。

第三，问题表述要清晰。所提问题，要能够使学生准确理解。避免提出模棱两可或有可能产生多重理解的问题。例如："科举的主要科目有哪些？重在考察哪些能力？"科举的科目以及考察的重点在不同朝代各有侧重，有时差别很大。这个问题如果不加上朝代等限制条件，学生就不好回答。如果改为"唐代科举的主要科目有哪些？重在考察哪些能力？"或者"明代科举的主要科目有哪些？重在考察哪些能力？"，问题就清楚了。再如，"你能谈谈对中国古代科举制的看法吗？"如果是在学习隋唐科举制时提这个问题，可能早了一些。因为科举制是一个动态的概念，从隋朝产生到清末取消，有一个历史发展的过程。只有了解了整个过程，才会对中国古代的科举制有个完整的理解。如果是在学习完清末废除科举制以后提出这个问题，时机合适，但是可以回答的内容太多，学生可能不知道从何答起。而且这个问题的目的也不明确，看不出通过这个问题要引导学生得出什么结论。如果换成"隋唐时期的科举制与明清时期的科举制有什么区别？"或者"清末为什么会废除科举制？"，问题清晰，目的明确，学生回答就不会有什么障碍。

第五节
促进学生历史学科能力发展的教学设计[*]

历史课教什么？怎么教？目前主要有两种取向。一种是知识取向，一种是能力取向。知识取向的历史教学把历史书中写的内容当作确定无疑的历史事实，通过老师的系统讲授传递给学生，以达传承文化遗产、增强学生国家认同、民族认同等目的。能力取向的历史教学认为书中写的内容是历史学家探究历史所得成果，不是特定的、单纯的史事综合。"从主题订定到史料搜寻，史家必须灌注个人的心力与见识，并依循学科特有的概念和思考，进行历史的重建。""历史之义绝不仅仅是发生于过去的一些事情

---

[*] 原文发表于《历史教学》（上半月刊）2016年第17期。

的积累，历史是一连串研究和重建过去的过程与结果。"① 因此，历史教学不能局限于向学生传授知识，而应注重培养学生探究历史的能力。近代学校教育创办以来，知识取向的教学一直占主导地位。新课程改革后，能力取向的历史教学开始受到越来越多的关注。但是在历史教学中培养学生的历史学科能力，并不是件容易的事情，它不仅需要丰富的历史知识，还需要专业的教学设计。

（一）什么是教学设计

"教学设计"这一术语起源于美国，"指的是把学习与教学原理转化成对于教学材料、活动、信息资源和评价的规划这一系统的、反思性的过程"。② 教学设计工作要回答的基本问题是：第一，我们要到哪里去？（教学的目标是什么？）第二，我们如何到达那里？（采用什么样的教学策略和教学媒体？）第三，我们怎样知道已经到达那里？（我们的测验应该是什么样的？我们如何评价和修改教学材料？）与这三个问题对应的活动是：第一，实施教学分析，以确定我们要到哪里去；第二，开发教学策略，以确定我们如何到达那里；第三，开发和实施评价，以确定我们怎样知道已到达那里。③ 教学设计依据对象的大小和任务的不同可以分为宏观和微观两个层次。宏观的教学设计，可以针对一所学校、一个培训系统、一个新专业、一门课程。微观的教学设计，只是一个单元或一节课的课堂教学，也可称为课堂教学设计。本书所述历史教学设计主要针对一节课的课堂教学，属于微观教学设计。

根据美国教学设计专家加涅的观点，一节课的教学设计主要包括四个要素：（1）陈述课的目标及其类型（学习领域）；（2）列出打算使用的教学事件④；（3）列出每一个教学事件赖以完成的媒体、材料及活动；（4）注

---

① 林慈淑：《历史，要教什么？——英、美历史教育的争议》，台湾学生书局，2010，第194、195页。
② 〔美〕P. L. 史密斯、〔美〕T. J. 雷根：《教学设计》（第三版），庞维国等译，华东师范大学出版社，2008，第4页。
③ 〔美〕P. L. 史密斯、〔美〕T. J. 雷根：《教学设计》（第三版），第10~11页。
④ 加涅把教学定义为嵌于有目的的活动中的促进学习的一系列事件，诸如印刷页面的呈现、教员的讲解或一组学生的活动。

明每个所选事件中教师或培训者的作用和各种活动（教学的处方）。① 教学设计的核心是制定明确具体的教学目标，针对目标规划教学事件、教学材料和活动。加涅等人以美国独立战争为例，作了说明。② 该课的一个教学目标是：

  给出问题："根据《独立宣言》起草者的看法，哪些真理是不证自明的？"学生能够用自己的话陈述这些真理。

为了实现这个教学目标，可以作如下设计。

  事件1. 引起学生注意
  方法/媒体：教师
  教学处方或策略：讲述："1776年，在这块大陆上的英国殖民者宣布，他们从建立这块殖民地的国家——英格兰独立出来。对这样一个勇敢的宣言，他们用什么理由解释？"
  事件2. 告知学生目标
  方法/媒体：教师
  教学处方或策略：某些理由被认为是不证自明的真理。在这节课中，你将学到这些真理是什么。

教学事件1和事件2相当于我们所熟知的一节课的导入环节。上课开始，教师通过提问引起学生注意，然后明确告知学生这节课的教学目标，导入本课的教学。

  事件3. 激起对先决条件的回忆
  方法/媒体：黑板和分发的材料
  教学处方或策略：要保证学生理解材料，需界定一些词的意义：不证自明、赋予、不可剥夺、成立、获得。句法结构也需要识别和理解。

---

① 〔美〕R. M. 加涅等：《教学设计原理》（第五版），王小明等译，华东师范大学出版社，2007，第221页。
② 〔美〕R. M. 加涅等：《教学设计原理》（第五版），第226页。

教学事件 3 是在学习本课新知识前，扫清学习的障碍。本课要让学生学习《独立宣言》的相关段落，段落中有些术语、词汇、句法等学生以前可能没有学过，或者虽然以前学过，但是时间一长不记得了。这时需要老师提示或讲解。只有把这些术语、词汇等理解了，才能读懂本课提供的新材料。

  事件 4. 呈现刺激材料

  方法/媒体：分发的材料

  教学处方或策略：呈现《独立宣言》中的相关段落"我们认为下述真理是不证自明的：人生来平等……"

  事件 5. 提供学习指导

  方法/媒体：在分发的材料上留出列表和精加工的地方

  教学处方或策略：让学生把该段文字中的"真理"编号，从（1）"人生来平等"开始，要求学生通过把每条观点与其他熟悉的思想联系起来而对每条真理进行精加工。例如，把"生存权"与对死刑的争论联想在一起，把"自由权"与抓人质联想在一起，等等。

教学事件 4 是给学生呈现本课要学习的新内容，事件 5 是教师指导学生阅读，将新材料中的每条"真理"与自己熟悉的事情联系起来，以理解材料中那些真理的含义。

  事件 6. 引出行为表现

  方法/媒体：让学生阅读——引出不同的反应

  教学处方或策略：让学生不用逐字重复上段内容，回答问题："什么真理被认为是不证自明的？"

  事件 7. 提供反馈

  方法/媒体：教师

  教学处方或策略：根据意义来核实对该段文字的学习和保持情况。在出现错误或遗漏时给予纠正。

  事件 8. 测量行为表现

  方法/媒体：教师

历史课程教材教法研究

教学处方或策略：要求学生回忆整段文字，根据回忆出的"意义单元"评分。

教学事件 6、事件 7 和事件 8 是对所学内容的即时评价。事件 6 教师提问："什么真理被认为是不证自明的？"要求学生用概括性的语言回答，而不是重复材料中的原话。以此检验学生是否读懂原文。事件 7 是教师根据回答判断该学生是否已经掌握该段文字的含义。如果发现学生有错误或遗漏，教师及时纠正和补充。事件 8 是再次检测学生是否完全掌握整段文字的含义。

通过上述教学设计，基本实现教学目标："给出问题：'根据《独立宣言》起草者的看法，哪些真理是不证自明的？'学生能够用自己的话陈述这些真理。"然后进入教学事件 9。

事件 9. 促进保持与迁移

方法/媒体：教师

教学处方或策略：言语信息经过练习（应用）后记得最好。提问学生："英国政府将对《宣言》中提出的每条真理作何反应？"或者"为什么殖民者认为这些权利的每一条都受到了侵犯？"

事件 9 是对已经掌握的新知识的应用。老师提出一个新问题，例如，"英国政府将对《宣言》中提出的每条真理作何反应？"学生需要回忆出每条真理是什么，然后推测英国对每条真理的态度。通过这种应用，进一步巩固对所学新知识的理解和记忆。

上述 9 个教学事件，实际上相当于一套教学流程，这套流程能实现多个教学目标。

从上述例子可以看出，教学设计的起点是教学目标，后面的一系列教学事件、教学策略，都是针对目标而设。要通过历史教学培养学生的历史学科能力，首先要确保教学目标中包含明确具体的能力要求。换言之，教师首先要知道什么是历史学科能力，并且明确历史教学的目的就是要培养学生的这种能力，然后才能采取相应的教学策略，以实现这个目标。

（二）什么是历史学科能力

什么是历史学科能力？有多种观点。于友西等认为，历史学科能力指的是学生适应并完成历史学科学习活动和调节自身学习行为的心理可能性与现实性相统一的品质，是掌握和运用历史知识、技能的条件并决定是否顺利完成历史学习任务的特定的个性心理特征。……最基本和最主要的是历史的阅读理解能力和历史的思维能力。[1] 王雄等认为，"历史学科能力应当是最能体现历史学科特点与学习特点的阅读、阐述、评价三项能力"。[2] 赵恒烈将历史学科能力分为"历史事实的再认再现能力；历史材料的搜集鉴别能力；历史材料的领会诠释能力；历史问题的分析评价能力；历史知识的知往鉴来能力"。[3] 金相成将历史学科能力的发展分为三个阶段，第一阶段为一般层次：记忆能力、阅读材料的能力、识图填图能力、归纳比较能力等；第二阶段为较高层次：分析能力、综合能力、评述能力；第三阶段为最高层次：史料解析、撰写历史小论文的能力。[4] 聂幼犁将历史学科能力分为识记鉴别能力、领会诠释能力、分析综合能力、评价辩证能力[5]。上述关于历史学科能力的各种观点，有些是给历史学科能力下定义，有些是对历史学科能力分类、分层，虽然各有千秋，但是大都立足于对现成历史知识的学习，描述的是学习书本上写的那些历史知识需要具备的能力。因此，属于知识取向历史教学的能力观。而能力取向历史教学的能力观则是另外一回事。

在能力取向的历史教学中，教师教给学生的不是一套现成的有关历史事实的知识，而是历史学科特有的探究历史问题的思想和方法，学生运用这种思想和方法探究历史问题，从而获得历史学科能力。在这种教学中，"历史学习实质上是一种以史料为基础的推理过程"，学生要"判别偏见、鉴别证据、评估论断，能做出有意义的、独立的判断"，还要能"思考原

---

[1] 于友西、叶小兵、赵亚夫：《历史学科教育学》，首都师范大学出版社，1999，第60页。
[2] 王雄、孙进、张忆育：《历史地理教学心理学》，北京教育出版社，2001，第165页。
[3] 赵恒烈：《中学历史学科能力培养中的几点看法》，《历史教学》1995年第11期。
[4] 金相成：《历史学科能力要求的层次性和可操作性》，《历史教学》1995年第3期。
[5] 聂幼犁主编《历史课程与教学论》，浙江教育出版社，2003，第286~325页。

因与结果的关系，获得合理的历史解释"，① 这种学科能力可以迁移到现实生活，用于解决现实生活中面临的问题。对于历史学科特有的思想和方法，英国自20世纪70年代开始作了一系列探索，经过不断修正，形成比较系统的认识，并在2007年版英国国家历史课程标准中有所体现。在该版课程标准中，将历史学科的思想方法和能力分为两大部分："关键概念"（Key concepts）和"关键方法"（Key processes）。

  1. 关键概念

  这里有一些关键概念，是研究历史的基础。学生需要了解这些概念，以加深和拓宽自己的知识、技能和理解。

  1.1 按时间的顺序理解

  a. 理解和使用适当的描述历史时期和时间流逝的日期、词汇和惯例

  b. 通过描述和分析历史时期和社会特征之间的关系来建立对历史阶段的理解

  c. 建立一个历史时期的年代框架，并用它将新知识纳入其历史背景中

  1.2 文化、种族和宗教的多样性

  a. 了解过去社会中男女老幼不同的经验和想法、信念和态度，以及这些因素如何塑造了世界

  1.3 变化和连续性

  a. 标识和解释在历史时期内的变化和连续性

  1.4 原因和后果

  a. 分析和解释历史事件、历史现象和变迁的原因和结果

  1.5 意义

  a. 历史事件、人物和发展在其所处时代的意义以及在当今的意义

  1.6 解释

  a. 理解历史学家和其他人如何构建历史解释

---

① *National Standards for History*, *Basic Edition*, National Center for History in the Schools, University of California, Los Angeles, p. 48.

b. 理解为什么历史学家和其他人会根据同样的媒介对历史事件、历史人物和历史现象做出不同的解释

c. 评估那些对历史的解释,评价其有效性

2. 关键方法

以下这些都是学生发展所必须要学习的基本历史技能和方法

2.1 历史探究

学生应该能够:

a. 单独或者作为一个团队的一部分识别和研究具体的历史问题或现象,并对它们进行假设和检验

b. 对历史问题作批判性思考

2.2 运用证据

学生应该能够:

a. 识别、选择和使用一系列的史料,包括文字、视觉和口头的史料、文物和历史环境

b. 为了得出合理的结论而评估史料

2.3 表达历史

学生应该能够:

a. 用年代学术语和历史词汇来表达和组织连贯的、有结构和实质内容的历史叙述和历史解释

b. 使用年代术语和历史词汇以各种方式来表达他们的历史知识和理解。[①]

上述"关键概念"和"关键方法"是目前英国中学历史教学的主要目标。而在美国国家历史课程标准中,历史教学的目标分为"历史理解"(historical understanding)和"历史思维"(historical thinking),"历史理解"侧重知识,"历史思维"侧重学科能力。要达到正确的"历史理解",必须具备"历史思维"能力。美国国家历史课程标准中的"历史思维"能力包括:时序思维能力(chronological thinking)、历史理解能力(historical

---

[①] *History – Programme of Study for Key Stage 3 and Attainment Target* (This is an Extract from The National Curriculum 2007), http://www.qca.org.uk/curriculum.

comprehension)、历史分析和解释能力（historical analysis and interpretation)、历史研究能力（historical research）、历史问题的分析和决策能力（historical issues – analysis and decision – making）。我国台湾 2014 年版高中历史课程纲要吸收借鉴了英美国家的研究成果，提出以下历史学科"核心能力"。

一、表达历史时序的能力

（一）能运用各种时间术语描述过去，并认识几种主要的历史分期方式。

（二）能认知过去与现在的不同，并建立关联性。

二、理解历史的能力

（一）能就历史文本，掌握其内容与意义。

（二）能设身处地了解历史事件或现象。

（三）能从历史脉络中，理解相关事件、现象或人物的不同重要性。

三、解释历史的能力

（一）能对历史事件的因果关系提出解释。

（二）能对相关历史事件、现象或人物的不同重要性提出评价。

（三）能分辨不同的历史解释，说明历史解释之所以不同的原因。

四、运用史料的能力

（一）能根据主题，进行史料搜集的工作。

（二）能辨别史料作为解释证据的适切性。

（三）能应用史料，借以形成新的问题视野或书写自己的历史叙述。[①]

尽管各个国家和地区对历史学科能力的表述方式有差异，但是有一点是共同的，它们都基于历史学科特有的思想和方法。能用这种思想方法解决历史问题，就具备了历史学科能力。

[①]《普通高级中学必修科目〈历史〉课程纲要》，台湾，2014 年。

（三）怎样设计教学培养能力

历史学科能力不可能通过死记硬背历史教科书知识获得，必须亲身实践，在运用历史学科思想方法解决历史问题的活动中获得。要落实能力培养目标，就必须设计培养能力的教学活动，以探究性问题为核心组织教材内容，展开教学。本文以英国历史教材中"第一次世界大战的原因"[①] 一课为例，加以说明。

在知识取向的历史教学中，教师一般是平铺直叙，把一战原因分为一、二、三、四或甲、乙、丙、丁，告诉学生，让学生记住即可。这种教学可能几分钟或者十几分钟就能够完成。而在能力取向的历史教学中，则需要设计探究问题，围绕问题提供各种材料，在分析材料的基础上得出答案。这种深度探究的教学可能需要几节课的时间才能完成。具体流程如下。

第一步，确定探究的历史问题。历史问题大致有三种类型。1. 事实性问题——回答是什么。例如："我国古代四大发明有哪些？" 2. 解释性问题——回答为什么。例如："秦朝为什么要实行郡县制？" 3. 评价性问题——对问题的认识。例如："谁应该对第一次世界大战负责？"事实性问题一般不需要思考，能直接从历史书中找到答案。解释性问题和评价性问题没有现成答案，可以从多角度来阐释，有利于思维能力的提高。其中评价性问题要基于史实做价值判断，更适合作为历史探究的主题。第一次世界大战的原因是一课内容，其探究的问题如下。

  谁应该对一战负责？

  探究主题阐释：第一次世界大战是一场致命的战争，成千上万的人死于战火。那时，英国人和法国人毫不犹豫地将世界大战的起因归咎于德国。现如今，许多历史学家质疑其他国家是否也应该为此次战争负责。

  在本章中，你将发现为什么欧洲在一战前分裂为两大联盟。你将

[①] Ben Walsh, *Modern World History second edition*, Hodder Murray, 2001, p.2.

历史课程教材教法研究

探究每个欧洲国家为什么以及怎么建立自己的陆军、海军，又是怎么为战争做打算的。最后，你将对于战争的起因是该归咎于德国还是其他国家也应该负责这个问题拥有自己的想法。

"谁应该对第一次世界大战负责？"属于评价性问题，隐含有价值评判，需要学生基于历史史实形成对该问题的认识。要回答这个问题，需要了解一战前的各种相关史实。这是第二步要做的工作。

第二步，呈现多样化的材料，设计系统的、有层次的问题或任务。在教学中，要给学生提供多种形式的材料，如文字材料、统计数据、历史图片、历史地图等，从多种角度印证历史事实。材料要配相应的问题，用问题引导学生论从史出，通过事实认识历史。问题不是随意提出，而是要有系统化设计，形成有逻辑关系的问题链。这样，问题与材料互相配合，引导学生深入思考。

材料1：萨拉热窝谋杀事件（事件过程的详细叙述，略）

材料2：斐迪南大公夫妇照片及介绍（略）

材料3：斐迪南大公夫妇被刺杀当天的行程路线图（略）

学生任务

1. 在1914年6月28日这天，有很多时刻可以让暗杀事件有不同的结果。学习材料1中关于暗杀的记述资料，并列出任何时刻的一个不同选择，使得斐迪南大公夫妇免于暗杀的命运。

2. 你认为，如果斐迪南大公夫妇免于杀害，一战是否可以避免呢？说出你的理由（这仅是你的第一反应，之后你可以更改你的观点）。

对于萨拉热窝事件，提供了文字叙述、人物照片、路线图三种不同形式的材料，创设出历史情境，让学生感受，然后完成相关任务。第一个任务是要认识历史的偶然性。材料1通过跌宕起伏、扣人心弦的历史叙述，使学生能深深感受到历史偶然性的存在。第二个任务是由偶然性引出对历史必然性的思考。"如果斐迪南大公夫妇免于杀害，一战是否可以避免呢？"如果只了解上述材料，学生可能会说一战可以避免。但是随着后续材料的出现，答案将会改变。

材料4：1914年协约国和同盟国地图（标明协约国、同盟国及其军事力量，中立国等）

材料5：奥匈帝国民族分布地图及文字说明

材料6：1914年的欧洲联盟漫画

课文正文：

对同盟国中德国、奥匈帝国、意大利所面临的国际关系问题的介绍（略）

对协约国中英国、俄国、法国所面临的国际关系问题的介绍（略）

核心任务

1. 草拟如下一个表格：

	德　国	奥匈帝国	意大利
英　国			
法　国			
俄　国			

2. 用材料中对这些国家之间关系的描述，完成这个表格，展示引起这些国家关系紧张的原因。你可以不必填完所有空格。

3. 哪一种是引起关系紧张的最大的原因？

4. 说明以下因素是如何引起欧洲国家关系紧张的？

A. 殖民地　　　B. 想要独立的人们　　　C. 军事力量的增强

材料4、5、6和课文正文是关于1914年欧洲国际关系的材料。学生要根据这些材料完成相关任务。核心任务1帮助学生建立分析问题的框架。核心任务2要求学生根据材料分析引起国家关系紧张的多种原因。核心任务3要学生确定引起国家关系紧张的多种原因中的主要原因。核心任务4则提示学生用具体事例说明引起欧洲国家关系紧张的原因。通过这种层层递进的任务，引导学生深入探究。

材料7~材料21（略）

课文正文：战争计划

许多国家都确信，战争必然会到来，只是时间早晚的问题，所以他们开始进行非常详细的部署，如果战争真的来了，他们该做什么。

各国的战争计划（略）

学生活动（略）

材料7~材料21呈现了1914年欧洲各主要列强海外殖民地分布图、经济资源数据表、军事力量对比表、外交档案等，加上课文正文的叙述，使学生感受到1900年到1914年间，欧洲的氛围就像即将点燃的火药桶。然后安排学生活动，要求学生列出可能导致战争的各种因素，并区分主要因素和次要因素。有了这些铺垫之后，再回到本课探讨的核心问题："是德国导致了战争的发生吗？"给学生安排的具体任务是从四个裁决中选择一个，并说明理由。

核心任务

是德国导致了战争吗？你怎么看？

你的任务是找出证据来支持你自己的判断。你必须从下面四个裁决中选择一个。

裁决一：德国应该对引发这场战争负全责。

裁决二：德国应该负主要责任，但是其他国家也有责任。

裁决三：所有的主要国家共同导致了这次战争，他们应该共同负责。

裁决四：谁也不负责。各国力量的发展不可避免地导致战争，这是无法阻挡的。

下面是进行裁决的方法，可以独自完成，也可以小组完成。

1. 填写下列表格

证人	证人支持哪个判决？	证人提供了什么证据支持该观点？	我能相信证人吗？

2. 阅读所有证人的陈述。完成（上表）第一、第二列。

3. 在第三列里，记录下证人提供了什么证据去支持他或她的观点。

4. 在第四列里，记录下什么会让证人值得信任或怀疑。

考虑一下：每份证据的日期和来源，证人是否牵涉进了当时的事件中，每份证词的可信度以及价值。

5. 浏览这一课的其他资料，看是否还有你需要的其他证词。

6. 从 1 至 4 裁决中选择一个。

7. 选择了一个裁决后，总结证据，解释你为什么选择这份裁决而拒绝其他裁决。

8. 用你完成的表格和解释参加课堂辩论。

上述进行裁决的方法非常具体，可以有效指导学生如何运用证据来说明自己的观点。"1. 填写下列表格"，提供了进行裁决的整体思路。2~4 是具体的操作指导，教学生如何填写表格，通过填表完成对证据的阅读分析，鉴别选择。5 是回顾本课其他内容，补充证词。6 是做出最终裁决。7 是运用证据解释自己的裁决。8 是对自己研究成果的应用，通过应用进一步加强对研究结果的认识。教材提供了 9 条不同来源的证据，有一手史料，也有后人的研究成果。选摘几条如下。

证据一：德国过去五十年的军国主义在这二十五年中仍然发挥着恶劣影响。这是他们教育的必然结果。发生这次战争太糟糕了。

——1914 年，美国驻英国大使沃尔特·海因斯写于伦敦。在这次战争中美国是英法的同盟，并在 1917~1918 年参战

……

证据五：一战是由俄军总参谋部的某些官员直接挑起的。但是他们的行为人为地被操纵在奥地利外交部长的罪恶活动中，而且这转而帮助了柏林的刑事犯罪行为……

但是他们并不想引起任何一场战争。和其余百万平民一样，他们不希望在各种原因的交错作用下演变成世界范围内的战争。

——《大英百科全书》，1926 年

证据六：我们被迫承认对这场战争担负全责：这些出自我口的话是一个谎言。我们并不想推托德国应负的责任，……然而，我们强烈否认德国应该被迫对这场德国人认为是保卫战的战争担负全责。

——德国代表团团长布罗克多夫－兰曹，凡尔赛，1919 年

……

证据九：德皇授权我去通知我们仁慈的陛下：在这种情况或在任何其他情况下，我们或许都要依赖德国的全力支持……德皇指示，这次行动不能延迟……俄国没有为战争做好准备，会在伸出援助之手前思虑再三……如果我们真正认识到了对塞尔维亚采取军事行动的必要性，而没有利用目前我方胜券在握的情势，德皇将会懊恼。

——奥地利驻柏林大使施策居尼伯爵在 1914 年 7 月报告了和德皇的著名谈话

学生需要根据每份证据的日期和来源、证人是否牵涉进了当时的事件中等，判断每份证据的可信度以及价值。

通过上述一系列活动，学生对于"谁应该对第一次世界大战负责？"得出自己的认识。

综上我们可以归纳出培养学科能力的探究式教学设计的要点：第一，呈现、定义探究主题；第二，提供系统、多样化的材料；第三，设计系统、有层次的问题或任务；第四，根据材料和问题展开探究；第五，回扣本课探究主题，表达探究成果。

第六节
基于学科素养的初高中历史教学衔接研究[*]

我国中学历史课程内容的编排多以螺旋式结构为主，同一知识点在初中和高中两个阶段重复出现，逐渐拓宽加深。21 世纪初的课程改革虽然对

---

[*] 原文发表于《历史教学》2017 年第 13 期。

初高中历史课程结构作了很大改变,但是仍然有许多内容是重合的。正在修订的高中历史课程标准必修课,以通史的叙事框架展示中外历史的基本过程,与初中重复的知识会更多。面对同一个历史知识点,初中和高中教师在教学中如何处理?本节从学科素养的视角,采用初高中同课异构的方式作了一些探索。

(一)核心概念阐释

正在修订的普通高中历史课程标准将历史学科核心素养定义为"学生在学习历史过程中逐步形成的具有历史学科特征的思维品质和关键能力,是历史知识、能力和方法、情感态度和价值观等方面的综合表现"。从这个定义可以看出,历史学科核心素养包括历史知识、能力、方法和情感态度价值观等,但不是这些要素的简单相加,而是"有机构成与综合反映"。对于学科核心素养,可以有不同的分类。实验版课程标准中"知识与能力、过程与方法、情感态度与价值观"是一种分类;高中修订版课程标准最初提出的"时空观念、史料实证、历史理解、历史解释、历史价值观"是一种分类;后来修改为"唯物史观、时空观念、史料实证、历史解释、家国情怀"也是一种分类。国外与历史学科素养相关的课程目标也有其自己的分类,如英国国家历史课程标准中的"关键概念"(key concepts)和"关键方法"(key processes),美国国家历史课程标准中的"历史理解"(historical understanding)和"历史思维"(historical thinking),等等。历史学科素养不管怎么分类,其本质都是一样的。我们只要抓住本质特征,就不会被各种各样的分类表述困扰。历史学科素养的本质是什么?应该是"能够从历史和历史学的角度发现问题、思考问题及解决问题"[1],或者说是能够用历史学科特有的思想和方法解决历史或现实问题[2]。历史学科素养的高低集中体现在解决问题能力的高低上。"历史学科的能力培养是历史素养的重要组成部分。甚至可以说,学科能力如何,决定着历史素养的程度。"[3] 因此,我们可以把历史学科能力作为历史学科素养培养的突破

---

[1] 吴伟:《历史学科能力与历史素养》,《历史教学》(中学版)2012年第11期。
[2] 郑林:《促进学生历史学科能力发展的教学设计》,《历史教学》2016年第17期。
[3] 吴伟:《历史学科能力与历史素养》,《历史教学》(中学版)2012年第11期。

口，通过能力培养提升学生的历史学科素养。

本研究重点关注历史学科素养中的知识和能力，聚焦于初高中历史教学衔接的两个方面：一是初高中历史知识的衔接；二是初高中历史学科能力的进阶。初高中历史知识的衔接主要指初中历史知识要为高中阶段历史知识的学习作铺垫，同时要避免初高中知识简单重复。历史学科能力进阶主要指在初中和高中的历史教学中，对学生历史学科能力的培养要体现出由低到高的层次。历史学科能力的进阶受历史知识的广度和深度的制约。只有具备一定广度和深度的历史知识，才有可能进行较高层次的能力训练。从初中到高中，历史知识由浅入深，历史学科能力的要求也由低到高，呈现出依次递进的关系。研究采用初高中同课异构的形式，选择初高中课程标准中共有的历史知识，如古希腊文明、辛亥革命等，由初中教师和高中教师共同备课，研究相关主题初高中教学的衔接情况。下面以古希腊文明为例展开探讨。

(二) 初高中历史知识的衔接

古希腊文明相关内容在初中历史课程标准中的要求是，"知道希腊城邦和雅典民主，初步了解亚历山大帝国对东西方文化交流的作用"。[1] 高中历史课程标准中的要求则是："（1）了解希腊自然地理环境和希腊城邦制度对希腊文明的影响，认识西方民主政治产生的历史条件。（2）知道雅典民主政治的主要内容，认识民主政治对人类文明发展的重要意义。"[2] 初中和高中都涉及古希腊城邦和雅典民主，在教学中如何选择内容？我们认为，可以从三个方面考虑：第一，初中和高中历史知识体系；第二，学生的认知水平；第三，初高中历史知识的衔接。

《义务教育历史课程标准（2011年版）》将初中历史学习内容划分为中国古代史、中国近代史、中国现代史、世界古代史、世界近代史、世界现代史六大板块。古希腊属于世界古代史板块。这个板块从文明史角度建

---

[1] 中华人民共和国教育部：《义务教育历史课程标准（2011年版）》，北京师范大学出版社，2012，第26页。
[2] 中华人民共和国教育部：《普通高中历史课程标准（实验）》，人民教育出版社，2003，第8页。

构知识体系,"以各文明出现的时间概念为经,各文明所处的空间概念为纬"设计学习要点,"涵盖了主要文明发展历程及其成果"。"选取每一个文明,每一个历史发展时期最具典型性、代表性的知识点"建构起世界古代各文明发展的进程和脉络。[①] 就古希腊文明而言,课程标准选择了两个典型知识点——希腊城邦和雅典民主,希望学生通过这两个知识点的学习,感知、了解古希腊文明的主要特征。

根据上述分析,我们将初中这节课的课题定为《希腊的城邦文明》,希望学生从整体上感受一下城邦的经济、政治和文化,在此基础上突出对雅典民主的认知。

历史是人的历史、人类社会的历史。如果学生在历史学习中只见政治、经济、文化等抽象概念,见不到人,会感觉枯燥乏味、难以理解,也不感兴趣。因此,初中课从古希腊民主政治的社会环境、城邦中人们的生活讲起,以贴近学生。但限于初中学生的认知水平及历史课时的限制,不可能面面俱到。只能精选几个典型的知识点,比如城邦的生活,用一些非常具体的事把古代希腊,尤其是雅典当时人们的生活状况展示出来。首先,用图文并茂的形式说明什么是城邦。然后进一步探索在城邦中生活的人分为哪些社会阶层,各个阶层中的人们是怎样生活的,教师通过一个雅典公民的家庭来阐释城邦生活。从家庭的人员构成、成员的分工一直讲到经济活动,由此延伸到希腊的经济及其地理分布。然后概述以斯巴达为代表的农业经济和以雅典为代表的手工业和商业经济,接着又引申出海上贸易。通过这种呈现使学生对整个希腊城邦社会是个什么样的状况有比较清楚的认知。在此基础之上探究城邦的政治是什么样子。古希腊的政治制度归纳起来主要有贵族制和民主制两大类。教学中不可能把两种都详细展开,所以先概述一下古希腊有两种政治体制,然后点明我们重点讲雅典的民主政治。民主制有个发展过程,但是在初中不可能把发展过程详细展开。初中课程知识体系中,古希腊文明属于整个古代文明中的一个,我们是要通过这一个单元的课来了解古代亚非等国不同的文明。这些文明不可能展开讲,把它们的来龙去脉都弄清楚,而是有

[①] 齐世荣、徐蓝:《义务教育历史课程标准(2011年版)解读》,北京师范大学出版社,2012,第122、123页。

一个整体的印象即可。这个整体的印象从哪儿来？可以抓住重点，从一个文明发展的最高形态来把握。本课教学中我们选择的是雅典民主政治最完善的一个阶段，也就是伯利克里改革以后，用这个阶段代表雅典的民主政治。把这个点选出来之后，先整体概述雅典的民主在伯利克里时代是什么样子，然后举例说明公民是什么，公民大会是什么，五百人会议是什么。通过这样一个教学流程使学生了解伯利克里时代雅典的民主。雅典的文明成就很多，这节课我们突出的是它的政治文明，对思想文化方面的成就采用概述的方法，利用图片展示古希腊在哲学、思想、艺术等方面的成就。整节课一方面把整个古希腊文明是什么展示给学生让他们有个整体印象，同时又突出了重点——雅典的民主。

《普通高中历史课程标准（实验版）》采用中外历史合编，按模块和专题组织课程内容。其中必修课分为历史（Ⅰ）、历史（Ⅱ）、历史（Ⅲ）三个学习模块，包括25个古今贯通、中外关联的学习专题，分别反映人类社会政治、经济、思想文化、科学技术等领域的重要历史内容。古希腊相关内容位于必修历史（Ⅰ）学习专题六"古代希腊罗马的政治制度"。古代希腊、罗马是古代世界文明中心之一，"本专题设置的目的在于了解希腊、罗马政治制度方面的各自特点及其对人类文明发展的意义"。就古希腊而言，"教师应使学生了解雅典民主政治与其地理环境和城邦制度的关系，了解雅典民主政治中公民直接参与国家管理的形式……在此基础上认识雅典民主政治的价值和意义"。[1] 通过必修历史（Ⅰ）模块中"古代希腊罗马的政治制度"以及其他各个专题的学习，教师要引导学生"学会从历史的角度来看待不同政治制度的产生、发展及其历史影响，理解政治变革是社会历史发展多种因素共同作用的结果，并能对其进行科学的评价与解释"[2]。

从对高中历史课程标准的分析可以看出，同样是讲古希腊文明，高中侧重政治文明的发展历程，专注于古希腊雅典的民主政治。初中古希腊文明的内容大体是按照通史的框架叙述，到高中则是按照专题史的框架叙

---

[1] 朱汉国、王斯德主编《普通高中历史课程标准（实验）解读》，江苏教育出版社，2003，第65页。
[2] 中华人民共和国教育部：《普通高中历史课程标准（实验）》，第9页。

述。初中课的重点在于让学生体验古希腊城邦是什么，雅典民主政治是什么。到了高中则要在初中基础上展开，建立城邦与民主政治的联系，让学生理解雅典民主政治是怎么一步一步发展起来的，我们如何评价它。进而思考雅典民主政治的发展历程对今天我国民主政治建设的启示。

初中课上，学生对古希腊文明是什么，当时的人分为哪些阶层，人们是怎么生活的，雅典的民主是怎么回事，这些问题都有了整体的认知。在此基础上讲高中的课，就比较容易了。对于地理环境和城邦这些学生比较熟悉的内容，老师略讲，而把重点放在城邦与雅典民主政治的关系上。初中已经对伯利克里时期雅典的民主政治有比较详细的介绍，高中对这部分内容略讲，而把重点放在追溯这种民主政治是怎样建立起来的，最后再对民主政治进行评价。

根据这种思路，我们在高中课的整体设计中串了一条线，即贵族与平民的斗争。用这条线把梭伦、克里斯提尼和伯利克里三个人的改革串起来。每个人都有一个侧重点，比如梭伦改革侧重财产等级制度的建立和债奴制的废除，伯利克里改革侧重十个地区部落和五百人议事会的建立，用前后对比的方式呈现民主政治逐步完善的过程。最后是对雅典民主的评价，看看当时人怎么评价，后来人怎么评价，然后让学生自己去评价。依据学情，初中课较多地运用了形象的图片材料，帮助学生感知、理解相关史实；而高中课则引用了很多文字资料，教师指导学生阅读材料，从材料里寻找关键信息，让学生去分析、思考，得出结论。

（三）初高中历史学科能力的进阶

对于初中和高中教学中的历史学科能力进阶问题，本研究利用了国家社科基金教育学重点课题《中小学生学科能力表现研究》历史学科子课题的成果，把历史学科能力分解为识记、说明、概括、解释、推论、评价、叙述、论证、探究3个层次9个要素[1]。前三项是第一个层次，属于通常所说的学习能力，学习理解已有的历史研究成果；中间三项是第二层次，属于知识的简单应用能力，运用已掌握的历史知识学习新材料，分析解释

---

[1] 郑林：《中学生历史学科能力表现及测评初探》，《历史教学》2015年第9期。

历史的因果联系，评价历史事件、人物、制度；最后三项是第三层次，属于高级应用或创新能力，类似历史学家的研究能力，能对历史提出自己的看法，进行一些简单的研究，建立古今之间的联系，并用历史学科的规范表述研究成果。① 初中教学侧重第一层次能力的培养，但教学中也不排除第二、第三层次能力的渗透。高中教学侧重第二层次和第三层次能力的培养，其中也覆盖第一层次的能力。

历史学科能力的培养需要在教学中设计相应的活动来实现。从历史学习的角度来讲，第一步是感知和理解历史，把历史事实搞清楚。实现历史理解这一目标的教学方式可能有多种，在这节初中课中，老师整体上还是以生动形象的讲解、讲述为主，当中穿插了一些引导学生概括提炼信息的活动。这种教学，内容生动有趣，课堂气氛轻松活跃，符合初中生的特点。按照我们设计的学科能力层级，第一个层次学习理解，要求学生对史实本身要搞清楚。怎么搞清楚？比如对古希腊城邦这一概念，什么是城邦，古希腊城邦有什么特点，老师出示相关的地图、图片和文字材料，通过具体的史实来说明这些概念。呈现史实以后，老师让学生进行归纳、概括。再如，要体现希腊城邦小国寡民的特点，老师设计了一个与同时期周朝的面积、人口比较的活动，学生通过比较，概括出希腊城邦小国寡民的特点。在老师生动具体的讲述过程中，通过设问引导学生思考，从而训练其比较概括能力，是本课在历史学科能力培养上的特点。现在一些老师在教学中引用大量的史料，主要是训练学生从史料中提取信息。这也是一种能力培养，但不是历史学科的能力，而是一种通用的语文阅读理解能力。历史的理解能力是要通过各种材料中的史实来理解历史是什么，这是我们要培养的历史学科能力。这节课以学习理解能力的培养为主，但是也包含一些高层次能力的培养。比如在评价雅典城邦文明的时候，老师引用了一句话，"罗马在征服希腊的时候，成了希腊文化的俘虏"。然后问学生认同吗，为什么，这就是在培养学生的应用能力。老师创设了一个新情境，要求学生用刚才学过的知识来解答问题。这节课教学过程中，学生自发地提了很多问题。学生有问题可问，说明他们被老师的教学所吸引，有所思、

---

① 郑林：《历史课程目标及其分类的探索》，《中学历史教学》2015年第12期。

有所想。从学生的反应可以看出，这节课的教学效果很好。由此也可以证明，初中历史教学中老师的讲述非常重要。讲得好可以引发学生兴趣，激发学生思考。讲述不是念教科书中的条文，而是要把条文背后的史实非常生动地呈现给学生，让学生理解，理解之后才会产生问题。如果学生有了问题，这时候就可以探究了，所以我们说探究要在对史实理解的基础上才能展开。由于只有一节课，很多内容不能在课堂上展开，但通过本课的教学确实引起学生的思考，引起学生对历史学习的兴趣。老师因势利导，布置了课后的探究任务。提供参考书，学生们对这节课什么方面感兴趣可以看这些书，将探究延伸到课外去。

如果初中是通过具体的史实感知历史，那么高中就是通过感知形成概念，用概念来解释史实之间的关系。历史解释是历史学科的核心素养之一，建立在对历史理解的基础之上。通过理解，从具体史实中抽象出概念，然后用概念来解释史实之间的关系，建立一个逻辑链条，完成对历史的建构。这是在高中教学中的高层次的能力要求。但是过于抽象的东西可能也难引起高中学生的兴趣，所以高中课也需要生动形象的内容。这节高中课的导入设计了一个生动的历史场景，针对情境设问，引发学生思考。然后通过层层历史情境和问题的设计，展开后续的教学。

课一开始，老师通过希波战争中希腊和波斯的实力对比来问学生，如果你作为一个雅典人面对这种情况怎么办？很多学生说跑。老师回应说，这实际上是一个非常明智的决定，因为实力实在太悬殊了。但是老师接着又说，我们来看当时的雅典人是怎么解决这个问题的。然后出示一段视频，展示了面临战还是降，雅典公民做出决策的过程。看过之后老师点明这就是雅典的民主。然后提问：雅典的民主政治是怎么建立起来的？进入这节课的教学。雅典的地理环境学生初中学过了，所以用概述。重点落在雅典民主政治是怎么建立起来的。初中我们讲的是雅典民主高峰阶段，给人的感觉是好，公民人人都享有权利，但这样一种民主并不是一蹴而就的，而是有一个非常曲折的发展过程。高中课要把雅典民主制度怎么一步一步发展过来的讲清楚。在讲每一次改革的时候，首先分析为什么要改，也就是改革的背景。老师通过呈现材料反映当时雅典面临的问题，比如梭伦改革的时候出示了两则材料，从两个不同的角度反映了当时雅典的平民遇到了什么问题,在这种情况下应该怎么解决,然后顺势引出梭伦一系列的改革措施。后面几次改革也都是按照这样一种模式展开。探讨每次改革的背景、措施都是在材料下设一系列问题,先让学生理解每段材料说的是什么,然后引导学生分析材料所反映的史实说明了什么问题,最后得出一个历史解释。这样,以三次改革为主线,老师层层设计,一步一步创设情境,一个一个铺设阶梯,通过一步步的引导,使学生把握雅典民主政治的发展历程。有了这些铺垫,再让学生谈对雅典民主的看法,学生就有话可说了。因为在学生脑子里有大量的史实,他们可以通过比较分析来说自己的看法。如果时间允许,老师可以引导学生进一步思考雅典民主对我们今天社会主义民主政治的启示,这就属于第三个层次,创新迁移能力了。雅典民主政治是在特定的环境下产生的,是在解决当时面临的社会问题和阶级矛盾的过程中不断改革,逐渐完善起来的。我们国家的民主政治,也要依据我们的国情,在解决各种问题的过程中不断完善。通过这样一种历史思维训练,让学生理解每一种政治文明都有自己独特的发展历程。現狀是历史发展的结果,也将随时间的推移进一步发展和完善。文明具有多样性,各种文明都有各自的特点,有其存在的理由,不能盲目崇拜某种文明而否定其他文明。如果在经历了历史的学习之后,学生能够理性地看待纷繁复杂的社会问题,不盲从盲信。那么,我们可以说他们已经具备了较高层次的历史学科能力、学科素养。

第四章
历史教学评价研究

历史教学评价是按照一定标准对历史教学活动的效果以及与产生这些效果有关的历史教学环境、条件进行价值判断，提出建议，为历史教师、学生、教育管理者的不同层次的需要服务的一系列活动。历史教学评价有三个不同层次的评价主体，他们对历史教学进行评价的主要目的是不同的。第一层次是历史教师和学生。以师生为主体的评价，其直接目的是改善教与学。第二层是学校行政部门。这一层次的评价主要是为了进行教学管理。第三层是教育行政机构。该层次的评价目的除了管理外还有一项内容是鉴别选拔，确定学生的历史学习成绩是否达到毕业或进入高一级学校的资格。不同的评价目的有与之相应的评价方法和手段。本章主要研究教师对学生历史学习的评价。

第一节
中学生历史学科能力表现及测评初探*

能力培养是我国基础教育的重要目标。《国家中长期教育改革和发展规划纲要（2010—2020）》在战略目标和战略主题中明确提出"坚持能力为重。优化知识结构，丰富社会实践，强化能力培养。着力提高学生的学习能力、实践能力、创新能力"。并在考试招生制度改革中要求"深化考试内容和形式改革，着重考查综合素质和能力"。① 我国基础教育的课程设置以学科课程为主，能力培养需要通过各个学科的教学来实现。在历史课程标准中，就明确规定了能力目标。但是教师们反映，这种能力目标比较笼统，在教学实践中不好操作，也难以测量。

从 20 世纪 80 年代开始，历史学科能力就成为中学历史教育界研究的热点，取得了大量成果。"尤其是对历史教学中培养学生能力的重要性的认识，培养能力与传授知识、思想教育之间相互关系的处理，培养和发展学生能力的方法与途径的探索，历史学业评价目标与模式中能力考查的建构等等，在理论上和实践上都取得了重大的突破。"然而，"一个最基本的也是核心的问题还是没有解决，这就是中学历史学科能力的特性、层次和结构的问题"。② 20 世纪 90 年代以来，历史教育界对历史学科能力概念的内涵及结构层次作了探索，但是并没有形成一致的认识。因此，国家历史课程标准对于能力目标只能做笼统的表述。为了推进课程改革、落实能力培养的国家战略目标，有必要对历史学科能力及其结构层次作进一步的研究。本节依托测评实践对中学生历史学科能力结构、水平划分，以及在教

---

* 原文发表于《历史教学》2015 年第 9 期。

① 中共中央、国务院：《国家中长期教育改革和发展规划纲要（2010—2020）》，人民出版社，2010，第 17、40 页。

② 叶小兵：《关于中学历史学科能力的研究》，《历史教学》1996 年第 3 期。

学诊断中的应用作了初步探索。

(一) 研究目的

中学生历史学科能力表现及测评研究主要有两个目的。第一,探索怎样根据学生在历史学科能力测评中的实际表现细化历史学科能力,划分出能力表现的水平等级。第二,探索怎样利用历史学科能力表现测评诊断课堂教学问题,提出教师改进历史教学的建议。

1. 学生历史学科能力水平等级划分

我国现行的历史课程标准虽然明确提出了对学生的能力要求,但是,初中学生应该达到什么能力水平,高中学生应该达到什么能力水平,各个年级的学生应该达到什么能力水平,课程标准中并没有具体的规定。从目前学术界的研究现状来看,学者们对历史学科能力及其分类作了很多研究,取得了一些成果,但是尚不能给各学段、各年级的学生划分出历史学科能力的水平等级。本研究力图在这方面有所突破,尝试利用 Rasch 模型,根据学生的表现划分出历史学科能力水平等级。

2. 历史课堂教学问题诊断

历史课程标准中提出:"评价的主要目的是全面了解学生学习历史的过程和结果,激励学生学习,促进学生的学业进步和全面发展,以及改善教师的教学和提高教学质量。"[①] "教学过程中要及时对学生学习进行客观有效的评价,不断激励学生的学习,及时获取反馈信息,更好地改进教学。"[②] 那么,怎样通过评价改进教学呢?新课改后,有多种新的评价方式用于对学生的评价,例如学习档案、历史习作、历史制作、历史调查等。但是在实际教学过程中,运用最多的仍然是测验。测验获得的信息怎样用于改进教学?比方说,一次历史单元测验,满分为 100 分,学生甲得了 80 分。这个 80 分对于了解学生甲的学习状况有何意义?对于教师改进教学有何意义?教师可以利用全班的成绩,了解学生甲在全班学生中的排名。除此之外,还能得到哪些信息?怎样用于改进教学?

[①] 中华人民共和国教育部:《义务教育历史课程标准(2011年版)》,第38页。
[②] 中华人民共和国教育部:《普通高中历史课程标准(实验)》,第30页。

仅仅凭借每个学生的测验分数似乎无法诊断出问题。利用测验诊断教学需要具备几个条件：第一，测验前要制定明确具体的评价目标；第二，评价目标要有清晰的分类分层；第三，测试题目要与评价目标的层次一一对应；第四，测试结果要反映出学生在各个目标层次的表现。换言之，要有一套科学的测评流程，才能通过测试获得需要的信息，诊断问题，改进教学。本研究力图在这方面也做些探索。

（二）评价目标的制定

实施历史学科能力表现测评首先要解决两个问题。第一，什么是历史学科能力？第二，怎么证明学生具备了某项历史学科能力？为此必须设计一套历史学科能力表现指标体系，也就是对历史学科能力分类分层，指出学生在每一个能力要素上的具体表现是什么。在此基础上制定评价目标，然后根据目标设计针对每一能力要素的测试题目，实施测评。

1. 构建历史学科能力表现指标体系

"中小学生学科能力表现研究"总项目组[①]提出基于学习、实践和创新的各学科通用学科能力和能力表现概念。其中，学科能力特指顺利进行相应学科知识的学习活动、应用学科知识技能解决实际问题的实践活动、应用学科知识解决陌生和高度不确定性问题以及发现新知识和新方法的创新活动的心理特征。学科能力表现，指的是学生进行相应学科知识的上述三类活动时的表现。历史学科项目组根据上述定义，结合历史学科特点初步构建出历史学科能力表现指标体系，用于测试实验，并将根据研究进展不断调整。

（1）历史学科能力总体描述

历史学科能力是指学生成功地获取、加工历史信息，利用信息分析和解决历史问题的个性心理特征。根据学生学习历史时信息的输入和输

---

① 2011年，北京师范大学学科教学论研究团队以化学学院王磊教授为首席专家，9个学科的学科带头人为各学科项目负责人，集体申报了国家社会科学基金"十二五"规划教育学重点课题"中小学生学科能力表现研究"，力图对中小学生的学科能力及测量做进一步的探索。总项目组制订了研究的总体方案，各个学科在总体研究框架下结合学科特点展开各学科的能力表现及测量的研究。

出过程，可以把历史学科能力分为学习、实践、创新三个层次。

A. 学习能力：学生通过课堂教学、教材和补充材料认识历史事实及其属性、历史事实之间的关系以及历史知识的系统结构的能力。

B. 实践能力：学生运用已掌握的历史认知成果学习新材料，分析解释历史的因果联系，评价历史事件、人物、制度在人类社会发展进程中的地位、影响和作用的能力。

C. 创新能力：学生建立多种历史材料之间的联系，形成对历史事件、人物的叙述，或论证某种历史观点的能力；从历史材料中发现问题、解决问题的能力；对于现实问题从历史的角度思考，做出判断和决策的能力。

（2）历史学科能力构成要素及表现

我们尝试将历史学科能力分为学习、实践、创新三个层次，每个层次由三个能力要素构成，每个能力要素的具体表现示例如表 4-1。

表 4-1 历史学科能力要素及表现

能力分类	能力要素	历史学科能力表现示例
A 学习	A1 记忆	能将重要的史实与其所处时间、空间对应
	A2 概括	能从具体材料中提炼要点，用历史名词、概念表达史实；比较史实的异同、归纳历史发展变化趋势或阶段特征；将学过的史实按一定标准归类
	A3 说明	能用文字或图示说明已学过的历史概念，将概念与其指代的史实对应；说明概念之间的关系
B 实践	B1 解释	运用已学知识解释历史的因果联系
	B2 推论	根据历史事实推测其作用、影响；根据已知史实推测出未知史实
	B3 评价	利用已学知识对历史人物、事件、制度作出价值判断，评价其在历史进程中的地位、作用
C 创新	C1 叙述	准确选择多种资料，通过合理想象构建一个历史事实的完整叙述；建立多个历史事实、概念间的关系，再现某个时段历史过程的全貌
	C2 论证	准确选择多种资料，运用多个史实、概念、理论为某种历史观点辩护，或批驳某种历史观点
	C3 探究	从历史或现实素材中提出新问题或新观点，并运用相关史实、概念进行探究或阐释

2. 确定历史学科能力表现评价目标

(1) 选择测试的知识主题

本次测试从《义务教育历史课程标准（2011 年版）》和《普通高中历史课程标准（实验）》选择初高中都涉及的知识点，以高中专题为主线，将初高中知识点组织在一个知识主题当中。同时考虑所确定的知识主题在测试的时间点之前各个年级的学生都学习过。根据上述标准选择的知识主题见表 4-2。

表 4-2 历史知识主题

一级主题	二级主题
中国古代政治	加强中央集权的措施
	中央机构的演变
	地方机构的演变
	隋唐的选官制度
中国古代农业和经济	主要原始农作物及其地理分布
	主要农具的发展
	耕作技术的发展
	江南地区的开发
	重农政策

(2) 制定基于历史知识的能力表现标准

选定测试的知识主题后，就要研究学生学完这些知识能有怎样的能力表现，将历史知识与学科能力要素及表现结合起来，形成基于历史知识的能力表现标准，也就是本次测试的评价目标。以中国古代政治能力表现标准为例，如表 4-3 所示。

表 4-3 基于历史知识的学科能力表现标准示例（中国古代政治）

能力要素	基于历史知识的学科能力表现标准
A1 记忆	将中国古代中央和地方主要机构与其所处朝代对应
A2 概括	按一定标准对各朝代政治机构、制度或措施分类
A3 说明	对各个朝代中央官制示意图作文字解说
B1 解释	用推恩令的具体内容解释汉武帝以后王国辖地缩小的原因
B2 推论	根据材料中的史实推测科举制的作用

续表

能力要素	基于历史知识的学科能力表现标准
B3 评价	评价宋太祖的历史地位
C1 叙述	选一个自己熟悉的政治事件,讲述其来龙去脉
C2 论证	用史实论证中国古代中央集权的积极作用或消极作用
C3 探究	从提供的材料中发现中国古代中央官制发展变化的规律,并作阐释

(三) 测试工具的研发与设计

有了明确具体的评价目标——基于历史知识的学科能力表现标准,就可以据此研发测试题目,设计试卷。

1. 命题思路

选择初中和高中共有内容,用一套试卷测试初高中学生的学科能力进阶。每个主题的试题都覆盖 9 个能力要素。为了充分了解学生的答题思路,除记忆能力的测试采用客观性填空题外,其他能力测试都采用主观题。每道题或每道组合题的每一问主要测试一项能力要素的表现。每道题的评分采用等级分制,从低到高依次为 0、1、2、3、4。

2. 试题示例

1. 请将下列中国古代中央官职或机构填入相应的朝代后面(填写字母序号即可)。

A. 尚书、中书、门下　　B. 内阁　　C. 丞相、太尉、御使大夫

秦朝设_____、唐朝设_____、明朝设_____。

测试的能力指标:A1 记忆:将中国古代中央主要机构与其所处朝代对应。

2. 请将下列史实分类。

序号	史实
①	秦朝设立郡县
②	汉朝颁布"推恩令"
③	唐朝实行科举制
④	北宋用文臣作知州

续表

序　号	史　实
⑤	元朝设立行省
⑥	明朝废丞相
⑦	清朝设军机处
类别（给每一类取个名称）	史实（填写序号即可）

测试的能力指标：A2 概括：按一定标准对各朝代政治机构、制度或措施分类。

3. 西汉初期，对地方的管理采取郡县和王国并行，很多王国"连城数十，地方千里"。汉武帝以后，王国辖地缩小，朝廷直辖土地扩大。请你说说出现这种变化的原因。

测试的能力指标：B1 解释：用推恩令的具体内容解释汉武帝以后王国辖地缩小的原因。

4. 根据下列文字提供的信息和你知道的知识，完成相关任务。

我国原始居民的农业生产，采用刀耕火种，土地耕种一两年，肥力用净，就要迁徙别处。那时已经形成南稻北粟的种植格局。夏商西周时期，人们已经懂得开沟排水，制作肥料，给土壤施肥，土地可以耕种几年再换。春秋战国时期，开始兴建灌溉工程，出现铁犁牛耕，当时世界上先进的耕作方法——垄作法已经使用，土地可以连续耕种。西汉时期推行的代田法，是在垄作法基础上发展而来，通过垄和沟的位置对调，让土地轮换使用，恢复地力。魏晋南北朝时期，发明用人力把水引到高处的翻车。隋唐时期，发明适合江南水田耕作的曲辕犁；发明用人力把水引到高处的筒车。宋朝以后，江南逐渐形成稳定的稻麦轮作的一年两熟制，有些地方形成一年三熟制，极大地提高了土地利用率。

（1）请你想象：一个生活在唐朝长安附近的农户，怎样从事农业生产。（要求：按一种农作物的生产过程叙述，要包含一种农作物、用什么工具做什么事情）

测试的能力指标：C1 叙述：准确选择多种史实，通过合理想象构建唐

历史课程教材教法研究

代北方农作物生产活动的过程。

（2）精耕细作是指在一定面积的土地上投入较多的生产资料和劳动，采用新的技术措施，进行细致的土地耕作，以提高单位面积产量，增加粮食生产。请用史实论证我国传统农业的特点是精耕细作。

测试的能力指标：C2 论证：准确选择多种史实，论证我国传统农业的特点是精耕细作。

3. 试卷评估

本次测试的时间为 2014 年 3 月，各年级的学生都已完成对中国古代史

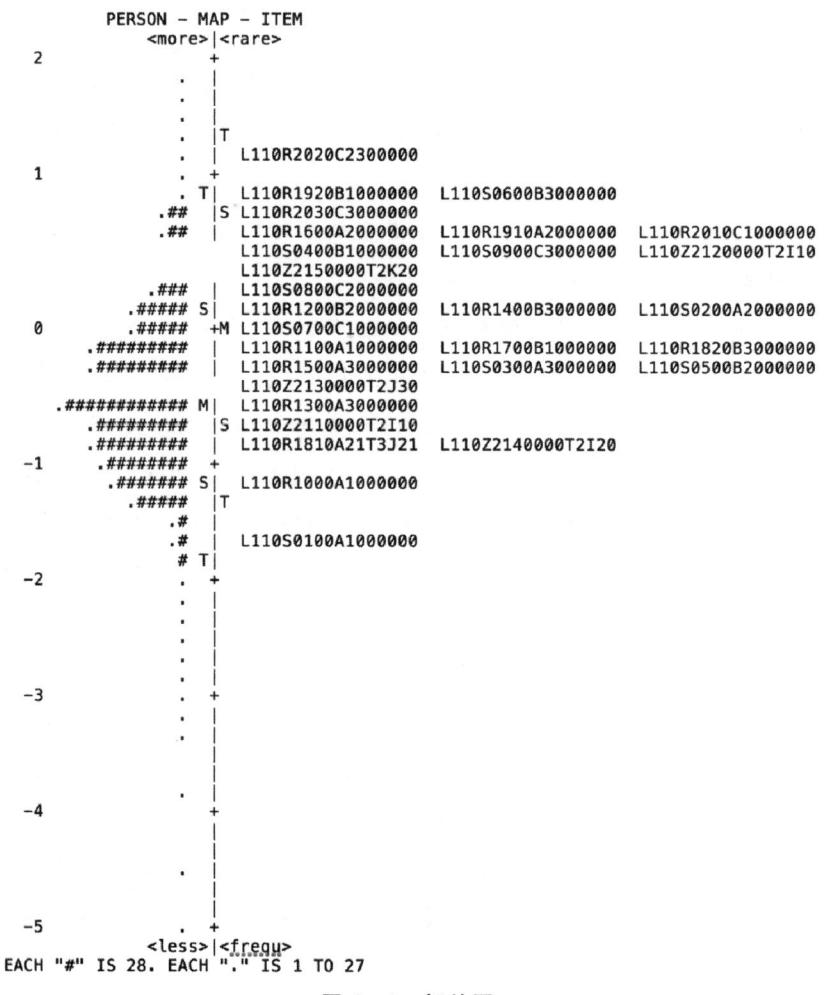

```
          PERSON - MAP - ITEM
              <more>|<rare>
     2            +
                  .   |
                  .   |
                  .   |T
                  .   | L110R2020C2300000
     1            .   +
                  . T| L110R1920B1000000   L110S0600B3000000
                .## |S L110R2030C3000000
                .## |   L110R1600A2000000   L110R1910A2000000   L110R2010C1000000
                    |   L110S0400B1000000   L110S0900C3000000   L110Z2120000T2I10
                    |   L110Z2150000T2K20
               .### |   L110S0800C2000000
             .##### S|  L110R1200B2000000                       L110S0200A2000000
             .##### +M  L110S0700C1000000
     0      .######## |  L110R1100A1000000   L110R1700B1000000   L110R1820B3000000
            .######## |  L110R1500A3000000   L110S0300A3000000   L110S0500B2000000
                    |   L110Z2130000T2J30
        .############M|  L110R1300A3000000
           .######## |S  L110Z2110000T2I10
            .######## |  L110R1810A21T3J21   L110Z2140000T2I20
    -1      .####### +
             .###### S|  L110R1000A1000000
              .##### |T
                  .# |
                  .# |   L110S0100A1000000
                  #  T|
    -2            +
                  .   |
                  .   |
                  .   |
                  .   |
    -3            +
                  .   |
                  .   |
                  .   |
                  .   |
    -4            +
                  .   |
                  .   |
                  .   |
                  .   |
    -5            .   +
              <less>|<frequ>
 EACH "#" IS 28. EACH "." IS 1 TO 27
```

图 4-1　怀特图

的学习。所测试的有效样本包含丰台、海淀两个区初一、初二、高一、高二、高三学生共计 2832 人。

利用 Winsteps 软件单维 Rasch 模型检验测试工具总体信度为 1.00。经单维 Rasch 模型检验，96.6% 的试题 MNSQ 值在 0.7~1.3 之间；经学习—实践—创新多维检验 100% 的试题 MNSQ 值在 0.7~1.3 之间，各知识主题多维检验 100% 的试题 MNSQ 值在 0.7~1.3 之间，符合 Rasch 模型的要求。

利用 Winsteps 软件单维 Rasch 模型可得历史学科能力测试单维怀特图。图中最左端数值为被试能力水平和试题难度的 logit 值，作为标尺用于标定题目难度与学生能力的对应关系；"·"中间"#"表示被试，每个"#"代表 28 个学生样本，每个"·"代表 1~27 个学生样本。被试的能力水平自下而上依次升高；右端为试题编码，试题难度也是自下而上依次升高。根据怀特图可知学生样本和试题均基本呈现正态分布，试题难度的正态分布峰值比学生能力分布的峰值略高，说明试题较难，下一轮测试应调整试题或评分标准，降低试题难度。

（四）学生历史学科能力水平等级划分

根据预设的历史学科能力表现标准和实测结果，我们将历史学科总能力划分为 5 级水平，解读了各水平内涵。此外，也对历史学习能力、实践能力、创新能力，以及各主题的学科能力分别进行了水平划分，并逐一解读每个水平内涵。本书以总能力为例说明水平等级划分的方法和结果。

1. 水平等级划分的方法

综合考虑试题的学科能力要素指标和用 Rasch 模型处理测试数据后得到的试题难度值等因素，通过逻辑分析初步划定水平等级，再用 SPSS 17.0 对各水平进行单因素方差分析，检验各水平间是否存在显著性差异，最后确定各水平所对应的试题难度值范围。从怀特图可看出，Rasch 模型使用同一把标尺度量被试学生的能力和试题的难度。因此，试题的难度值与学生的能力值是对应的，用试题难度值划分的水平范围等于学生能力值的水平范围。水平划分的程序如下。

第一步，运用单维 Rasch 模型对全部测试数据进行处理得到所有试题的难度值，按试题难度值排序，编制 Item Map，其中包括试题难度、试题编号、试题指标（试题描述、知识、能力要素等）和学生典型表现 4 个部分。Item Map 片段如表 4-4 所示。

表 4-4　Item Map

试题难度	试题编号	试题描述	能力要素	学生典型表现
1.14	L110R2020 C2300000	请用史实论证我国传统农业的特点是精耕细作	C2 论证：能准确运用多种史实论证观点	能围绕提高土地效率，从耕作方式（垄作法、代田法等）、水利灌溉、耕作工具改进等方面论证
0.86	L110R1920 B1000000	解释魏晋南北朝时期江南农业发展的原因	B1 解释：能用已学历史知识解释某一历史现象的原因	北人南迁，增加了江南的劳动力或答人口增加；带来了北方先进农业技术或答技术提高；自然条件好
0.78	L110S0600 B3000000	依据所学知识，简要评价宋太祖赵匡胤	B3 评价：根据已学知识对人物的历史地位做出价值判断	建立北宋，结束五代十国分裂局面；采取收精兵，削其权，制钱谷的措施，革除五代弊政，加强了中央集权；但加强中央集权制度的措施也带来严重恶果，北宋中期出现积贫积弱的局面
0.66	L110R2030 C3000000	看我国各个历史时期农业生产形式的变化这张表，你有什么想法或问题。请给你的想法或问题起个小标题，围绕标题写一段论述	C3 探究：能从材料中发现规律并阐释	能看出不同时期的生产方式有变化，说出三次变化的原因
0.56	L110Z2150 000T2K20	根据上述材料，你认为赤壁之战那把火到底是怎么回事？说说你得出结论的理由	C2 论证：能准确引用多种资料论证观点	引用两种以上材料证明是刘备和孙权的联军（或曹操自己）放火，而且对材料本身的可靠性也作了分析说明
0.54	L110S0400 B1000000	汉武帝以后，王国辖地缩小，朝廷直辖土地扩大。请你说说出现这种变化的原因	B1 解释：利用已学知识解释历史事件、现象的原因	汉武帝颁布"推恩令"；王国分出很多小侯国；归中央直辖的郡管理

续表

试题难度	试题编号	试题描述	能力要素	学生典型表现
0.48	L110R2010C1000000	请你想象：一个生活在唐朝长安附近的农户，怎样从事农业生产	C1叙述：准确选择多种史实，通过合理想象构建一个完整的历史叙述	叙述按照耕地—播种—收获的顺序；中间穿插灌溉、施肥的措施；所用工具与时代、任务匹配

第二步，根据题目的试题指标、题目的难度值，划定能力水平。

第三步，利用SPSS 17.0进行单因素方差分析，检验各水平间是否具有显著性差异。

第四步，确定各水平对应的试题难度值范围。由于各试题的难度值不是连续数值，因此相邻的学科能力水平层级的试题难度值范围不连续。为了解决这一问题，采用相邻水平两个难度相邻的试题的难度值的中值为高水平能力层级的下限和低水平能力层级的上限。

2. 水平等级划分结果

依据试题难度值及试题指标等因素，将学生的学科能力表现划分为5个水平，其中高水平等级的能力表现包含低水平等级的能力表现。具体划分结果和水平描述见表4-5。

表4-5 历史学科能力水平等级划分

水平等级	Rasch难度	水平描述	学生表现示例
5	>0.55	能从多角度解释历史现象的原因、评价历史事物；准确运用多种史实论证观点	能围绕提高土地效率，从耕作方式（垄作法、代田法等）、水利灌溉、耕作工具改进等方面论证我国传统农业精耕细作的特点
4	0.55~0.30	能用目录、索引等检索工具查找历史资料；比较两个历史事物的共性和差异，概括历史发展趋势；发现史实之间的关系，并进行阐释；准确选择多种史实论证观点或重构历史过程	能比较垄作法和代田法的相同和不同 能准确选择多种史实叙述唐代北方农作物的生产过程

续表

水平等级	Rasch 难度	水平描述	学生表现示例
3	0.29 ~ -0.33	能对历史事实分类；对单个历史事件作较完整的叙述；从事实推测出结果或影响；对历史事实、观点做出自己的评价；解释历史原因	能将中国古代政治的相关史实、概念按一定标准归类；从经济因素解释西汉对匈奴政策变化的原因。能讲清一个历史事件的来龙去脉
2	-0.34 ~ -0.75	知道去哪里查找史料，能判断可用史料；能用图示或文字说明历史事实	知道去图书馆、博物馆查找资料。能用图示说明垄作法
1	< -0.75	能读懂历史材料，提炼要点；区分史实和历史观点；能记忆史实及所处的时空	用自己的话准确概括材料中雍正要表达的观点是重视农业

（五）测评结果的应用

划分学生的历史学科能力水平等级后，就可以利用 SPSS 软件进行各种统计分析，获得我们需要的数据。根据统计数据，划分出各年级学生的历史学科能力水平等级；根据学生表现，推测教学中的问题。

1. 制定各年级学生的历史学科能力水平等级

从表 4-6 可以看出，7 年级和 8 年级样本的平均水平为水平 1。10 年级样本的平均水平为水平 2。11 年级和 12 年级样本的平均水平为水平 3。

表 4-6 各年级的历史学科能力水平等级分布

单位：%

	平均水平	水平 1 < -0.75	水平 2 [-0.75, -0.34]	水平 3 [-0.33, -0.29]	水平 4 [0.30, 0.55]	水平 5 > 0.55
全体样本	水平 2	37.2	28.2	24.9	5.1	4.6
7 年级	水平 1	50.8	34.2	14.5	0.6	
8 年级	水平 1	55.1	29.6	14.2	0.5	0.5
10 年级	水平 2	40.4	34	19.7	2.8	3.2
11 年级	水平 3	14.2	22.1	46.1	9.8	7.9
12 年级	水平 3	3	13.1	45.8	19.4	18.6

根据各年级学生的平均水平以及在水平1至水平5的分布情况，我们可以制定出略高于现状的水平等级。例如，7年级和8年级的学生经过努力大部分应该达到水平2。10年级的学生经过努力大部分应该达到水平3。11年级的学生经过努力大部分应该达到水平4。12年级的学生经过努力大部分应该达到水平4或水平5。

如果将历史学科能力指标体系和测评工具进一步完善，用来获取全国的抽样数据，就可以划分出全国中学生各年级的历史学科能力表现水平等级。

2. 诊断教学问题

从表4-7能看出，被试学生全部样本的学习能力好于实践能力，实践能力好于创新能力。我们可以从9个能力要素对应的测试题中抽取样本进行深入分析，找出学生答题时存在的主要问题，进而推测教学的问题。

表4-7 全部样本各能力要素水平等级分布情况

单位：%

		A 学习能力			B 实践能力			C 创新能力		
		A1	A2	A3	B1	B2	B3	C1	C2	C3
平均得分率		55%	41%	48%	29%	42%	35%	35%	33%	22%
平均能力值		-0.138			-0.765			-1.068		
平均水平		水平2			水平1			水平1		
水平分布	水平3	13.30			7.90			3.80		
	水平2	44.80			18.20			2.70		
	水平1	41.90			73.90			93.50		

例如，抽取测试C1能力的试题20（1）请你想象：一个生活在唐朝长安附近的农户，怎样从事农业生产。（要求：按一种农作物的生产过程叙述，要包含一种农作物、用什么工具做什么事情）（3分）

评分标准：

三个方面，每个方面1分，共3分：叙述按照耕地—播种—收获的顺序；中间穿插灌溉、施肥的措施；所用工具与时代、任务匹配。

表 4-8　全部样本试题 20（1）等级得分情况

单位：%

	等级分	总样本	初　中	高　中
等级得分情况 （人次百分比）	3 分	3.0	3.0	2.0
	2 分	24.0	23.0	26.0
	1 分	39.0	35.0	42.0
	0 分	35.0	39.0	30.0

本题考查学生 C1 叙述能力，叙述一种农作物生产的过程。

从表 4-8 可以看出，达到最高叙述水平的学生，总样本中占 3.0%，初中占 3.0%，高中占 2.0%。叙述不得要领、能力水平不高的学生，总样本中占 35.0%，初中占 39.0%，高中 30.0%。其他学生有一定叙述能力，但史实不准确或不太规范。本题把学生答题需要的素材都呈现在试卷，学生只要从中挑选材料，组织成一个合乎历史逻辑的叙述即可。此题大部分学生表现不佳，可能是因为在教学中缺少对历史叙述规范的指导和训练。平时教学侧重单个史实或现成结论、知识框架的记忆，学生不会将各种史实按照历史叙述的逻辑和规范组织起来。今后应加强对学生历史叙述规范的指导和练习。

第二节

中学生历史学科能力表现影响因素研究[*]

历史学科能力表现测评能够呈现出学生历史学科能力的现状，从而为师生改进教学提供依据。但是为什么学生的学科能力呈现出如此现状；为什么学生接受"相同"的教育，却出现千差万别的结果；有哪些因素导致学生学科能力出现种种差异，这些都属于学科能力表现影响因素研究范畴。真正能为教学改进提供直接依据的并不是学科能力测评结果，而是造成此结果的原因，即学科能力表现影响因素。只有了解清楚影响学生历史

---

[*] 原文发表于《历史教学》（上半月刊）2017 年第 5 期。

学科能力发展的因素,才能有针对性地为历史教学提出意见或建议。

本节参照已有学业成就影响因素研究成果,建构历史学科能力表现影响因素分析框架,并据此开发影响因素测查工具,探查哪些因素对学生的历史学科能力表现有重要影响,各影响因素的影响力相对大小如何,从而为培养学生的学科能力提供有效的教学对策和建议。

(一) 影响学生历史学科能力表现的主要因素及测查项目设计

影响学生历史学科能力表现的因素很多,本研究综合一般学业成就的重要影响因素研究成果,选择了学生因素、教师因素等,根据历史学科的特点和典型学习活动,将各因素进一步具体化,设计出问卷调查的基本测查项目。学生因素重点关注学生的非智力因素和认知活动。教师因素重点关注教学方式。

1. 学生非智力因素

学生非智力因素主要包括学习动机、元认知、自我效能和情感态度四个方面。

(1) 学习动机

学习动机是学生学习的内驱力,无法直接观察和测量,需要通过一定的外化手段使之表现出来。一般认为,学生学习内驱力的大小可以通过学生的学习行为来体现。如果学生学习的内驱力强,往往会采取主动、积极的学习行为,且持续时间较长,反之,则会采取消极被动的学习行为。据此,本研究借鉴已有成果,构建了历史学习的5个动机水平层级,用来描述学生在学习中的行为表现。具体内容如表4-9所示。

表4-9 历史学习动机水平测查项目

历史学习动机水平层级	对应测查项目
水平1:消极的历史学习	1. 一提起历史我就头痛,不管谁要求或劝说,我都不愿意学历史 2. 我在历史课堂上几乎不听讲,而是学习其他科目或睡觉
水平2:被动的历史学习	3. 我发现历史课程并不是非常有趣,因此我只做到及格就行 4. 在历史课讨论活动中,我不愿意自己思考和参与讨论,只等着大家的讨论结果 5. 我不愿意花额外的时间在历史学习上面 6. 当历史与其他学科或活动的时间有冲突时,我会放弃学习历史

续表

历史学习动机水平层级	对应测查项目
水平3：主动的历史学习	7. 在历史交流活动中，我经常能提出自己的观点 8. 当遇到不了解的历史知识时，我会寻找相关资料来了解 9. 当弄不清一个历史概念时，我会找老师或同学来讨论，并澄清我的想法 10. 我带着我想弄明白的问题进入课堂 11. 我使用有关策略以学好历史 12. 我经常反思历史学习中存在的问题
水平4：积极的历史学习	13. 我会定期归纳、整理以前学过的历史知识 14. 我主动投入很多时间学习历史 15. 我自己总结了一套比较有效的历史学习策略和方法 16. 我花费很多课外时间去探索历史问题 17. 我会尝试了解一些新的历史研究成果
水平5：创造性的历史学习	18. 我在历史学习中能对一些历史知识或观念提出自己不同的见解 19. 我有一些关于历史的新想法，并且写了一些小论文 20. 我自修学习更高阶段的历史，如大学历史

（2）元认知

元认知是指个体对自身认知过程的认识和意识。元认知在学生的学习中具有两个方面的重要作用，其一是使学生能够清楚自己正在做什么、做得好不好、目前进展怎样；其二是使学生能够随时根据自己对认知活动的相关认知，不断进行相应的调控和完善，从而使自己的认知活动能够有效地时时指向目标，并最终达成目标。元认知的测查项目可以分为计划、监控和调节三个方面。举例如下。

计划

1. 我学习历史很有计划性，并且能够按照计划执行；

监控

2. 我经常检视自己的历史学习情况，及时总结分析历史学习中的障碍点；

3. 我经常反思历史学习中存在的问题；

调节

4. 我会及时解决历史学习中存在的问题；

5. 我能及时调整历史学习方法。

(3) 自我效能

自我效能感（Self-efficacy）是"人们对其组织和实施达成特定目标所需行动过程的能力的信念"。① 学生学习的自我效能感可能会影响到学生学习的努力程度、认知投入、学习策略的运用以及学习的坚持性，从而影响学生的学业成就。自我效能感的测查项目主要是在一般自我效能感量表（General Self-Efficacy Scale，GSES）② 的基础上，结合历史学科的学习任务类型和基本要求改编而成。学生在历史学习中的自我效能测查项目举例如下。

1. 我相信我能掌握历史知识和有关技能；
2. 不论历史内容简单或困难，我都有把握能够学会；
3. 我能冷静地面对历史难题，因为我信赖自己解决历史问题的能力；
4. 如果我付出必要的努力，我一定能解决大多数的历史难题。

(4) 情感态度

学生学习过程中的情感体验以及对学习的态度，也是学生历史学科能力的重要影响因素。本研究主要根据学生对历史学科课程的认识和态度设计情感态度因素变量相应的测查项目。例如：

1. 我对历史很好奇；
2. 历史课程很有趣；
3. 我喜欢参与历史活动；
4. 我认为历史很容易学；
5. 历史能提高我们的文化素养；
6. 历史知识对解释现实社会中的问题有帮助；
7. 历史知识对我将来的工作会有用。

---

① A. Bandura, *Self-efficacy: the Exercise of Control*, New York: W. H. Freeman Company, 1997, p. 3.
② R. Schwarzer, & B. Aristi, *Optimistic Self-beliefs: Assessment of General Perceived Self-efficacy in Thirteen Cultures*, Word Psychology, 1997, 3 (1-2), 177-190.

2. 学生认知活动

学生认知活动指的是学生在学习中获得有关的知识、技能、方法、能力的过程或活动。认知活动可以有不同的分类方法。本研究对认知活动的刻画，依据的是北京师范大学学科能力表现研究课题组提出的各学科学生学习过程中都会进行的认知活动，包括学习理解活动、实践应用活动以及创新迁移活动。历史学科根据学科特点，对这 3 类认知活动进行进一步的具体描述，细分为 9 个亚类。[①]

A. 学习理解活动，包括 A1 记忆、A2 概括以及 A3 说明等。诸如背诵一些重要历史事件的时间、地点就属于识记活动，而归纳整理已学过的历史知识则属于概括活动。建立以前学过的历史概念、术语或观点与历史事实或证据之间的关联属于说明活动。

B. 实践应用活动，是指学生运用习得的程序完成练习或者运用习得的历史知识解决问题。学生基于学习理解活动输入的已有知识，通过联系实际问题解决进行具体的实践应用，在应用中进一步深化理解并使所学的知识内化，为更高层次的探究奠定基础。实践应用活动包括 B1 解释、B2 推论和 B3 评价。如用历史知识分析解释一些历史现象属于分析解释类活动；用所学的历史知识对陌生的历史现象等进行推论预测属于推论活动；利用所学的知识对历史人物、事件做出价值判断属于评价活动。

C. 创新迁移活动，包括 C1 叙述、C2 论证和 C3 探究等活动。如围绕既定问题运用证据展开论述属于论证。提出有关历史的问题、提出自己观点和假设，运用证据展开论述，以及从不同角度对有关历史问题进行思考和取证、创造性地解决有关的历史开放性问题属于探究。

对于特定的历史学习内容来说，学习理解活动、实践应用活动、创新迁移活动的水平依次升高。据此设计的测查项目举例如下。

A1 记忆

1. 我在历史课上学习的知识，学过之后没几天就忘了；
2. 如果我历史没考好，那一定是因为要考的历史知识没记住；

[①] 郑林：《中学生历史学科能力表现及测评初探》，《历史教学》（上半月刊）2015 年第 9 期。

A2 概括

3. 在复习历史的时候，我会把历史分成不同的阶段，把同一阶段的历史知识放在一起；

4. 在复习历史的时候，我会把相同类型的历史知识放在一起；

5. 我能区分出一段历史叙述中的原因、过程、结果；

A3 说明

6. 在阅读历史资料时，我会联系以前学过的知识来理解资料中的内容；

B1 解释

7. 我会用生产力决定生产关系，经济基础决定上层建筑等唯物史观解释历史现象；

B2 推论

8. 当我看到一件历史文物时，会运用学过的历史知识推测它所处的年代；

B3 评价

9. 当我看历史影视剧时，会联系学过的历史知识判断剧中所讲的内容是否符合历史事实；

C1 叙述

10. 在谈论一个历史人物或事件时，我会考虑那个历史时代的政治、经济、文化等多方面的因素；

11. 在讲述历史故事时，我会按时间先后顺序组织内容；

C2 论证

12. 我对很多历史问题有兴趣，会查阅历史资料，把问题弄明白；

13. 当别人不同意我的看法时，我会用所学历史知识和其辩论；

C3 探究

14. 在看时政新闻时，对于一些重大问题我会从其历史角度来思考，做出自己的判断；

15. 我喜欢和别人谈论历史问题，发表自己的看法。

3. 教师教学方式

教师因素重点关注教师的教学方式。教学方式是"师生基于对教学存

历史课程教材教法研究

在的观念性反映,在长期的教学实践中形成的把握教学活动的基本样式,是由教学思维方式和教学行为方式构成的有机体"。[①] 教学方式不是具体的教学策略、方法或技术,而是对教学结果具有决定性影响,对人的发展具有战略意义的方法和形式,具有一定的概括性,是方法、形式、手段等的综合。[②] 本研究中我们主要关注教师在教学中使用的促进学生认识发展的教学方式和探究教学方式。具体测查题项的设计结合历史教师使用各种教学方式的典型行为进行表述。

探究教学方式是以组织学生进行历史探究为主的教学活动。历史探究教学方式中包含的具体的教学活动有:老师布置要探究的历史问题,或者引导学生提出问题;指导学生为了解决问题去有意识地获取证据;组织学生根据事实和证据对问题进行解释;组织学生交流和论证他们所提出的解释;提示学生通过与他人(包括老师)的解释进行比较,来评价自己所作解释是否具有合理性,进一步完善自己的解释;指导学生总结探究汇报结果;等等。

促进学生认识发展的教学方式,是指在历史教学中,为了帮助学生建立认识角度和发展其认识方式类别从而提升学生历史认识发展水平的一系列师生相互作用的教学活动,其中帮助学生建构历史认识模型,是促进学生认识发展的教学方式的重要特征之一。其具体的教学活动主要包括:在备课时设想学生的已有认识、分析学生面对相关问题的认识思路,并以此为基础设计教学;有意识地探查学生认识及解决问题的思路有什么困难或障碍点;针对学生的某个观点追问"你是怎样想到的""你为什么这样认为"等;在课堂上安排符合学生认识发展顺序的学生活动;重视给学生课堂上表达自己观点和认识的空间和时间;通过各种途径引导学生运用超越具体事实的思维方式对所学知识内容进行思考;等等。除了这两种教学行为,对教师的讲授行为也设计了相应的测查内容。测查项目举例如下。

讲授行为

1. 老师给我们详细讲解重要的历史人物、历史事件、历史概念;

---

① 李森、王天平:《论教学方式及其变革的文化机理》,《教育研究》2010年第12期。
② 郝文武:《实现三维教学目标统一的有效教学方式》,《教育研究》2009年第1期。

2. 老师为我们深入分析历史的因果关系；

探究教学行为

3. 老师让我们自己提出历史问题；

4. 老师给我们提供材料让我们探求适当的历史结论或规律；

5. 老师给我们布置探究任务后，会提供解决问题的思路；

6. 老师让我们通过与他人（包括老师）的解释进行比较，来评价自己所作解释是否合理，进一步完善自己的解释；

认识发展教学行为

7. 老师设计的问题能让我们深入思考；

8. 老师在课堂上给我们提出一系列环环相扣的问题；

9. 老师非常重视给我们课堂上表达自己观点和认识的空间和时间；

10. 老师在课堂上安排的活动非常符合我们的认识发展顺序；

11. 老师试图弄清楚我们心里的真实看法和想法，如进行追问和访谈；

12. 老师引导我们归纳提炼解决历史问题的思路和方法。

（二）影响因素测查工具及分析方法

本研究主要利用问卷和学科能力测试题[①]收集相关信息。问卷采用五分量表，A. 总是，B. 经常，C. 有时，D. 偶尔，E. 从不。基本格式如表 4-10。

表 4-10　学科能力表现影响因素问卷示例

5—1. 我主动投入很多时间学习历史	A	B	C	D	E
5—2. 我自己总结了一套比较有效的历史学习策略和方法	A	B	C	D	E
5—3. 我花费很多课余时间去了解一个历史人物或历史事件	A	B	C	D	E
5—4. 我历史课后及时复习	A	B	C	D	E
5—5. 我会反思历史学习中存在的问题	A	B	C	D	E

---

① 测试题的开发详见《中学生历史学科能力表现及测评初探》。

历史课程教材教法研究

问卷调查和学科能力测试一起进行,学生先做问卷,然后再做学科能力测试题。信息收集上来以后,采用相关分析和回归分析等方法进行统计分析。

相关分析(correlation analysis)研究现象之间是否存在某种依存关系,并对有依存关系的现象探讨其相关方向以及相关程度,是研究随机变量之间的相关关系的一种统计方法。本研究首先利用相关分析探查与学科能力有显著相关关系的因素变量,分析相关的方向。具体步骤如下:分析研究中涉及的各影响因素变量与历史学科总能力、历史学习理解能力、历史实践应用能力、历史创新迁移能力等是否存在显著的相关关系,如果存在显著的相关,则进一步关注其相关的方向。如分析显示,历史学习动机水平与历史学科能力存在显著相关关系,相关系数为0.326,表示历史学习动机与历史学科能力存在显著的正相关关系,后面需要进一步分析历史学习动机水平对历史学科能力的影响力。

回归分析(regression analysis)是确定两种或两种以上变量间相互依赖的定量关系的一种统计分析方法。它基于观测数据建立变量间的依赖关系,以分析数据内在规律,并可用于预报、控制等。回归分析按照涉及的自变量的多少,可分为一元回归分析和多元回归分析;按照自变量和因变量之间的关系类型,可分为线性回归分析和非线性回归分析。如果在回归分析中,只包括一个自变量和一个因变量,且二者的关系可用一条直线近似表示,这种回归分析称为一元线性回归分析。如果回归分析中包括两个或两个以上的自变量,且因变量和自变量之间是线性关系,则称为多元线性回归分析。相关分析研究的是现象之间是否相关、相关的方向和密切程度,一般不区别自变量或因变量。而回归分析则要分析现象之间相关的具体形式,确定其因果关系,并用数学模型来表现其具体关系。

一般来说,回归分析是通过规定因变量和自变量来确定变量之间的因果关系,建立回归模型,并根据实测数据来求解模型的各个参数,然后评价回归模型是否能够很好的拟合实测数据;如果能够很好地拟合,则可以根据自变量作进一步预测。

（三）测查结果分析

本次测查样本来自北京市 A 区、B 区，测查时间是各年级学习的中段，选取了包括初中和高中共四个年级的学生样本。抽样时尽量按照各类学校各自不同水平学生的原有比例抽取测查样本，影响因素问卷的样本与能力测试的样本一致。

根据研究目的选定抽取的样本后，以学校年级为单位进行集中测查。施测后，根据学生问卷的作答情况，首先剔除空答、规律作答等明显的无效问卷，然后根据问卷设计的测谎题，进一步剔除无效问卷，最终获得有效问卷为 872 份。对问卷数据统计分析的结果如下。

1. 学生非智力因素与历史学科能力表现

对学生的历史学习动机水平、情感态度、自我效能感以及元认知等非智力因素与其历史学科能力表现进行相关分析，结果如表 4-11 所示。

表 4-11 非智力因素与学科能力表现

	总能力	A	B	C
动机水平	0.168	0.17	0.175	0.167
情感态度	0.24	0.241	0.248	0.248
自我效能感	0.2	0.203	0.21	0.197
元认知	0.179	0.182	0.188	0.177

相关分析数据显示，动机水平、情感态度、自我效能感、元认知与学生的历史学科总能力及各项分能力都显著正相关，说明学生的历史学习动机、对历史学习的情感态度、自我效能感和元认知水平都是影响学生历史学科能力的重要因素变量。根据回归分析进一步看出，学生的非智力因素四个变量中，对学生学科能力影响最大的是情感态度（$\beta=0.175$），其次是自我效能感（$\beta=0.079$），再次是元认知（$\beta=0.063$）。由此推测，培养历史学科能力的教学，首先要激发学生历史学习的兴趣，使他们在历史学习的过程中有愉悦的体验。其次，要使学生在学过历史后有成就感，自信能学好历史。

2. 学生认知活动与历史学科能力表现

从表 4-12 可以看出，学生认知活动的 9 个二级维度变量与历史学科总能力以及各历史学科分能力维度都显著相关,其中历史叙述与学生的历史学科总能力及各项分能力的相关系数最大,均大于 0.3,解释次之,均大于 0.25,再次为说明,均大于 0.2。而记忆与学科能力的相关系数最小。根据回归分析的结果发现,三类活动中,创新迁移活动中的叙述对学生历史学科能力的影响最大($\beta = 0.322$)实践应用活动中的解释次之($\beta = 0.186$),然后是实践应用活动中的推论($\beta = 0.087$),再次是学习理解中的概括($\beta = 0.044$)。

表 4-12 学生认知活动与学科能力表现

	总能力	A	B	C
记 忆	-0.009	-0.009	-0.018	-0.006
概 括	0.189	0.188	0.188	0.189
说 明	0.213	0.211	0.213	0.208
解 释	0.257	0.260	0.263	0.250
推 论	0.153	0.153	0.165	0.152
评 价	0.116	0.114	0.129	0.124
叙 述	0.332	0.334	0.335	0.324
论 证	0.098	0.097	0.112	0.101
探 究	0.159	0.160	0.174	0.158

在我们定义的学生认知活动中,历史叙述是让学生从零散的材料中准确选择材料,按照时序、因果关系等规则,通过合理想象构建对历史事件或历史过程的完整叙述。解释是要求学生分析历史的因果关系,说明则是要学生将历史概念与具体史实对应,或者将历史观点与支撑观点的证据对应。从数据分析可以看出,历史叙述、解释、说明等活动,都是有助于提升学生历史学科能力的重要因素变量。当然,其他活动也有积极作用,只是相比较而言,这三项活动作用更大一些。

3. 教师教学方式与学生历史学科能力表现

研究中将教师的教学方式分为讲授行为、探究教学、认知发展教学,分别对这三个子变量与学生历史学科能力表现进行相关分析。结果如表 4-13 所示。

表 4-13 教师教学方式与学科能力表现

	总能力	A	B	C
讲授行为	0.119	0.117	0.114	0.128
探究教学	0.168	0.167	0.170	0.171
认知发展教学	0.177	0.177	0.174	0.174

相关分析结果显示，教师的三种教学方式均与学生的历史学科总能力及各项分能力成显著正相关关系。通过回归分析发现，认知发展教学行为对学生历史学科能力的影响最大（$\beta = 0.112$），探究教学行为次之（$\beta = 0.092$），对学生历史学科能力影响最小的是讲授行为（$\beta = 0.013$）。由此推测，教师在历史教学中采用认知发展教学行为能更有助于提升学生的历史学科能力。这种教学行为的重点是帮助学生建立认识角度，掌握认识历史的方式。在教学中具体表现为有意识地探查学生认知及解决问题的思路有什么困难或障碍点，通过各种途径引导学生运用超越具体历史事实的思维方式对所学知识内容进行思考。

第三节
基于历史学科能力培养的习题设计研究述略[*]

历史学科能力培养是历史教学的重要目标，而习题则是训练和测评学生学科能力发展的主要途径之一。20世纪90年代末，《历史教学》杂志连续刊登了白月桥先生的《习题的分类标准和类别》等系列文章，其专著《历史教学问题探讨》专辟一章以较长篇幅对历史习题进行了论述。随着课程改革的深入发展，在国内影响较大的历史教育类期刊《历史教学》《中学历史教学》《中学历史教学参考》《课程·教材·教法》等相继刊登了一些历史习题研究相关的文章，王雄等的《历史地理教学心理学》、聂幼犁的《历史课程与教学论》、于友西的《历史学科教育学》、黄牧航的《高中历史科学业评价体系研究》相继出版，对习题研究均有或多或少的

---

[*] 原文发表于《历史教学问题》2014年第4期。

涉猎。

历史教育界对于历史习题的研究主要从以下几个方面展开。

（一）历史习题的内涵及分类

1. 历史习题的内涵

国内大多数学者在研究历史习题时，均把历史习题定义为历史教科书结构的重要组成部分，如"习题是指在课文前、课文中或课文后设置的要求学生回答、回忆、总结、深入思考等各种性质的问题，统称习题"①。也有学者认为："习题，是教师、命题人就某一单元或全体内容设计的问题，是用来检验学生所学知识的一种形式，它是课堂教学的一个有机组成部分和延伸。"② 白月桥先生则认为，广义的习题既包括高考、中考、会考以及各种类型的考试和测验的试题，又包括教科书中被称为作业、练习、问答题、复习题、思考题等各种名目的习题，它涵盖了各级各类考试、测验的试题和教材中设计的各种练习。③ 同时，他也提到，习题教学是历史教学过程中的重要组织活动之一，习题是教科书课文重要辅助结构之一，习题教学是使学生牢固掌握基础知识和基本技能的重要手段，也是发展学生历史专门能力的重要手段。白月桥先生所说的历史习题，涵盖的范围广，贯穿历史教学的全过程和各级各样的考查试题。

2. 历史习题的分类

各国的教学法专家和历史教育工作者都很重视习题的分类研究，苏俄的扎波罗热茨在她的《历史学科培养能力与技巧的方式与方法》一书中结合历史内容的特点，根据学生完成习题需要实行的智力活动将历史习题分为六类：（1）要求分析、综合、抽象和概括历史材料的习题；（2）要求对历史客体进行对照和比较，继而进行概括的习题；（3）要求推理和作结论的习题；（4）要求证明结论正确的习题；（5）把历史事件和过程纳入一定时期的习题；（6）把事件和过程纳入空间的习题和使用历

---

① 聂幼犁主编《历史课程与教学论》，浙江教育出版社，2003，第123页。
② 朱烁红：《以人为本：高三历史习题教法新探》，《中学历史教学参考》，2002，第7页。
③ 白月桥：《历史教学问题探讨》，教育科学出版社，1997，第289页。

史地图的习题。① 日本的辰野千寿把习题分为防止遗忘的复习型作业题和培养思维能力的作业题两大类。②

白月桥先生从历史习题发展智力和培养能力的功能出发，将其分为四类：客体性习题和观点性习题、标准化习题和认知性习题。所谓客体性习题，就是绝对地针对无限的历史客体而设计并提出的问题，客体性习题的基本功能是使学生掌握知识，而不是培养创造性思维能力，培养创造性思维能力的主要习题是和客体性问题相对立的观点性问题的习题。标准化习题来源于标准化考试，主要在于命题标准化，典型题是选择题；认知性习题的命题根据是认知心理学原理，典型题是带有问题情境的问答题，认知性习题的最大特点是通过解答可以发展或衡量学生高层次的综合性的思维能力、组织能力、表达能力和创造性思维。③ 白先生的《历史教学问题探讨》一书中对各类题型作了举例说明，着重对培养能力的观点性题型进行了科学的设计。

朱煜根据新的教学理论研究，认为习题可分为两大类：一类是以复习知识为目标的检查性习题，另一类是以培养思维能力为宗旨的认知性习题。美国教育专家把这两类习题称为"封闭题"和"开放题"。封闭题的特点是有"完备的条件"和"固定的答案"；开放题的特点是"答案不固定"或者"条件不完备"。按照皮亚杰发生认识论的观点，封闭题主要引起认知结构的同化，而开放题则引起认知结构的顺应。一般而言，开放题对培养学生的历史思维能力和创新能力影响较大。④

于友西等将历史教学中的试题分为客观性试题、论文体试题和解决问题型试题。所谓论文体试题我们叫作"问答题"，属于主观性试题，在考察综合理解、创造性、能力等方面的优点是客观性试题不能代替的；解决问题型试题是美国在"8年研究"中，为解决思考力评价法问题而研制的，为了解决问题，要求调动分析与综合、推理与判断、概括与归

---

① 〔苏〕H. И. 扎波罗热茨：《历史学科培养能力与技巧的方式与方法》，白月桥译，河北教育出版社，1989，第125页。
② 白月桥：《历史教学问题探讨》，第293页。
③ 白月桥：《习题的分类标准和类别》，《历史教学》1996年第4期。
④ 朱煜：《论中学历史教科书习题的改革》，《中学历史教学参考》2000年第9期。

纳、评价与证明等多种能力，我们现行的材料分析题、材料问答题等也属于此类。①

(二) 习题与历史学科能力培养

1. 习题在历史教学过程中的地位

关于作业练习的重要性，中外著名教育家早有精辟论述，如苏联教育家娜·康·克鲁普斯卡雅在《布置家庭作业的方法》一文中写道："家庭作业具有重大意义。如果家庭作业安排很妥当，就可以使学生养成独立工作的习惯，培养他们的责任感，帮助他们掌握知识和技能。"② 而家庭作业只是我们所说的历史习题诸形式的一种。

白月桥先生认为，历史教学过程就是提出问题、分析问题和回答问题的过程，尽管这些问题有时以习题的形式出现，有时不以习题的形式独立出现，但无论如何，历史教学过程中决不能离开习题。例如，要学生掌握主要历史对象和历史规律离不开习题；衡量各教学阶段历史水平的高低离不开习题；发展学生的思维能力和思维技巧离不开习题；测量评价教学效果离不开习题。历史学科的最大特点是当代人的主体意识渗透，学习历史要为现实服务。因此，历史教学中的习题就是为了培养学生分析解决社会实际问题的能力。从这个意义上说，历史教学中的习题教学，既是教学的目的，又是教学的手段；既是教学的出发点，又是教学的归宿。③

2. 习题对于促进历史学科能力发展的重要性

作为苏俄很有影响的教学论和教学法专家，莱纳和斯卡特金在20世纪七八十年代按学生的思维活动程度进行了教法分类：（1）图解讲解法；（2）复现法；（3）问题性叙述法；（4）部分研究法；（5）研究法。这一教法序列由不知到知、由易到难、由模仿到创造，体现了学生掌握知识并形成能力的客观过程。莱纳在解释研究法时提到，研究法是组织学生为解决问题而进行的探索性的方法和创造性的方法，为实现这种方法，就要设

---

① 于友西等：《历史学科教育学》，首都师范大学出版社，1999，第318~325页。
② 白月桥：《历史教学问题探讨》，第274页。
③ 白月桥：《历史教学问题探讨》，第269页。

计专门的习题。其目的在于使学生全面掌握创造活动的经验,并更加深刻地掌握知识和技能。①

白月桥先生在《历史教学问题探讨》一书中明确指出能力是素质教育的重要内容之一,历史教学要做到为提高民族素质服务,就要落实能力培养目标;同时,要根本改变学生"死读书,读死书,读书死"的状况,就必须对习题进行专题研究并改革,因为习题是训练思维、培养能力的"体操"。② 白先生在书中进一步阐释,历史学科的特殊能力的培养,贯穿于历史教学的一切活动和方方面面,但是培养历史学科的特殊能力特别是历史思维能力,必须利用历史习题特别是认知性习题。因为专门设计的历史习题可设置历史研究的各种问题情境,而解答这样的问题要利用历史思维,要求迁移历史的知识和技能,从而最有效地形成历史学科的专门能力。

朱煜也认为:"习题不仅是教材的有机组成部分,而且是训练学生思维和培养能力的一把"钥匙",对培养学生的创新能力,具有不可替代的独特作用。"③

赵恒烈先生在《历史学科创造教育与习题设计》一文中认为:历史学科中进行创造教育是让学生在发现史事、诠释史事、评论史事中有所突破,有自己的新见解,其关键在于教师对习题的精心设计。④

在王雄、孙进、张忆育著的《历史地理教学心理学》一书中提出:中学生的历史学科能力包括阅读、阐述与评价三项基本能力,他们的核心是历史思维能力。历史学科能力的培养最终要依靠严格的测验与评价来检验其效果。这就有赖于历史习题的精心设计。⑤ 从个体研究来看,教师可以依据这种测验,发现学生个体在历史学科能力中,不同类型能力的发展状况,研究历史学业成绩与其能力发展之间的关系,从而为有效指导学生通过专项训练,提高学科能力水平服务;从团体的研究来看,教师可以依据测验显示的不同年龄组学生在历史学科能力方面的发展规律与特点,研究

---

① 〔苏〕И. Я. 莱纳:《历史教学中发展学生的思维能力》,白月桥译,教育科学出版社,1989,第48页。
② 白月桥:《历史教学问题探讨》,第268页。
③ 朱煜:《中学历史教材习题创新浅议》,《课程·教材·教法》2001年第1期。
④ 赵恒烈:《历史学科创造教育与习题设计》,《历史教学》1997年第9期。
⑤ 王雄、孙进、张忆育:《历史地理教学心理学》,北京教育出版社,2001,第229页。

采用不同教学方法、教学模式的实验对历史学科能力发展的影响，从而为历史教学的改革提供科学的依据。

同时，《历史地理教学心理学》明确提出两个观点：一是学科能力测验属于特殊能力的测验，与一般能力测验（智力测验）相区别；二是历史学科能力测验与一般的学业测验不同。学业测验既针对教学目标中的陈述性知识，又包含程序性知识（技能），因此教师从学业测试中了解的信息可以按照知识的体系，检查学生知识掌握的情况。而学科能力测验关注的是以学科能力为中心的技能体系，不用考虑知识体系，而且要尽可能减少学生记忆的负担，即学生完成测验主要依靠的是以历史思维能力为核心的学科能力，而不是记忆力。这就需要专门对能够实现能力评测的习题设计进行研究。

（三）从学科能力角度出发的习题设计

从众多学者的研究成果来看，习题一是通过精心设置问题发展培养学生的历史学科能力，二是通过学生的思维过程和答案来评测学生的历史学科能力。教学论专家精选教学案例，各类学者针对不同版本的教科书习题，一线教师结合教学实际分别作了相关研究，其中较具有代表性的主要有以下几类研究成果。

1. 教学中的习题设计

白月桥先生借鉴苏联历史教学大纲，结合现代教学组织形式，提出历史课设计难度适当、内容范围界定适宜的大型问答题，可以用来组织班级或小组的教学活动，以达到因材施教的目的。通过精心编制的认知性习题，使学生获得创造性思维的经验，逐步熟悉研究历史的方法论，从而提高历史学科能力。

赵恒烈先生认为教学中习题的设计要接近学生的"最近发展区"，在提供必要的背景材料下，使学生经过一番思考之后能顺利地回答出来。[1]作者选录了北京市部分中学历史教师教学实践分门别类，举例说明如何展开创造教育，如"从文物图中发现新的信息""诠释新的史料""判断设

---

[1] 赵恒烈：《历史学科创造教育与习题设计》，《历史教学》1997年第9期。

置历史的是非真假"等。

天津汇文中学历史组通过教学实验——介绍分析了观点性问题的教学方法和实验效果。①

上海市崇明中学陈汉忠指出中学生最喜欢的三种教学形式：配合教学到博物馆或遗址参观考察，进行社会调查，历史问题辩驳式研讨。同时介绍了开放型习题的三种形式：设计开放型问答题，撰写历史小论文和开展社会调查、撰写调查报告。②

2. 教科书中的习题设计

关于教科书习题设计的原则，聂幼犁先生指出："历史教科书习题设计须遵循针对性、量力性原则，设计要符合学生的背景知识、思想现状和思维特点，要遵循学生的认知规律。问题要难度适宜，量学生学习基础之力，问学生力所能及之题，问域清晰明确，答域在学生近期的知识、能力发展内。对于不期待解决的问题，学生容易产生逃避的动机，难以展开积极的尝试。"③

朱煜提出，根据考试学原则，只有在新材料和新情境下，才能考查出学生的能力。习题如果重复课文中的材料和情境，只能训练学生的机械记忆能力。因此，要根据教学目标要求，精心选择与教科书内容紧密相关，难度适宜的一些新的材料，使学生在新的情境中灵活运用。④

3. 评价中的习题设计

聂幼犁在《历史课程与教学论》中专辟一章着重研究了中学历史学科用以发现和解决问题的历史思维品质及其测量技术，对于识记鉴别能力、领会诠释能力、分析综合能力、评价辩证能力及其测量技术提出了定义明确、便于操作、可资推广的具体要素和措施。

黄牧航在《历史教学与学业评价》一书中运用比格斯的 SOLO 分类评价法对历史题目进行能力层次的划分，以材料题和问答题为例说明大多数的历史问题都可以分为五个层次：前结构、单点结构、多点结构、关联结

---

① 傅鸿智：《"习题设计与能力培养"课题实验体会》，《历史教学》1997年第12期。
② 陈汉忠：《高中历史开放型习题的设计》，《历史教学》2002年第1期。
③ 聂幼犁主编《历史课程与教学论》，第126页。
④ 朱煜：《论中学历史教科书习题的改革》，《中学历史教学参考》2000年第9期。

构和抽象拓展结构，以及能够明显拉开学生差距的八层次历史题目：前结构层、单点结构层、单点结构与多点结构的过渡层、多点结构层、多点结构与关联结构的过渡层、关联结构层、关联结构与抽象拓展结构的过渡层、抽象结构层。[1] 如此以题目答案的思维层次为主导的历史题目划分，给我们提供了新的分析历史思维能力的视角和方法。根据 SOLO 分类法设计出来的历史题目，在题型和题目表述上与传统的历史题目相比并没有太大的差异，根本的区别在于评分标准的制定，其目的是考察学生的历史思维能力。

《历史地理教学心理学》提出了习题发挥测验历史学科能力的目标与原则：有关历史学科能力的测验必须将理解与运用历史思维方法与方式作为测验目标之一；历史学科能力需要按照学科能力的结构与中学生的年龄特征，制定每一个年龄段的测试目标体系，并且需要经过预测来衡量每一道试题的信度；测验评价强调结构性原则、客观性原则和个体性原则。

（四）小结

历史习题对于发展学科能力的重要性毋庸置疑，学者们从教材、教学和评价等方面对历史习题展开研究，取得了一些成果。有些成果在教材编写、教学及评价的实践中得到应用。当然，以往的研究也存在着一些问题：第一，历史学科能力概念的提法和层次结构的划分比较混乱，没有形成一致认可的划分标准，难以建立一套比较成熟的历史学科能力目标体系；第二，由于历史习题所要培养的能力类型没有统一标准，研究者根据自己的理解各自研究，开发出来的成果不好推广应用；第三，缺乏对教材、教学、评价中的习题之间关系的研究，难以形成一套较完整的、具有较强操作性的历史习题设计整体框架。上述问题需要我们在今后的研究中加以解决。

---

[1] 黄牧航：《历史教学与学业评价》，广东教育出版社，2005，第 202~212 页。

第五章
历史教师教育研究

为促进中学教师专业发展、建设高素质中学教师队伍，教育部于2012年2月颁布了《中学教师专业标准（试行）》（以下简称《专业标准》）。《专业标准》是国家对合格中学教师的基本专业要求。怎样才能成为一名优秀的中学历史教师，这个问题涉及职前和职后培养。本章主要对教师的历史素养和职前教育的课程设置等问题作了初步的探索。

第一节
提高教师历史素养,深化历史课程改革*

21世纪初开始的历史课程改革,已进行了十多年。《历史课程标准》倡导的新理念受到广大教师的拥护,但是在实施过程中却面临很多困难。正如一些老师所说:"对于理念我们是相当拥护的,我们就是该这么改,但是在操作中感到很无奈。"[①] 影响新课程实施的因素是多方面的,其中教师的历史素养是一个重要方面。从一定程度上说,只有教师具备了落实新课程理念的历史素养,才能保证课程改革顺利进行。

(一) 什么是历史素养

历史课程标准中提出,要"发挥历史学科的教育功能,以培养和提高学生的历史素养为宗旨"。[②] 那么,什么是历史素养呢?历史素养"是通过日常教化和自我积累而获得的历史知识、能力、意识以及情感价值观的有机构成与综合反映;其所表现出来的,是能够从历史和历史学的角度发现问题、思考问题及解决问题的富有个性的心理品质"。[③] 从上述定义可以看出,历史素养包括历史知识、能力、意识、情感态度价值观等,但不是这些要素的简单相加,而是"有机构成与综合反映"。其中"能够从历史和历史学的角度发现问题、思考问题及解决问题的富有个性的心理品质"属于历史学科能力。"历史学科的能力培养是历史素养的重要组成部分。甚

---

* 原文题为《提高历史素养,深化课程改革》,发表于《历史教学问题》2015年第2期。
① 郑林等:《〈普通高中历史课程标准(实验)〉实施现状调研报告》,《历史教学》(中学版) 2013年第3期。
② 中华人民共和国教育部:《义务教育历史课程标准(2011年版)》,北京师范大学出版社,2012,第2页。
③ 吴伟:《历史学科能力与历史素养》,《历史教学》(中学版) 2012年第11期。

至可以说，学科能力如何，决定着历史素养的程度。"①

上述对学生历史素养的要求，对老师同样适用。要落实新课程改革的理念，培养和提高学生的历史素养，教师自身应该具备比学生更高的素养。

（二）教师应具备怎样的历史素养

俗话说，要给学生一杯水，教师自己要有一桶水。在新课程改革的背景下，教师应该有怎样的一桶水？以下从历史素养的三个主要构成要素历史知识、能力、情感态度价值观略作分析。

历史教师必须具备扎实的历史专业知识，这是没有疑问的。问题是：怎样才算具备扎实的历史专业知识？是把中学和大学历史教材中写的中国历史、世界历史的内容都记住，抑或是在此基础上阅读其他历史专业书籍，知道更多的历史知识？怎样才算真正掌握了历史知识？我们先看看高中历史教科书中的一段叙述：

"开眼看世界"

林则徐在广东主持禁烟期间，为了解对手，设立译馆，将"所得夷书，就地翻译"……。林则徐成为近代中国开眼看世界的第一人。②

有人对"林则徐成为近代中国开眼看世界的第一人"提出质疑。认为在近代中国，林则徐之前就已经有人了解外部世界③。并引用陈旭麓的话为证："经鸦片战争，继之以第二次鸦片战争，沿海及少数官员开始注视外部世界，较早的有杨炳南撰述的《海录》，之后有林则徐的《四州志》……"④

这里，人们质疑的是什么？是历史观点。林则徐在广州主持禁烟期间设译馆，编译介绍外国情况的资料，属历史事实。而"林则徐成为近代中国开眼看世界的第一人"则是历史观点，是根据相关史实得出来的主观认

---

① 吴伟：《历史学科能力与历史素养》，《历史教学》（中学版）2012 年第 11 期。
② 《普通高中课程标准实验教科书·历史3·必修》，人民教育出版社，2007，第 68 页。
③ 戴自鹏：《再议"开眼看世界"》，《历史教学》（中学版）2014 年第 3 期。
④ 陈旭麓：《论中体西用》，《历史研究》1982 年第 5 期。

识、历史结论。历史教科书中的文字叙述，主要由这两类历史知识构成。如果把这些历史知识不加区分都作为客观历史给记住，并不是真正掌握了历史知识，认识了历史。相反，结论性的知识掌握得越多，对历史认识的偏差可能会越大。因为结论性知识会受得出结论的人所掌握的史料的准确性和充分程度的制约，依据的史料有差别，得出的认识结果也会有差异。教科书只选择了一种结论，也许还会有别的看法。那么，作为历史教师怎样才算真正掌握了历史知识？

首先，对历史教材中的文字叙述要能区分出史实与历史观点。其次，对书中历史知识所反映的史实要有较全面、准确的把握。无论大学历史教材还是中学历史教材，一般是对历史的概括叙述，书中对历史史实概括得是否准确，取决于编写者的水平。我们要想正确理解书中所叙述的某段历史，不仅需要读懂教材，还需要查阅相关的史料，在充分掌握证据的基础上，形成对这段历史的认识，尽量做到准确无误。最后，对教材中的历史观点要追根溯源，看看有没有准确、充分的史实为依据。简言之，教师要真正掌握历史知识，不能仅仅凭借一两本历史书的叙述，而应该参阅各种历史著述和史料，经过分析和综合，形成比较全面的认识。

以上只是从掌握人类已有历史认识成果的角度所作分析。传统历史教学的任务是让学生把人类已有历史认识成果当成实际发生的历史记住，教师只要具备丰富的历史知识，就可以基本完成这一任务。现代历史教学的任务是引导学生探究历史，形成对历史的认识。教师只具备现成的历史认识成果就不够了，还需要把握历史认识成果形成的过程。过去实际发生的事情我们无法重演，只能通过史料重建。怎样通过史料重建历史？这需要教师具备相应的历史学理论与方法知识。只有具备了这类知识，教师才能真正转变教学方式，引导学生自主探究历史，在分析研究史料的基础上形成自己对历史的认识。中学历史教师可以适当关注史学研究，有条件的可以运用历史学理论与方法做些历史研究，解决历史问题，形成较强历史学科能力，为培养学生的能力打下基础。

历史学科能力的养成与历史知识的学习密不可分。学习、理解历史知识，探究历史问题的过程，就是培养历史学科能力的过程。如果老师在这一过程中对历史有了透彻的认识，就具备了较强的历史学科能力。情感态度价值观也是在历史学习过程中产生的。在学习过程中有了对历史的透彻认识，自然会形成正确的态度和价值观。在学习中看到令人感动的历史情景，自然会生成爱憎的情感。老师对历史理解透了，才能给学生讲明白。老师被历史感动了，才能用历史去感动学生。总之，只有老师具备了较高的历史素养，才能在教学中培养学生的历史素养。

（三）如何培养学生的历史素养

历史素养包括多方面内容，教师应该抓住关键，以激发学生历史学习兴趣为先导、以培养学生历史学科能力为核心来展开教学。

1. 如何激发学生历史学习兴趣

学好历史的前提是对历史学习有兴趣，而目前很多学生对历史学习没兴趣。为什么会这样？除了学校、社会大环境的影响外，还有中学历史课程内容本身的问题，主要是内容枯燥乏味，与现实没有关系。社会环境因素教师无法掌控，但是历史课程内容教师是可以把握的。中学历史教科书，特别是目前的高中历史教科书，对历史的叙述大部分是宏观、大跨度、高度概括性的叙述。抽象枯燥，学生不易理解。如何把枯燥的内容变得生动有趣？下面举两个例子说明。

例一 文艺复兴中的人文主义

人教版必修3第6课"文艺复兴和宗教改革"，在讲人文主义时，教科书的叙述顺序是先介绍人文主义的概念，"文艺复兴的核心是人文主义，主张以人为中心而不是以神为中心，认为人是现实生活的创造者和主人，要求肯定人的价值和尊严"。[①] 然后从文学、艺术领域选几个代表人物及其作品，概括说明。如果教师在教学中也按照教科书那样讲，很难引发学生的学习兴趣。如何把教科书抽象概括的文字叙述转化为具体生动、学生易于接受的教学内容？教师可以调整教学的顺序，先出示具体形象的图片资料或文学著作的精彩片断，让学生直观感受文艺复兴时期的作品。再分析提炼作品所反映的思想，最后归纳人文主义的概念。

例如，有教师在上这一节课时，先出示图片拉斐尔笔下的圣母和中世

---

① 《普通高中课程标准实验教科书·历史3·必修》，第27页。

纪圣母，让学生比较两幅作品，归纳各自的特点。拉斐尔笔下的圣母生动、逼真，反映人的慈爱。中世纪圣母呆板、规矩，反映神的威严。再出示莎士比亚作品的片断："人是多么了不起的一件作品！理想是多么高贵，力量是多么无穷，仪表和举止是多么端正，多么出色。论行动，多么像天使，论了解，多么像天神！宇宙的精华，万物的灵长"。让学生阅读欣赏，归纳出莎士比亚作品表达的思想：赞美人的尊贵。在选择典型作品分析归纳之后，再提炼出人文主义的核心：主张以人为中心而不是以神为中心，认为人是现实生活的创造者和主人，要求肯定人的价值和尊严。这样处理教学内容，遵循了从具体到抽象的教学原则，符合学生的认知规律，容易引发学生的学习兴趣。

例二　鸦片战争

人教版高中必修1第10课"鸦片战争"，其课文由三个子目组成：虎门销烟，鸦片战争，战火再燃。"虎门销烟"介绍了三个内容：18世纪中后期的英国，同时期的清朝，中英贸易概况及英国走私鸦片对中国的危害。"鸦片战争"概述了战争的经过、结果和影响。"战火再燃"概述了第二次鸦片战争的原因、经过、结果和影响。教科书的叙述结构清晰，逻辑严密，环环相扣。但是概括性强，内容抽象、平淡，不易引发学生兴趣。

怎样让内容变得生动、具体、引人入胜？英国历史教科书的编写方式给我们以启示。

1841年，一支中国舰队在广州港外巡游。一艘英国蒸汽船"奈米西斯"号，出现在了中国舰队的后方。中国船上的海军战士们十分吃惊，因为他们以前没见过像这样的轮船。这是一艘配备有致命武器的桨轮蒸汽船。只是一击，就把中国舰队中的一艘击沉。

当时的中国舰队没有一点机会。他们的武器只有弓箭，他们的大炮是三百年之前设计制造的，甚至没有开火船就下沉了。战斗开始才两个小时，五百多中国海军战士就已经牺牲了，英国舰队长驱直入占领了广州。

想一想：

1. 为什么英国那么容易就取得了胜利？

历史课程教材教法研究

2. 你觉得为什么英国和中国的武器差别如此之大？

（接着叙述英国的国情、中国的国情，推导出中英之间爆发鸦片战争的原因。）①

从上述英国历史教科书的叙述我们可以发现一种让内容变得生动、具体，引人入胜的方法：采用倒叙、插叙等手段提供具体生动历史情景，设计问题引导学生思考，由表及里、由近及远，层层深入。

2. 如何培养学生的历史学科能力

关于历史学科能力，历史课程标准中主要提到"阅读和通过多种途径获取历史信息的能力"以及"历史思维和解决问题的能力"。② 至于这些能力具体指什么，在教学中怎么操作，则没有进一步的说明。为了便于说明在教学中如何培养学生的能力，本书暂不去追究能力的抽象定义，而是尝试按照历史信息的输入和输出过程，对学生历史学科能力的表现进行分类。通过学生的表现，证明其具备哪方面的历史学科能力。初步的分类示例见下表5－1。

表5－1　历史学科能力分类和表现

历史学科能力分类	历史学科能力表现
学习理解能力	信息提取、归纳概括、用资料证明观点等
实践应用能力	运用已学知识解释历史现象、评判历史观点等
创新迁移能力	提出问题、收集资料进行研究、解决问题等

有了对学生历史学科能力表现的明确界定，就可以做相应的教学设计，来培养这些能力。

案例一　学习理解能力的培养

有教师在讲人教版高中历史必修3第17课"空前严重的资本主义世界经济危机"时，引用了一则材料：

寒冷的北风呼啸着，一个穿着单衣的小女孩蜷缩在屋子的角

---

① Jamie Byrom, *Minds and Machines* (*Britain 1750 – 1900*), Harlow：Longman, 1999, p. 104.
② 中华人民共和国教育部：《普通高中历史课程标准（实验）》，第4页。

落里。

"妈妈,天气这么冷,你为什么不生起火炉呢?"小女孩在瑟瑟发抖。

妈妈叹了口气,说:"因为我们家里没有煤。你爸爸失业了,我们没有钱买煤。"

"妈妈,爸爸为什么失业呢?""因为煤太多了。"

读完这段材料,教师接着说:这是1929~1933年经济危机期间一个美国煤矿工人家的场景。这场危机是怎么爆发的?今天,我们就来探讨这个问题。由此导入新课,用材料、图示向学生解释危机爆发的原因。这种教学用了很多具体生动的材料,能够引起学生兴趣,也便于学生理解,但是整个教学过程感觉平淡,很难培养学生的能力。如果变换一下方式,用同样的材料,会产生不同的教学效果。

调整后的教学流程如下。

先出示上述材料,并说明是20世纪30年代一个美国煤矿工人家的场景。然后提问并随着学生的回答追问。

(1) 根据材料,这个煤矿工人家庭出现什么困难?

可能的回答:冬天很冷却没钱买煤,生活艰难。

(2) 为什么会出现这个困难?

可能的回答:工人失业了。

追问:为什么会失业?

答案:煤太多了。

这两个问题的答案学生可以直接从材料中找到,提问是为了引导学生思维的过程。第一步,概括该煤矿工人家庭的生活状况。第二步,概括产生这种状况的原因。这两步都是从材料中提取信息来概括,训练学生的阅读理解、提取信息的能力。

(3) 为什么煤太多了,工人家里缺煤啊?

第三个问题也就是第三步,是要引导学生分析煤矿企业生产过剩的原因。学生从材料中找不出答案,需要老师提供理论观点,并用数据资料证明。老师出示了一则材料:

一切真正的危机的最根本的原因，总不外乎群众的贫困和他们的有限的消费，资本主义生产却不顾这种情况而力图发展生产力……

——马克思《资本论》

这句话比较拗口，学生不易理解，老师转换成学生容易理解的话：群众的购买力有限而资本家却盲目扩大生产，造成生产相对过剩。并提供材料进一步论证。

材料一：1920~1929年，美国工人的工资增长2%，而工厂中生产率却增长55%。农业工人的工资还不到非农业工人的40%，到1929年，美国国家财富的三分之一由只占人口总数的1%的人拥有。

请学生阅读并说明材料反映了当时美国的什么经济状况。

可能的回答：贫富悬殊，占人口多数的工人购买力低，资本家却在不断增加生产。

材料二：1928年8月底，美国股票市场的平均价格相当于5年前的4倍。1929年夏季的三个月中，通用汽车公司的股票由268美元上升到391美元，美国钢铁公司的股票从165美元上升到258美元。

请学生阅读并说明材料反映了当时美国的什么经济状况。
可能的回答：股票市场繁荣。

材料三：当时美国的流行说法是："一美元首付，一美元月供。"据统计，1924~1929年，分期付款销售额从20亿美元增加到35亿美元。那时，农民贷款购买土地、化肥和农用设备；城里人贷款买汽车、收音机、洗衣机；投资者贷款买股票。1926年约有70%的汽车，是用分期付款的形式购买的。

请学生阅读并说明材料反映了当时美国的什么经济状况。
可能的回答：人们用分期付款的方式购物。

在引导学生阅读理解了上述材料之后，教师就可以进一步建立三者之间的关联，对美国当时的经济状况作一个整体描述：由于贫富悬殊，群众购买力低，企业通过股票融资扩大生产，通过分期付款和银行信贷刺激群众消费。表面上看市场繁荣，实际是虚假的繁荣，不可持续。生产和消费的矛盾最终会导致经济危机的爆发。

以上教学设计侧重培养学生的学习理解能力：信息提取、归纳概括、用资料证明观点。

案例二　实践应用能力的培养

实践应用能力的培养要以已经掌握的历史知识为前提。例如，要培养学生运用已经学习过的知识评价各种不同的历史观点，评价活动应该安排在学习完一课或一个单元的内容之后，这样学生才有相关的历史知识，做到论从史出。设计问题时，提供的材料应该是新的，问题或任务可以用学过的知识来完成，训练学生运用已有知识的能力。

下面是英国历史教科书中鸦片战争一课主要内容完成后的思考题：

历史学家 L. C. B. 西曼说："中国人盲目自大、愚昧无知，并且无能。从叫外国人为野蛮人时，这个问题就开始显现了。拒绝平等对待外国人，而且还妄断外国人不能打败他们，这些都是自找麻烦。"

历史学家丹尼斯·贾德说："鸦片战争是英国不知羞耻的侵略行径的一个例子。中国贸易的大门被嚣张的军事干预击碎。"

请解释西曼的观点与贾德的观点有什么不同。

你同意谁的说法，西曼还是贾德？运用你这节课学的知识来回答。[1]

这种设计侧重培养学生的实践应用能力：运用所学知识评判历史观点。

案例三　创新迁移能力的培养

有教师在上北京师范大学版初中历史 7 年级上册"甲骨文与青铜器"一课时，先出示甲骨文图片，让学生观察并提问：对于甲骨文，同学们有什么疑问？学生们提出各种问题：甲骨文是怎么被发现的；甲骨文每个字的含义是什么；甲骨文记录的是什么内容；甲骨文是做什么用的。教师引

---

[1] Jamie Byrom, *Minds and Machines*（*Britain 1750 – 1900*），Harlow：Longman, 1999, p. 109.

导学生利用教科书、课前收集的资料对上述问题一一作出解答。

上述教学用学生的问题组织历史教学内容，侧重培养学生的创新迁移能力：提出问题，收集资料进行研究、解答问题。对于初中生，能提出问题，在教科书和其他历史书中找到答案就行了。高中生则可以尝试进一步探究：教科书中的答案是从哪来的？可靠吗？为什么？要解答这些问题，就需要查找史料，甄别历史文献或历史叙述的作者或资料来源，辨别历史事实与历史解释，分析历史的因果联系，等等。学生多经历这种探究过程，可以逐渐培养出高层次的历史学科能力。

综上所述，培养学生的历史学科能力首先要对学生的能力表现有比较清晰的界定，然后以史学理论与方法为依托设计教学过程，通过环环相扣的材料与问题引发学生思考，进而实现能力培养的目标。

第二节
师范院校历史教学法课程的定位及改革思路[*]

《历史教学法》是师范大学历史系特有的必修课，是为历史系学生将来从事中学历史教学做职业准备的主干课程之一。但是长期以来，这门课程在一些师范大学历史系得不到重视。一些学生也认为这门课程没有什么用处，缺课率比较高。尽管《历史教学法》得不到应有的重视，但是它始终是师范大学历史系的必修课，谁也不会说要把这门课取消。尤其是在当前，国家历史课程标准对中学历史教材教法提出了新的要求。要贯彻国家历史课程标准，必须对中学历史教师进行新的历史教学理念和教学方法的培训，师范大学的历史教学法课程就更不能取消了。于是出现一种矛盾的现象：一方面《历史教学法》是师范大学历史系必须开设的课程，另一方面它又是最不受重视的课程。为什么会出现这种尴尬的局面？怎样解决这个问题？

为了上好《历史教学法》，笔者分别对教育硕士、中学历史教师和大

---

[*] 原文发表于《历史教学》（高校版）2007年第3期。

学四年级本科生做了调查，并根据调查结果提出改进《历史教学法》这门课程的设想。

(一) 师范大学历史系《历史教学法》课程问卷调查与分析

2004年10月下旬，笔者对北京师范大学历史系2004级教育硕士进行问卷调查。本次调查的教育硕士共16名，都是至少具有三年教学经验的青年历史教师。他们分别来自新疆、甘肃、宁夏、黑龙江、内蒙古、河北、山西、安徽、江苏、浙江、广西、福建、北京等13个省市自治区。这些教师大学本科毕业的学校包括：西北师范大学、陕西师范大学、东北师范大学、内蒙古师范大学、内蒙古民族师范学院、河北师范大学、山西师范大学、南通师范学院、浙江师范大学、上海师范大学、淮北煤炭师范学院、广西师范大学、首都师范大学、北京师范大学等14所师范大学，以及齐齐哈尔大学1所普通大学。这次调查的人数虽然不多，但是地区分布较广，本科毕业的学校也各不相同，有一定的代表性。调查问卷采用开放式的问题，现将教师们的回答做统计分析如下。

问题1：您认为上大学时所学历史教学法课程对您的历史教学有哪些帮助？

统计结果显示，43.8%的教师认为《历史教学法》对于他们的中学历史教学没有帮助。只有一名毕业于上海师范大学历史系的老师回答帮助较大，并详细说明了理由：历史教学法课实践多、操作性强，结合听名师讲课、看教学录像课、评课，以及实习讲课等多个环节，使自己在历史教学课堂教学模式及其多样性方面有较多感性认识。课程中理论相对少一些，而且理论也多和案例结合。这说明师范大学历史系的《历史教学法》课程确实存在问题，并且具有普遍性。

问题2：作为中学历史教师，您所具备的教育教学技能主要是通过什么途径获得的？

75%的教师认为历史教育教学技能的获得，主要是靠观摩和实践。这说明观摩学习有经验的老教师的历史课，是新教师获得教育教学技能的主渠道。只有一名教师认为她的历史教育教学技能中有一部分是从大学获得的。这与我们对第一个问题的统计分析相吻合。在那个问题中，也只有一名教师认为历史教学法课程对她后来的中学历史教学有很大的帮助。如果我们进一步分析则可以发现，那位教师之所以认为教学法课程对她有很大帮助，是因为她那所师范大学的历史教学法课实践多、操作性强，能够结合听名师讲课、看教学录像、评课，以及实习讲课等多个环节进行教学。即使是理论性很强的内容，也结合教学实例来讲。这也进一步证明观摩和教学实践是获得历史教育教学技能的主要途径。

问题3：如果您到师范大学进修，最希望获得哪些方面的知识、能力或其他内容？

统计显示，有68.8%的教师认为需要充实、更新历史专业知识，排在所有进修需求的第一位。这说明历史专业知识对于中学历史教师来说是最重要的，这是进行历史教学的前提。没有扎实的历史专业知识，教学技能就派不上用场。因此，北京师范大学历史系的历史学教授强调历史专业知识的重要性，有其道理。37.5%的教师希望观摩北京市中学历史教师的优秀课，排在所有需求的第二位，而学习教育学心理学则排在第三位。这说明对于在中学教学第一线的教师们来说，学习新的教育教学方法最有效的途径依然是观摩课，理论也是需要的，但是最好能够结合教育教学实例来讲授。有许多教师反映，大学里的教育学、心理学教授在讲课的时候应该考虑中学教师的理解力和接受能力，如果教授们上课的时候都不注意教学方法、不能应用教育学、心理学理论来指导自己，使自己所讲授的内容让中学老师听明白，那么，怎么能够指望中学教师应用这些教育学、心理学理论来指导中学的教学实践呢？

问题4：对于历史教学法这门课程的内容、教学方法等，您有什么建议？

16名老师一致认为历史教学法的教学内容要密切联系中学历史教学的实际，切忌空谈理论、满堂灌。具体建议各不相同，包括：大学教师应该亲自到中学去，把优秀中学教师的教学经验总结提炼、升华为大学历史教学法课程的教学内容，把中学教师在实践中创造的切实可行的新教学方法加以推广；历史教学法课程本身的教学方法也应该做到一边实践一边讲授。例如讲教学方法时最好采用案例教学法，提供中学历史教学的实例；多给学生观摩中学历史教师的教学实况和教学专家点评的机会；多给学生亲自实践的机会；应该把教师讲授、学生到现场观摩、学生亲自实践和师生共同讨论等多种方式相结合；如果教学法是为进修的中学教师开设的，还应该结合新颁布的国家历史课程标准和新教材进行实际的讲课、评课、分析、讨论等，效果会更好。

这次调查的地区分布和学校分布虽然比较广泛，但是毕竟人数有限，为了弥补这一不足，笔者又对北京市东城区和崇文区的中学历史教师做了调查。使用的是同一份问卷，由这两个区的历史教研员在教研活动之前将问卷发下，教师填写后收回。共发42份问卷，其中东城区20份，崇文区22份，全部收回。

这两个区的历史教师绝大部分毕业于首都师范大学历史系和北京师范大学历史系，有个别是毕业于北京教育学院、北京大学、中国人民大学以及外地师范大学。毕业于非师范类院校的共6人。

第一个问题，对36名师范类院校毕业的教师的问卷做了统计分析。其他问题是对所有问卷的统计分析。

问题1：您认为上大学时所学历史教学法课程对您的历史教学有哪些帮助？

结果与对北京师范大学历史系2004级教育硕士所作调查有些差别。表现在以下两方面。第一，回答没有帮助的人数所占比例较2004级教育硕士要少，占总数的13.9%。加上没有填写答案的，其比例也只有25%。而教育硕士们回答没有帮助的占总数的43.8%。第二，北京市的教师没有一名回答大学的历史教学法对他们的中学历史教学有很大帮助，而教育硕士中则有一名回答有很大帮助。回答有一些帮助的，北京市教师有75%，而教育硕士中只有31.3%，加上回答有潜移默化影响的共约50%，也比北京市教师的比例要低。产生这种差别可能有两个方面的原因，一方面是由于北京市的历史教师大部分毕业于北京师范大学和首都师范大学的历史系，这两所师范大学的历史教学法课程的水平在全国相对来讲要高一些。而2004级教育硕士则分别毕业于全国14所不同的师范大学，这些师范大学的历史教学法课程水平参差不齐，对于实际的历史教学所发挥的作用也大不相同。另一方面可能是由于对问题的理解不同。如果理解为对历史教学的具体帮助，否定的答案会多一些。如果理解为宏观的理论指导，肯定的答案可能会多一些。

在北京市教师的答案中，回答有一些帮助的具体内容就各不相同。主要有：了解了历史教学的理论，明确了历史教学在整个中学教育中的地位，了解了备课、讲课的基本步骤、基本方法，以及分析历史教材的方法，等等。其中有一名教师特别强调，虽然有帮助，但是除了教学实习之外，光学习书本知识，对于中学实际教学的作用很不够。这说明北京市中学历史教师主要是从宏观指导方面来回答问题的。同时也可以看出，大学中的历史教学法课程只是提供了一些有关历史教育教学的知识，对于实际的中学历史教学并没有发挥多大的作用。从这种角度来说，北京市教师和北京师范大学历史系教育硕士对第一个问题的回答，其统计结果并没有本质上的区别。这表明大学的历史教学法课程对于中学历史教学没有发挥出学生和老师们所期望的作用。

问题2：作为中学历史教师，您所具备的教育教学技能主要是通过什么途径获得的？

回答听有经验老教师的课（包括区教研活动）和自己在实践中摸索的32人，占76.2%；回答看教学参考书、教案、自己在实践中摸索总结经验的4人，占9.5%；所有问卷中提到在大学中所学知识的3人，占8.3%，提到大学中教育实习的1人，占2.8%（按照36名师范大学毕业教师计算）。

北京市历史教师对这一问题的回答与北京师范大学历史系2004级教育硕士的回答基本吻合。

问题3：如果您到师范大学进修，最希望获得哪些方面的知识、能力或其他内容？

统计结果表明，北京市中学历史教师对这一问题的回答，答案类别比北京师范大学历史系教育硕士要少，也较笼统。这可能是因为教育硕士们正在北京师范大学历史系学习，对于自己想要通过学习得到些什么心中早有打算。而北京市教学第一线的中学历史教师忙于工作，突然要回答这一问题，来不及多想，只能大概写一下。北京市中学历史教师对于教学方法、观念和教育理论的需求大于对史学研究新成果的需求，这与北京师范大学历史系的教育硕士有些差别。教育硕士对史学新成果的需求为

68.8%，对教学方法和教育学、心理学的需求加起来也是68.8%，两者持平。如果加上对计算机多媒体的需求，则教育教学需求略超过史学新成果需求。而北京市中学历史教师对教育教学方法、理论的需求比例明显大于对史学新成果的需求。这说明中学历史教师要顺利完成教育教学任务，仅仅具备扎实的历史专业知识是不够的，还必须具备适合于自己和学生以及学校教学条件的历史教学方法。

当然，历史教学方法和历史专业知识哪个更重要，取决于多方面的条件。从统计结果我们可以看出，北京市东城区历史教师对史学新成果的需求要大于崇文区，而崇文区历史教师对教学方法、理论的需求要大于东城区。产生这种区别的重要原因之一是学生的素质。人们通常认为北京市东城、西城、海淀等中学的生源素质要好于其他区，虽然没有人专门作统计研究，但是既然存在这种看法，就有其存在的道理。根据笔者在北京市中学教课和听课的经验，各区之间学生的差异是存在的。如果学生好学，那么只要教师讲课内容充实，条理清楚，就能满足学生的求知欲，赢得学生的尊重。学生对历史知识的渴求迫使历史教师不断充实、更新自己的历史知识，以满足学生的需要。因此，在这种情况下教师对于史学研究新成果的需求要大于对教育教学方法的需求。如果学生不爱学习，教师首先要解决的问题是想方设法引起学生的学习兴趣，如果学生没有学习历史的兴趣，教师的历史知识再渊博也没用。在这种情况下，教师对于教育教学方法的需求会大于对史学新成果的需求。因此，对于中学教师而言，历史专业知识和教育教学方法两者缺一不可。

问题4：对于历史教学法这门课程的内容、教学方法等，您有什么建议？

除有4人没有回答外，其他教师一致认为历史教学法这门课程应该更贴近实际的中学历史教学，针对性要强一些。具体建议有：多组织学生进行教学实习，多结合中学实际开设讲座，多推荐优秀课进行观摩。在讲某一个教学方法时，希望通过观摩一节示范课，再由教学专家点评的方式来学习。要增加计算机网络信息技术在历史教学中的应用的内容。教学法这门课本身应该采用多媒体教学。北京市历史教师的建议与北京师范大学历史系教育硕士的建议基本一致，都主张历史教学法课程要理论联系实际，教学方法应尽可能直观形象，并且要多让学生实践。

由于教师参加工作多年，对于历史教学法课程的印象已经不是太深了，当前的教学法课程与他们以前所上的教学法课程，无论任课教师的教法、观念还是教学内容可能都有所不同。为此，笔者又对在读的大学本科生做了调查。北京师范大学历史系历史教学法课程安排在大学三年级的第二学期，教学实习则安排在四年级的第一学期。因此，选择历史系2001级本科生即大学四年级学生做调查正合适。他们三年级时已经学过历史教学法课程。从2004年10月8日至11月12日，2001级本科生60人在北京的中学进行了教学实习。实习结束后，发了60份问卷由学生填写，收回25份。与本课题相关的三个问题的结果分析如下。

问题1：你觉得这次教育实习最大的收获是什么？

统计结果表明，只有36%的学生认为他们通过教育实习学到了具体的教学方法。其他学生获得了情感、经历等方面的收获，但是并不认为学到了具体的教育教学方法。这说明师范大学历史系的教育实习虽然对学生有帮助，但是并不能够保证大部分学生获得历史教育教学的技能。在对北京市的中学历史教师的问卷调查中，只有一名教师回答其教育教学技能得益于上大学时候的教育实习，也印证了这一结论。之所以会出现这一问题，原因在于，教学技能和方法是通过反复模仿、反复实践获得的，大学时期一个月的教育实习，时间太短，学生讲课的机会不多，多数学生很难在这短短一个月内获得历史教学基本的技能和方法。

问题2：你认为历史教学法这门课程对于本次教育实习有哪些帮助？

40%的学生认为有具体的帮助，24%的学生认为有理论指导作用。合计有64%的学生认为对他们在中学实习期间的历史教育教学有帮助。而在北京师范大学教育硕士中56.2%的人认为对中学历史教学有帮助，北京市教师中，认为有帮助的则占75%。对三个不同群体的调查都显示，超过半数的人认为历史教学法课程对他们的历史教育教学有不同程度的帮助，这也从一个侧面表明这门课程并非可有可无，至于其存在的问题，则可以通过改革教学内容和方法加以解决。

问题3：经过这次教育实习，你认为历史教学法这门课程应该作些什么改进？

25 名学生中有 13 人认为应该给学生教学实践的机会；8 名学生认为教学内容应更符合中学教学实际；2 名学生认为应多结合实例进行教学；1 名学生认为教学内容应符合时代发展的需要；还有 1 名学生提出，讲授教学法的教授自己应该注意使用有效的教学法，提高教学效果；应该多去中学看看，了解中学的实际情况。学生们的建议与中学教师们的建议在本质上是一致的。这说明师范大学历史系《历史教学法》课程存在的主要问题是理论与实践相脱节，这一问题不解决，这门课程就很难发挥其应有的作用，就很难让师范大学的学生和中学教师满意。

(二) 改进师范大学历史系《历史教学法》课程的设想

1. 《历史教学法》课程的定位

通过调查研究可以看出，师范大学历史系《历史教学法》课程存在的主要问题是理论与实践相脱节。产生这一问题的原因是多方面的。我们认为最主要的原因是对《历史教学法》课程的定位不准。

《历史教学法》是一门教育理论课还是一门教师职业技能课？

如果是一门教育理论课，那么只要它能够为师范大学的学生和中学历史教师提供有关历史教育教学方面的理论知识就可以了。如果是一门教师职业技能课，那么其主要任务就是要对在校大学生和中学教师提供历史教育教学的具体方法技能的训练。这种教师职业技能的培训，其方法应该以现场观摩和亲身实践为主，课堂上的理论知识讲授和分析为辅。

通常，大学的教学法教师倾向于把这门课程归于教育理论课程。一些大学教师认为，大学的课程学习主要是为学生今后的职业生涯作学术准备，掌握教育教学理论可以为他们今后从事具体的中学历史教学打下坚实的理论基础，至于具体的教育教学方法和技能，只有在参加工作后通过长期实践才能掌握，大学不具备条件，也没有必要为学生提供这方面的训练。笔者的调查研究也表明，实际上中学历史教师的教育教学方法基本上是在参加工作以后，通过观摩和实践获得的。尽管现实情况如此，本人依然倾向于把本科阶段的《历史教学法》课程作为教师职业技能课程。理由如下。

第一，从课程的分工来看，把《历史教学法》作为理论课会与普通教学法在内容上重复，浪费教育资源。理论是对具体问题的抽象，是要从个别到一般、从特殊性中抽象出普遍性。在教育学领域，普通学科教学法是对各个学科教学方法的抽象概括，它从各个学科的教学实践中总结出具有普遍性的教育教学规律，并用于指导各学科的教学实践。因此普通学科教学法属于教育理论，它对各科教学法提供理论指导。既然各科教学法已经有了普通教学法作为理论指导，各自再发展出一套理论就是多余的。从实际情况来看，各学科教学法大都是直接套用普通教学法的概念，区别只是在普通教学法的概念之前加上各个学科的名称，并辅以各个学科的教学实例。例如，在"课堂教学类型和结构"之前加上"历史"就成为"历史课堂教学类型和结构"。实际上许多学科的课堂教学类型和结构基本相似，都可以分为综合课和单一课。而综合课都包括组织教学，复习旧课、导入新课，讲授新知识，巩固新课，布置作业，等等。这是普通学科教学法对各个学科课堂教学类型和结构的归纳提炼，可以看作一种教学理论性的东西。而各学科的课堂教学类型和结构属于具体的案例，似乎没有必要当作理论来讲授。把学科教学法定位为教学理论课程，会与普通教学法课程中的很多内容重复。从课程分工的合理性角度考虑，笔者倾向于把学科教学法定位为教师职业技能课程。师范大学各院系的学生在教育学院或教育学系学习普通教学法课程，系统地掌握教学理论。同时在本院系学习学科教学法课程，初步掌握学科教学的基本方法、技能，使他们参加工作后能较快胜任中学的教学工作。

  第二，从中国的国情来看，把《历史教学法》定位为教师职业技能课，更能够适应中学历史教学的需要。中国各个地区的经济发展极不平衡，各个中学的教学条件、师资力量也参差不齐。即便是同一个地区，不同学校的条件也有很大区别。条件好的地区，学校会给新任职的教师提供不同形式的职业培训，例如配备指导教师，由指导教师传授教学方法和技能；举办观摩课，通过观摩与讲评使新教师能够较快掌握历史教学方法和技能。但是条件差的地区，学校本来师资力量就不足，教师水平较低，有些地方甚至是由学校的门卫来上历史课，因此不可能为新教师提供历史教学方法的培训。新教师一上任就要独当一面，凭借自己在大学时所学来完成历史教育教学任务。在这些地方，历史教师的水平基本上取决于其上大学时所获得的知识和能力。如果上大学时没有进行系统的教师职业能力训练，工作以后也就没有机会了，完全要靠自己摸索。在这种环境下，历史教师的教学水平是很差的。笔者在给北京师范大学历史系文博专业的本科生上教学法课程时，曾经让每位同学都回忆一下他们上中学时印象最深的一节历史课，结果令我惊讶。所有学生都说对中学的历史课已经没有印象了，只记得考试前要突击背一下历史，考试结束后就全忘了，实在想不起来当时的历史课是什么样子。有很多学生说，他们的历史课是由其他学科的教师代课，有些是由学校行政人员代课。历史课很多时候是自习课，在历史课上作其他课的作业。北京师范大学历史系的学生来自全国各地，很多是在农村的乡镇或县中学上的学，他们所反映的情况大致能够代表那些地区的学校历史教学的现状。在北京等经济文化发达的大城市的重点中学毕业的学生，情况就不同。一位北京某重点中学毕业的工业大学的大学生曾对我说，他中学时代印象最深的是历史课，他们的历史老师讲课生动形象，他们班所有的同学都喜欢上历史课。他本人受历史老师的影响，在初中时就曾立志将来要做一名历史教师，只是后来考虑到经济收入、发展前途等因素，上高中时才学理科。但是这样的历史教师在全国是很少的。鉴于上述原因，笔者认为，师范大学历史系培养的学生在他们毕业时就应该具备起码的历史教育教学能力。而只有将《历史教学法》定位为教师职业技能课，才能让学生获得这方面的能力。

第三，从目前《历史教学法》课程的处境来看，将其定位为教师职业技能课，可以提高其地位。北京师范大学历史系以历史学术研究为主，历史教学法不属于这种学术范畴，因此要在历史系争学术地位是不可能的。历史教学法虽然属于教育学门类，但是教育学本身有普通教学法，教学的基本理论都可以通过普教教学法解决，历史教学法显得有些多余，因此在教育系或教育学院就更没有历史教学法的地位。历史教学法是专门为培养中学历史教师而设立的，但是中学教师们普遍认为这门课程空谈理论，脱离中学历史教学实际。因此，历史教学法在中学教师心目中也没有地位。如果将《历史教学法》这门课程定位为历史教师职业技能课程，并在教学内容、教学方法上作相应的调整，那么就会得到中学历史教师和即将成为中学历史教师的师范大学学生们的欢迎。作为历史教师职业技能课程的

《历史教学法》和作为各个学科教学理论的普通教学法，内容各有侧重，不互相重复。普通教学法侧重于理论，历史教学法侧重于实践，两者互相配合，都是培养历史教师不可缺少的课程。这样可以提高《历史教学法》在师范大学课程体系中的地位。

总之，将《历史教学法》课程定位为历史教师职业技能课，有助于摆脱其目前的困境。

2.《历史教学法》课程内容与教学方法的改革

在对《历史教学法》课程做出准确定位后，就可以对课程内容和教学方法作全面的改革。一门课程的内容和教学方法是长期积累的结果，要在一两年内彻底改变现状不太现实。目前能做到的只能是局部的调整。

第一，删除一部分与普通教学法重复的内容，代之以历史教学案例分析。例如历史课堂教学类型和结构、历史教学方法等，实际上都只是在普通教学法的概念之前加上"历史"二字而已，属于重复普通教学法的内容，可以做些调整。我们可以将中学历史教师在实践中总结出的各种历史教学模式加以分类、提炼，充实到历史教学法课程中来，以替代"历史课堂教学类型和结构"这部分内容。不同的教学内容、不同的教师都可能有不同的教学模式，大学的教学法教师可以深入中学历史教学的课堂，收集尽可能多的不同教学模式的实际案例，这些案例中就包含了各种历史课堂教学类型、结构和教学方法，如果能够将这些教学实例分类整理，制成教学录像，就可以给学生提供生动形象的教学内容。教学案例加教师的点评比只讲抽象的概念效果好。

第二，与市、区历史教研部门建立合作关系，拓宽中学历史教师培训的渠道。中学历史教师应具备的基本职业条件有两项：一是历史专业知识，二是历史教学方法、技能。前者是师范大学历史系的强项，而后者则是其弱项。师范大学历史系不可能提供中学历史教学实况，除非是录像。但是录像的效果远不如实地的课堂教学。让学生到现场观摩优秀历史教师的课，然后进行讲评效果最好。通常市教研员掌握全市优秀历史教师的观摩课，如果这类历史观摩课向师范大学历史系的学生开放，则学生们就多了一种学习历史教学法的有效途径。作为交换，师范大学历史系的专家讲座可以向全市中学历史教师开放，为中学历史教师充实、更新历史知识提供便利条件。北京师范大学历史系的专家讲座在全国是一流的,所请专家均为北京大学、清华大学、中国社会科学院等单位以及本校的一流学者。如果北京师范大学历史系能够利用其历史专业优势为北京市的中学历史教师服务,不仅能扩大其社会影响,更能为其教学提供诸多便利。

第三,在课堂上增加每一位学生活动的机会。教学方法的获得重在实践,实践的形式是多样的,可以是写教案,试讲某一个历史教学片断,试讲一节完整的历史课,等等。各种形式可以互相配合。

总之,师范大学《历史教学法》课程的改革是一项长期的任务,需要在实践中不断摸索,积累经验,有了量的积累之后,才谈得上在课程结构、内容和教学方法等方面做根本性的改革。

第三节
师范大学历史教学论类课程建设的几个问题[*]

2007年,国务院决定在教育部直属师范大学实行师范生免费教育。"要通过部属师范大学的试点,积累经验,建立制度,为培养造就大批优秀教师和教育家奠定基础。"[①] 部属师范大学积极贯彻落实国务院的决定,正在围绕培养优秀中小学教师的目标,改革课程体系和教学内容,加强学科教学论系列课程的建设,提高师范生的学科教学能力。本节就历史教学论类课程体系和教学内容的几个问题作些探讨,为免费师范生课程建设提供一些思路。

(一) 国家实施师范生免费教育后历史教学论类课程地位的变化

师范大学以培养中小学教师为目标,学科教学论是各个院系的专业基

---

[*] 原文题为《教育部直属师范大学历史教学论类课程建设的几个问题》,发表于《史学史研究》2010年第1期。

[①] 中华人民共和国教育部:《教育部直属师范大学师范生免费教育实施办法(试行)》,2007。

础课。尽管一些师范大学已经向综合性学术型大学转型，但是师范性仍然是其特色。以北京师范大学历史学院为例，本科生中除40%～50%的学生上研究生外，其他大部分学生的毕业去向仍然以中学为主。因此，学科教学论课程在师范大学的课程设置中仍占有一定的位置。这种师范性与实施师范生免费教育后的师范性有什么不同？很多教师认为两者没什么区别，没有必要专门为免费师范生专门设计一套课程。从理论上讲，师范大学本来就是培养中小学教师的，确实没有必要再专门设计一套免费师范生培养方案。但是仔细分析一下，两者还是有区别的。最主要的区别是两类师范生的毕业去向不同，这决定了教学论课程地位的不同。

我国的师范生免费教育可以追溯到一百多年前。1904年的《优级师范学堂章程》明确规定师范生的学费以官费支给，并对师范生的就业做了限制，要求在教育行业服务六年，如不能履行义务，则要令其返还学费，以示惩戒。此后大部分时期师范生都是免费的。1997年以来，师范大学逐渐开始收费。2000年6月，教育部、国家计委和财政部联合下发《关于2000年高等学校招生收费工作若干意见的通知》，为高等师范院校在招生收费方面的改革提供了政策依据。此后，师范生的免费时代暂告一段落，开始不受限制，自由就业[①]。教育部直属师范大学，特别是北京师范大学综合性、学术性日益加强，不再以培养中小学教师为主要目标，毕业生的去向多元化。学生根据自己的能力、兴趣，可以选择上研究生，考公务员，去博物馆、出版社、图书馆、公司、学校，等等。虽然除了上研究生外，大部分仍以中学就业为主，但是毕竟自主性比较大，去向存在多种可能性。因此，师范大学对这种非免费师范生的培养以学术型为主，并越来越综合化，以便使他们具备多种职业选择的能力。一个人的时间、精力有限，在选择课程时公共课、专业课增加，必然使学科教学论类课程减少，即便不减少，地位也会下降。以北京师范大学为例，历史学（系）院的历史教学论类课程一直只有一门历史教学法课，外加六周的教育实习。从2006年起，历史教学论类课程已经从必修课变为限定选修课，尽管课时没有减少，但是其地位却明显削弱。

2007年，教育部直属师范大学实行师范生免费教育。按照国家有关规

---

① 黎婉勤：《关于师范生免费教育的若干思考》，《教师教育研究》2007年第3期。

定,"免费师范生入学前与学校和生源所在地省级教育行政部门签订协议,承诺毕业后从事中小学教育十年以上"。[①]这就是说,免费师范生的毕业去向确定是去中小学。为了使他们一到工作岗位就能胜任教师的工作,在课程设置中,历史教学论课程不仅是必修课,而且还要增加相关课程,强化学生的教育教学能力。非免费师范生的教育实习时间通常是六周,而免费师范生的教育实习时间将延长到一个学期。在总课时一定的前提下,师范类课程增加,其他课程必然要做相应的调整。因此,必须为免费师范生专门设计一套不同于非免费师范生的课程方案。在这套方案中,历史教学论类课程将占有非常重要的地位。

（二）以往历史教学论类课程存在的问题

以往的历史教学论类课程在培养师范生教育教学能力方面发挥了重要作用,但是也存在一些问题。

1. 学科发展中的问题

"历史教学论"作为一门学科的名称,是一个动态的概念。在它的发展历程中,已经过了历史教授法、历史教学法、历史教育学三个阶段。21世纪伊始,进入历史课程与教学论阶段[②]。

1904 年,由罗振玉、王国维主编的我国第一本教育杂志《教育世界》在 74、75、76 三期连载《历史教授法》一文,这是我国近代第一篇历史教学法论文。此后,"历史教学法"作为一门学科,"无数前贤在这块学术园地上不断耕耘,已经结出不少硕果"[③]。但是也存在不少问题,最主要的是理论与实际脱节。有人认为,"历史教学法的积弊,还不只是'过于理论化,缺乏实践性',关键在于既脱离实际,又缺少理论。正因如此,所以需要改革,需要以历史教育学来取代它"[④]。从 20 世纪 80 年代末开始,历

[①] 中华人民共和国教育部:《教育部直属师范大学师范生免费教育实施办法（试行）》,2007。

[②] 胡瑞琴:《历史教学论概念的演进历程》,《中国成人教育》2006 年第 10 期。

[③] 参见朱煜《高校"历史教学法"技能课定位说之质疑》,《历史教学》（高校版）2007 年第 10 期；胡瑞琴《历史教学论概念的演进历程》,《中国成人教育》2006 年第 10 期。

[④] 金相成:《关于历史教育学的思考》,《北京师范学院学报》（社会科学版）1990 年第 2 期。

史教学工作者就着手建立历史教育学。到90年代，相继出版了一批历史教育学教材或专著①。1998年，教育部将历史教学法课程定名为历史教学论，此后出版的相关书籍都以《历史教学论》或《历史课程与教学论》为名。尽管学科在不断发展、完善，但是课程脱离实际，在师范大学学生中引不起兴趣却成为普遍现象。笔者认为，产生问题的主要原因之一是学科与课程不分。

历史教学论作为一门学科，从诞生之日起，它的研究内容就涵盖了历史教学的理论和方法两个方面。1904年《教育世界》连载的《历史教授法》一文，就从历史教育目的、教材编纂、教授方法和西方历史教授沿革等四个方面介绍了国外历史教育。这门学科经过一百多年的发展，研究领域不断拓展，已经形成一套庞杂的知识体系。通常，在师范大学是用一门课程涵盖这个学科的所有内容。最早是历史教学法，然后是历史教育学，现在是历史教学论。名称在不断变化，内容也在不断增加。一门课程什么都想涵盖，结果什么都讲不透彻，给人感觉"既脱离实际，又缺少理论"。通常，一本历史教学论教材可以同时供本科生、中学教师甚至研究生使用。本科生、研究生和中学教师的知识结构和工作经验完全不同，一本教材要同时适应三种不同层次读者群的需要，结果是哪个层次都不满意。

2. 教学实践中的问题

师范大学历史教学论类课程的教学，由理论课和实践课两部分组成。一般在大学三年级的第二学期开设《历史教学法》或《历史教学论》课程，每周三课时。"在大学四年级的第一学期集中六周时间开展教育实习。其中在校内准备工作与总结工作1周，在中小学实习5周。"② 理论课介绍历史教学的基础知识、基本规律，重知识传授，轻技能运用。实践课在中学实习的时间只有五周，每人约有4~6课时的授课机会。在这么短的时间内，学生要体会历史教学的实践运用，实属不易。据学生反映，教育实习

---

① 主要作品有：赵恒烈《历史教育学》（河北教育出版社），姬秉新《历史教育学概论》（教育科学出版社），赵秀玲《历史教育学》（山东大学出版社），于友西《素质教育与历史教育学》和《历史学科教育学》（首都师范大学出版社），王铎全《历史教育学》（上海教育出版社），王铎全、李稚勇《比较历史教育学》，等等。

② 北京师范大学教务处：《北京师范大学本科生教育实习组织与管理细则》，《北京师范大学本科生教育实习文件汇编》，2006。

的最大收获是对中学历史教学有了一个直观的印象，距离掌握教学基本技能还相差遥远，更谈不上熟练掌握。而且中学教育实习与大学的《历史教学法》课没有联系。《历史教学法》讲的有关历史教学的知识，因为学生没有实践过，没有亲身感受，不知道是怎么一回事。到教育实习的时候，可以实践了，可以亲自体验教学了，但是不容易和上学期理论课上的内容互相印证。这就产生了理论学习和实践运用脱节的缺陷。笔者根据学生的意见在《历史教学法》课中增加了试讲和点评环节，效果比较好，但是课时非常紧张，很难照顾到每一个学生。而且一两次试讲只能是一种体验，不可能让学生掌握一种教学技能。另外，教学技能只是历史教学法知识体系中的一小部分，还有大量需要直观感受的内容不可能通过试讲获得，需要到中学去见习。

总之，只依赖一门课程，即便对这门课的内容和教学方法做彻底的改革也不可能使师范大学学生完全具备基础教育历史教师应有的能力。

（三）历史教学论课程体系设计思路

《历史教学论》作为一门学科，根据授课对象、培养目标、教学内容，可以分解为多门课程，每一门课程集中力量完成师范生培养的某一个方面的任务。笔者大致将其分解为知识课程、理论课程、技能课程。知识课程解决"是什么"，理论课程解决"为什么"，技能课程解决"怎么做"。本科阶段主要解决历史教学是什么？在教学中怎么做？研究生阶段以及教师的继续教育阶段主要解决为什么这么做？比如，在本科阶段开设《历史教学法》，告诉学生历史教学是什么。开设《历史教材分析》和《历史教学技能培训》训练学生怎么做。学有余力的同学可以自学《历史教育学》或《历史教学论》。研究生阶段及中学教师继续教育阶段则开设《历史教育学》《历史课程与教学论》《历史教材学》等，研究历史教学的相关理论问题，为培养研究型教师、造就未来的教育家打基础。本节主要探讨本科阶段免费师范生的课程设置问题，研究生和教师继续教育阶段的课程设置另作专文探讨。

本科阶段历史教学论课程的教学，目的是要让学生了解中学历史教学的概况，掌握与中学历史教学相关的各种知识，初步学会历史教学的基本方法和技能；引导学生树立正确的价值观、人生观和职业道德，激发学生对教师职业的热爱。通过学习，使学生具备从事中学历史教学的基本素养，能够在工作以后马上进入角色，承担历史教学任务。为达到上述目的，我们拟开设以下几门课程。

《历史教学概论》 概论课程主要是让学生了解与中学历史教学相关的各种知识，包括历史课程、历史教学、历史教材、历史教师、历史教学评价等。很多学生反映，历史教学论课程只讲一些空洞的理论，离教学实际太远，枯燥乏味。其实他们是把知识与理论混淆了。比如讲课程目标或者教学目标，如果只是说明历史课程或历史教学的目标有哪些，具体列出一二三四来，这只是关于历史课程目标或教学目标的知识而不是理论。如果要解释制定历史课程或教学目标的依据，那套解释系统则是一种理论。再比如教学方法，向学生说明什么是讲述法，只是告诉学生关于讲述法的知识，既不是理论也不是技能。教学方法不可能成为理论，只能是知识或技能。写在书本上的是知识，学生在讲课中运用的则是技能。学生们误以为写在书上的文字都是理论，那是把理论看轻了，当作贬义词来使用，用来讽刺教学内容脱离实际。学生实际上要批评的是文字符号系统没有和它指代的实际情况一一对应，只看文字或听老师讲一遍文字表达的概念，还是不知道那是什么。试想，如果一个儿童从来没见过苹果、没吃过苹果，你在纸上写出苹果两字，或用口语说出苹果，那个儿童知道什么是苹果吗？当然，学生都是从中学过来的，上过历史课。但是作为一个中学生在历史课堂上经历的只是历史教学的一个很小的部分。这一小小的经历不足以让他们理解历史教学论所涉及的所有内容。通览目前各种历史教育学或教学论教材，讲述的大都是知识，既不是理论也不是技能。有些文字介绍教学理论，那也只是关于教学理论的知识。一种教学理论可能需要一本书来阐述，编入教材中的那几行字只能是一种关于某种教学理论的知识，从中不可能感受到理论所具有逻辑思维的魅力。知识没有它所指代的具体事实作为依托，自然很枯燥乏味。要让知识变得具体生动，就要建立起知识与所指代事物的联系。具体到《历史教学概论》，就是要建立起关于历史教学的知识和中学历史教学实际之间的联系。具体做法是在《历史教学概论》课程中增加教育见习环节。见习的内容主要有：观摩课堂教学；与中学教师座谈；参与教研组备课；参与教师进修；参与班会；与学生座谈；调查中学历史教学的相关问题；等等。见习的目的不是掌握什么实践技能，只是用于理解《历史教学概论》中涉及的知识。

《历史教材分析与教学设计》 以往一些师范院校也开设有《历史教材分析》课程，主要是介绍现行中学历史教科书的结构和内容。课程改革以后，对教材的理念发生了巨大变化，教材不再是教科书的同义语，而是用于教学的各种资源的总和。教学不再仅仅是给学生讲授教科书中的内容，而是以教科书为线索，师生共同探索历史问题。在探索过程中，需要包括历史教科书在内的各种教学资源。在这种背景下，教材分析不再是分析教科书中现成的历史知识，而是分析要探索或解决一个历史问题应该从哪里去寻找资料；怎样选择资料；怎样加工整理资料；怎样呈现资料，完成教学任务。

据学生们反映，在教育实习中面临的最大问题有三个。一是中学历史教科书中的许多知识大学历史课程中没有讲，想要补充内容不知道去哪里找。二是有些内容自己在大学了解得比较多，由于知道得太多，不知该怎样取舍。三是讲课时所用词汇专业性太强，中学生听起来费劲，没有兴趣。人类几千年所积累的历史知识浩如烟海，大学和中学的培养目标不同，大学历史课程选择的内容不可能和中学历史教科书中内容一一对应。历史学院的师范生将来是在中学做历史教师，应该在大学时代就熟悉中学历史课程的主要内容，并了解中学历史课程的内容来源于哪里。追寻中学历史课程内容的来源应该是《历史教材分析与教学设计》的一个主要任务。一个历史问题往往有多种资料记述，可以用几句话记述，也可能用一本书来记述。怎样从不同的记述中取舍材料、取舍的依据是什么，是《历史教材分析与教学设计》的第二个任务。教学所需资料收集整理齐全后，怎样用学生能够理解的语言重新组成一段完整的历史叙述，以恰当的方式、在恰当的时机呈现出来，是《历史教材分析与教学设计》的第三个任务。

总之，《历史教材分析与教学设计》课程的目标是训练学生选择、转化、重组、呈现历史知识，并在课堂教学中灵活运用，使学生具备基本的教材处理和教学设计能力。

《历史课堂教学技能训练》 在以往的《历史教学法》《历史教育学》《历史教学论》中，一般都有专章谈论教学方法。有些还举了很多课堂教学实例来说明怎样讲某个历史问题。这些方法当它们写在书本上或者储存在学生的头脑中的时候，只能是关于方法的知识，只有当学生能够实际操作，在课堂教学中能够灵活运用的时候，才转化为操作技能。技能是要通过实际操作才能掌握。有些学生教案写得不错，每一个教学步骤、教学环节考虑得都很周到，教师怎样提问，学生怎样回答都设计好了，但是真正到讲台上讲课的效果却不好。有些学生教案写得简略，从中看不出什么，但是在讲台上讲的效果却很好。教学是一种实践活动，只掌握一些教学的知识并设计出一个教案，还远远不能讲好一堂课，必须实际操练。《历史课堂教学技能训练》课程就是要把关于教学的知识转化为教学的操作技能。具体做法是把教学过程分解成一个一个小的单元，通过每个单元的试讲、评议帮助学生掌握各种教学方法。可以采用小组合作方式进行教学技能训练。每组六到十人，集体备课、写教案，然后在微格教学实验室轮流试讲，互相评议。最后由教师在每组选择典型案例录像在全班点评。这样，通过反复操作总结积累经验，最终使学生掌握实际教学能力。

学完这三门课程后再到中学开展一个学期的教育实习，进一步巩固所学知识和技能。

通过以上这一系列课程的教学，免费师范生就可以具备基本的教育教学能力，能够在工作以后马上进入角色，承担历史教学任务。对于其他学生，只要将来有志于从事中学历史教育，也应该选修这三门课程，接受比较系统的教育教学理论和实践训练，为将来的工作打下坚实的基础。

第四节
提高师范大学历史教育实习效果的探索[*]

教育实习是高等师范院校的一门必修课程，是实现高等师范院校培养

---

[*] 原文发表于《历史教学》（高校版）2012年第12期。

目标、体现师范特点的一个重要实践教学环节。以往师范大学教育实习的时间一般为六周。[1] 2007年，国务院决定在教育部直属师范大学实行师范生免费教育，"要通过部属师范大学的试点，积累经验，建立制度，为培养造就大批优秀教师和教育家奠定基础"。[2] 根据免费师范生培养方案，教育实习为半年。2009年起，教育部决定扩大招收以应届本科毕业生为主的全日制硕士专业学位范围，逐渐将硕士研究生教育从以培养学术型人才为主向以培养应用型人才为主转变。[3] 专业学位研究生的教育实习也是半年。延长教育实习时间是为了强化学生的教育教学实践能力培养，让他们尽快实现由学生向教师角色的转换。然而，仅仅增加教育实习时间并不必然提高实习的效果。本节分析了当前教育实习中存在的主要问题，并对解决问题的途径作了一些探索。

（一）教育实习的现状与问题

根据最近几年指导历史教育实习的经验，我们发现各个实习学校的情况差别很大，实习中也存在一些问题。在一些实习学校，特别是名校，学生授课的机会很少，有些甚至只上过一节新课。教学实践能力要经过反复操练才能获得。把教育实习时间增加到半年，就是要给学生反复实践的机会。如果只上一两节新课，尽管学生作了充分的准备，老师进行了细致的指导，也很难在教学上有大的长进。还有一些实习学校安排的课则太多，有些学校把课全部交给实习生上，实习生没有充分的备课时间，有时候来不及备课就上讲台，无法得到有效的指导。在这类学校，学生实践的机会非常多，但是缺乏充分的准备，缺乏有效的指导，即便上再多的课，也未必能够提高教学水平。

实习生的教学本身也有一些问题。根据我们现场听课观察和对指导老师的访谈，归纳出实习生教学中的主要问题如下。

---

[1] 北京师范大学教务处：《北京师范大学本科生教育实习组织与管理细则》，《北京师范大学本科生教育实习文件汇编》，2006年。

[2] 中华人民共和国教育部：《教育部直属师范大学师范生免费教育实施办法（试行）》，2007年。

[3] 中华人民共和国教育部：《关于做好全日制硕士专业学位研究生培养工作的若干意见》，2009年3月27日。

第一，对教学内容不熟悉，也不会组织教学内容。一些实习生对所教的历史史实、历史概念理解不透，把握不准确，给学生讲不清楚。教学内容的组织缺乏内在联系，知识与知识之间没有逻辑关系。

第二，大部分初上讲台的实习生对重点和难点把握不准，不会根据一节课的重点和难点取舍教材内容。有些实习生虽然补充了很多材料，但只是文字的堆砌，像流水账，主线不突出。

第三，在授课过程中，很多实习生过分依赖多媒体，离开多媒体设备，就不会讲课。讲课用书面语言，缺乏生动性，不能吸引学生。

当然，每年的教育实习，都会有几个教学效果非常好的实习生，有些实习生比指导老师上同一节课的效果都好，但毕竟是少数。

（二）问题原因分析

上述教育实习中存在的问题可以分为两类，一类是实习学校的问题，另一类是实习生的问题。对这两类问题出现的原因分析如下。

1. 实习学校

有些学校给实习生安排的上课机会少，有些学校给实习生安排的上课机会太多。不管是哪种情况，都是由实习学校的客观条件造成的。在实施半年制教育实习之前，我们曾经在北京的各个实习基地做过调查。67%的教师认为，一个学期的教育实习，面临的最大问题是影响中学教学质量，学生和家长会反对。另有28%认为会影响中学正常的教学秩序，学校领导不同意。在与中学校长的访谈中发现，重点中学的校长多不愿意接受半年教育实习，如果一定要安排，就要对每个月上课的数量有限制。而在对欠发达地区中学的调查中，校长希望一学期的课都让实习生上。据了解，凡是师资力量薄弱的学校，会希望实习生顶岗实习，发挥支教的作用。半年制教育实习开始实施以后，实际情况与事先调查的结果相似。有一部分实习生在中学的两个月中，只讲了一节课。而另有一部分实习生一进校就开始上课，基本上是顶岗实习，没有机会听实习学校老师的课。实习生上课的机会少，有个别是因为指导老师的课少，无法给实习生安排。大部分是因为实习生教学效果不好，指导老师不敢让他们多上课。特别是一些名校，学生、家长对教学的要求很高，学校不可能以牺牲教学质量为代价，给实习生提供充分的上课机会。而有些学校让实习生顶岗实习，确实是因为学校师资力量薄弱，需要实习生分担教学任务。

2. 实习生

实习生在历史课堂教学中表现出很多问题，如对中学历史教材内容不熟悉，不会组织教学内容，对一些历史知识把握不准确，语言表述能力欠佳，等等，这些与学生的备课情况、综合素质有关，也与师范大学的课程设置和教学方式有一定关系。历史教学的原则、要求，历史教学方法、技能，以及如何备课，等等，大学教学论类课程里面已经有过比较系统的学习，也做过一些实践练习。通过在中学的教育实习，学生可以把大学所学理论和方法用于教学实践，通过实践加深对知识的理解，提高教育教学实践能力。但是从教育实习效果来看，似乎没有达到预期目的。例如对教学内容的组织、语言表述等，尽管中学指导老师也反复指导，但是实习生上讲台一讲，还是有很多问题。这说明教学能力的培养需要长时段的训练，不是通过在中学上几次课就能够培养出来。而要延长训练时间，除了增加在中学上课的次数外，还应该加强大学的实践教学类课程。前面提到中学由于各种因素制约不可能完全保证实习的数量或者质量。对于师范大学来讲，要解决问题，关键是完善大学教师教育类课程，加强实践环节，提高实践教学的质量。如果学生在大学学习期间通过适当训练获得基本的教育教学能力，到中学实习的时候，能够把一节课的内容准确、清楚地表达出来，基本完成教学任务，中学指导老师就有可能让实习生多上课，使他们得到更多的锻炼。一节成功的课，核心是对教学内容的处理。如果讲课的时候内容重点突出、条理清晰，表述正确清楚，基本上就成功了。如果语言再生动一些、形式再活泼一些，就是一节好课。而对于教学内容的处理，以及语言、教态等，完全可以在大学的课程中进行训练。总之，教育实习中与历史教学相关的很多内容，都可以在大学课程中提前做好准备，中学实习的时候进一步提高。

(三) 解决问题的探索

根据对教育实习现状与问题的分析，笔者认为对于师范大学来说，解决问题的关键是实习生。如果实习生能够在进入中学实习之前做好相关的知识、技能准备，进入中学后能把第一节课上好，实习学校方面的问题就比较容易解决了。即便在名校，只要指导老师发现实习生上课效果还不错，也会放手让他们上课，锻炼越多，效果越好，形成良性循环。在普通校或师资缺乏的学校，实习生如果本身能力强，则可以独当一面，真正发挥顶岗实习的作用。而要解决实习生的问题，关键在于完善师范大学教师教育类课程，特别是要提高实践教学环节的质量。在教育实习阶段，也要加强师范大学学院层面的指导。为此，我们做了如下探索。

1. 加强教师教育类课程的实践教学

目前历史学院与实践教学相关的课程主要有师范生的《历史教材分析》《历史教学技能训练》，全日制专业学位研究生的《历史课程与教材分析》和《历史教学设计与案例分析》。

《历史教材分析》课48学时，课程内容分为三部分，第一部分是教材分析的理论与方法，约16学时，主要向学生介绍如何做历史教材分析，以及教材分析须具备的相关理论知识；第二部分为教材分析示范，约9学时，请中学老师给学生做教材分析，让学生对教材分析的方法有直观深入的认识；第三部分为教材分析练习，约23学时，老师确定课题，让学生自己做一节课的教材分析。通过这门课程的学习，使学生了解教材分析的相关理论和方法，熟悉中学历史教材的内容，为学生独立完成一节课教学设计，写出教案打下基础。《历史教学技能训练》16学时。在学习过《历史教材分析》之后，与《历史教学概论》同时开设。"概论"主要由老师讲历史教学的理论、教学方法和技能、如何备课、如何做教学设计等，"技能训练"则主要让学生进行试讲，实际操作《历史教学概论》中介绍的教学方法、备课方法，等等。

专业学位研究生的课程比师范生的要求有所提高。《历史课程与教材分析》48学时，分为知识讲授和实践练习两大部分，每部分大约各占24学时。知识讲授向学生介绍历史课程的沿革、历史课程改革的理念、历史课程的目标、课程内容体系、教材体例结构，各种版本教材的特点，历史教材分析的方法，等等，实践练习让学生选择中学历史教材中的一节课做教材分析，老师进行点评。通过这门课程的教学，让学生对于中学历史课程和教材有比较全面的认识，熟悉中学历史教材中的内容，掌握分析处理教材内容的方法。《历史教学设计与案例分析》分为知识讲授、案例分析和实践练习三大部分。知识讲授约 8 学时，向学生介绍历史教学设计的基本概念、理论依据、教学设计的主要模式等。案例分析约 20 学时，精选中学历史教师的课堂教学录像，先观摩，然后分析研讨，学习中学历史教师教学设计的经验。实践练习约 20 学时，由学生自己选择一节中学历史课做教学设计，到讲台上试讲，然后师生共同点评。通过这门课程的学习，让学生初步掌握历史教学设计的理论与方法，进一步熟悉中学历史教材的内容，并能自己独立进行教学设计，完成一节课的教学任务。

2. 创新历史教育见习模式

历史教育见习分为中学现场观摩、校内远程视频观摩和录像观摩三种形式。现场观摩一般是先听课，然后再和授课教师以及该校历史教研组的教师一起研讨。校内远程视频观摩是利用网络技术将中学历史课堂教学即时传送到大学的教室，学生在大学教室同步观摩中学历史老师的课程。还可以通过网络互动，进行讨论。录像观摩主要是选择一些中学历史课堂教学录像进行观摩、研讨。目前我们采用较多的是后两种形式。在调查研究的基础上，我们设计出"优秀中学历史课观摩研讨"的基本模式：同学课前预习，写出教学目标和讲课思路—观看优秀课录像—授课教师说课—中学特级教师或历史教研员评课—大学历史专业课教师评课—回答同学提问。同学们的预习和听课记录是教育见习成绩评定的主要依据。这种观摩课师范生和专业学位硕士研究生都可以参加。经过几轮尝试，同学们反响热烈，认为这种形式的观摩研讨非常有效，收获很大。当然，这种观摩研讨要动用大量人力，组织起来有一定难度，不可能每次见习都采用这种形式，一般是和其他见习形式穿插进行。

3. 实习的集中指导

由于各个实习学校情况不同，对实习生的指导力度也有差别。为了保证教育实习的基本要求，有必要加强学院层面对教育实习的集中指导。根据我们指导本科生教育实习的经验，实习期间，可以每一周或两周召集实习的同学开一次交流会，介绍自己在实习学校学到的经验和遇到的问题。每组可以选一节课进行试讲，各组同学之间互相点评。中学实习结束后，进行教育实习总结时，也可以安排各组同学汇报交流实习期间的收获，播放实习期间的教学录像互相观摩，请中学老师和大学教学法老师点评。

4. 对实习学校选择的一些思考

由于各个学校的学生学习态度、已有知识基础等情况差别很大，所以教师针对本校学生实际所采用的教育教学方法、教学内容也会各有特色。实习生应该有在不同中学实习的经历。普通中学更能够锻炼实习生的教育能力，因为普通中学的教师有一个重要工作就是把一些不爱学习的学生转变为爱学习的学生，这是普通中学教师经常要做的工作。重点中学则对教师的历史专业素养提出更高的要求，这类学校的学生往往不满足于教科书中的内容，教师要补充大量课外知识才能满足学生的求知欲。实习生应该对这两类学校都有体验。可以让实习生分段在两个中学实习，一段在示范校，一段在普通校。以四个月的实习时间为例。第一个月在师范大学校内进行教育实习的各项准备工作，第二个月在示范校实习，第三个月在普通校实习，第四个月返校做教育实习成果汇报，交流实习经验。这样能够让实习生了解不同中学的学情，体验和实践因材施教的原则。

第六章
其他相关研究

历史教育研究的领域很广。除了课程教材教法外，还包括其他方面。例如学生的历史认知心理问题、历史教学中的史学前沿问题、历史教育的国际交流问题等。本章对历史教育的国际交流作了初步的探索，对历史教学中的史学前沿问题选了一个农业方面的知识点作了比较系统的分析，另外还对实验版历史课程标准的研究现状作了综述。

第一节
东亚历史教育国际交流初探
——以中日交流为中心*

自1981年以来,中国的历史教育界与国外同行展开了多种形式的交流,内容涉及历史课程设置、历史课程标准、教学内容、教学方式等。通过交流,我们了解了国外历史教育的理论和实践,推进了我国历史教育的发展。不足之处是,以往的交流层次比较浅,不能全面深入了解国外历史教育的情况。由于对国外历史教育的具体情况了解不够,课程改革中引进的国外先进教育理念很难适应中国的实际。为了提高课程改革的实效,必须深化历史教育国际交流。中国自改革开放以来,历史教育国际交流逐渐增强,其中与日本的交流相对来说要多一些,本节以中日历史教育交流为主线,探讨过去三十多年东亚历史教育国际交流的形式、内容和值得反思的问题,以资借鉴。

（一）历史教育国际交流的形式

历史教育国际交流的形式多种多样,有双向交流,也有单向交流。双向交流是指双方互派代表参加对方的学术讨论会,面对面直接交流,或通过书面文字互相交流观点、研究成果。单向交流则是指一方通过参观访问、阅读翻译或者其他途径了解、学习另一方的历史教育情况。双向交流一般是由学术团体组织,单向交流可以由学术团体组织,也可以个人进行。例如个人阅读国外历史教育方面的文献并翻译介绍到国内。

---

* 原文题为《历史教育国际交流的回顾与反思》,发表于《历史教学问题》2009年第1期,收录本书时对内容作了调整,并更为此题。

1. 学术团体和研究机构的双向交流

1981 年，中国全国历史教学研究会①与日本的历史教育者协议会建立了联系。1985 年，全国历史教学研究会派出以理事长苏寿桐教授为团长的代表团，参加了日本的历史教育者协议会在东京召开的历史教学国际会议。1987 年，日本派团参加了中国全国历史教学研究会在安徽召开的学术讨论会。此后，双方经常互派代表参加在对方召开的学术讨论会。1993 年，全国历史教学研究会与人民教育出版社联合召开了"20 世纪末历史教学和历史教材改革的趋势"国际学术研讨会，日本、英国、美国、丹麦、韩国以及中国台湾地区的代表参加了会议。② 1984 年起，日本"比较史、比较历史教育研究会"主办"东亚历史教育讨论会"，先后有中国、韩国、朝鲜、越南等国派代表参加。中国历史教学研究会的代表参加了 1984 年、1989 年和 1994 年的讨论会。

1983 年开始，人民教育出版社课程教材研究所与日本国际教育情报中心建立起友好关系。1988 年起，双方互相交换、阅读调查了对方的社会、历史教科书，并通过书面和互访座谈，交换双方经调查后对对方教科书的总体印象和具体意见。这种交流活动一直持续到今天。③

2. 历史教育研究者的单向交流

历史教育研究者通过访问、阅读外国文献资料等途径了解国外历史教育的情况，并通过中文期刊将所了解到的情况介绍给国内的历史教育工作者，这是一种单向的交流。《历史教学》等刊物从 1981 年开始刊登介绍美国、日本等国历史教育情况的文章。

1981 年，《历史教学》第 9 期刊登《日本历史教学简介》；1997 年，《史学史研究》第 3 期刊登《日本的历史教学》；等等。这些文章比较全面地介绍了日本等国历史教学的概况。

现将 1981～2004 年中国期刊全文数据库中收录的研究日本历史教育教学的主要文章列于表 6-1，从中我们可以看出这种单向的历史教育交流的概貌。

---

① 现在的正式名称是中国教育学会历史教学专业委员会。
② 于友西：《开展国际性的学术交流活动》，《中国教育学刊》1994 年第 2 期。
③ 王宏志：《中日历史教科书的交流》，《历史教学》1991 年第 1 期。

表 6-1　中国期刊介绍日本历史教育教学的主要文章

题　目	期　刊	年　份
日本历史教学简介	《历史教学》	1981/09
历史教育学的理论——日本的历史教育和教学研究体系	《历史教学问题》	1986/01
日本的历史教育的经过及存在的问题	《历史教学问题》	1988/02
论日本历史教育面临的几个问题	《课程·教材·教法》	1992/01
义务教育历史教学大纲与中国台湾、香港及日本、苏联大纲的对比分析（上）	《历史教学》	1992/09
义务教育历史教学大纲与中国台湾、香港及日本、苏联大纲的对比分析（下）	《历史教学》	1992/10
日本高中新编历史教材教学目标和内容分析	《文教资料》	1995/Z1
评日本高中新编历史教材的基本特征	《课程·教材·教法》	1995/02
日本中学历史教育的理论和实践	《历史教学》	1995/07
中日历史教育学研究之我见	《首都师范大学学报》（社会科学版）	1996/01
日本的历史教育	《史学史研究》	1996/02
日本的历史教学	《史学史研究》	1997/03
日本历史教育的现状与课题	《历史教学问题》	1998/01
日本社会科历史科目的试题编制技术	《中学历史教学参考》	1998/08
中日历史教科书的交流（上）	《学科教育》	1998/11
中日历史教科书的交流（下）	《学科教育》	1998/12
日本最新历史教学大纲	《中学历史教学参考》	2000/04
日本最新高中历史教学大纲	《中学历史教学参考》	2001/01
浅谈日本历史教师的继续教育	《中学历史教学参考》	2004/11

（二）历史教育国际交流的内容

历史教育国际交流的内容涉及历史课程设置、历史教学计划、教学大纲、课程标准、教学内容、教学方式等。有从各方面作概括介绍的，也有就一些问题作深入探讨的。

1. 概况介绍一国历史教育的历史与现状

1984 年，第一届"东亚历史教育讨论会"在日本东京召开，中国学者包启昌以《十年来中国的历史教育改革的回顾》为题,向日本同行介绍了中国历史教育的情况。① 1987年9月,中国教育学会历史教学研究会二届二次年会在安徽泾县召开,日本学者佐藤伸雄、鬼头明成和二谷贞夫分别介绍了日本历史教育的历史、现状以及历史教育研究的成果。② 1994年,中国教育学会历史教学研究会第三届第三次年会在山东临沂市召开。日本上越大学二谷贞夫教授就《日本历史教学的现状与课题》与代表们进行了交流。③ 此外,国内一些历史教学刊物也刊登过一些介绍日本历史教学概况的文章,已如前述。

2. 专题研讨历史教育领域共同关心的课题

1989年,第二届"东亚历史教育讨论会"在日本东京召开,日本、中国、韩国、朝鲜四个国家的学者参加。历史教育中的民族问题、第二次世界大战的战争责任问题等成为讨论的热点,各国代表针对这些热点发表了自己的看法。④ 1994年,第三届东亚历史教育研讨会在日本东京召开。日本、越南、韩国、中国大陆和中国台湾学者参加。学者们共同研讨了"世界史中的日清战争""如何理解美利坚合众国史"等问题。⑤ 2000年11月,全国历史教学研究会年会暨历史教学国际学术研讨会在上海举行。中国香港、中国台湾地区的历史教育专家,韩国、日本、英国等国的学者参加了大会。中外学者共提交论文49篇,包括区域性的历史教育现状的调查分析、历史课程改革、历史课堂教学模式的改革以及历史教学如何培养学生的创新精神和实践能力等方面的内容。围绕上述问题,中外学者展开了热烈讨论。⑥ 从1988年起,日本国际教育情报中心和人民教育出版社课程

---

① 〔日〕中林茂夫:《国家、科学、教育——第二届东亚历史教育讨论会》,《国外社会科学文摘》1990年第Z1期。
② 邓小全:《中国教育学会历史教学研究会二届二次年会》,《课程·教材·教法》1987年第12期。
③ 孙恭恂:《中国教育学会历史教学研究会第三届第三次年会召开》,《历史教学》1995年第1期。
④ 臧嵘:《东亚历史教育研讨会在东京召开》,《中国教育学刊》1990年第1期。
⑤ 华史:《历史教育要面向世界——第三届东亚历史教育研讨会纪实和观感》,《历史教学问题》1994年第5期。
⑥ 李月琴:《全国历史教学研究会年会暨历史教学国际学术研讨会在上海举行》,《历史教学问题》2001年第1期。

教材研究所开始了历史教科书交流,通过举办中日历史教科书座谈交流会,交换对教科书中的历史观点和内容的意见。

3. 具体介绍国外历史教育中某个领域的情况

从20世纪80年代中期开始,一些历史教育研究者就陆续发表了介绍英美日等国历史课程设置、教学大纲、课程标准、教材、教学方法、教学评价等方面内容的文章。如赵亚夫《日本最新历史教学大纲》(《中学历史教学参考》,2000/04)、《日本高中新编历史教材教学目标和内容分析》(《文教资料》,1995/Z1)、《日本社会科历史科目的试题编制技术》(《中学历史教学参考》,1998/08)等。

(三) 历史教育国际交流的收获

三十多年来,通过历史教育国际交流我们主要得到以下收获。

第一,了解了国外历史教育的理论和实践,推进了我国历史教育的发展。

西方发达国家的历史教育中有很多优点值得我们学习。改革开放前,我们对这些国家历史教育的情况一无所知。从20世纪80年代开始,通过国际交流我们了解了发达国家历史教育的情况,并把它们历史教育中的优点吸收改造,为我所用。在与日本的历史教科书交流中,日本学者提出中国历史教科书中有关日本历史的一些观点陈旧,希望中方采用日本学术界的最新研究成果,人民教育出版社在以后的教科书编写中,合理采纳了日方的意见。中方也指出日本历史教科书中有关中国历史的某些观点和史实不妥,日方表示要加强对这些问题的研究,使教科书的表述符合历史事实,[①] 人民教育出版社与日本同行的交流对改进双方的历史教科书起了很好的作用。

第二,对外宣传了我国历史教育的情况,促进了国际理解。

由于各种历史的和现实的原因,国外乃至港台地区的一些人对我国历史教育存在偏见和疑虑。通过国际交流,世界其他国家的学者和教师了解了我国历史教育的情况,增强了彼此的理解。日本代表特别关注我们对甲

---

① 王宏志:《中日历史教科书的交流》,《历史教学》1999年第1期。

午中日战争和第二次世界大战期间的日中战争的看法。让他们了解我们的观点以及在历史教科书中的表述，可以影响日本学者的态度。例如，日本反战派教师来中国交流参观以后，更加坚定了他们的反战思想，回国后在自己编写的历史教科书中，坚决反对把 20 世纪 30 年代的日寇侵华写为"进入中国"，而是写为"侵略中国"[①]。在日本历史教育中，中国古代史的分量较大。但是日本教科书中对中国历史上的疆域划分与中国有很大不同，他们把中国少数民族政权控制的疆域都划在中国之外。之所以会这么做，主要是因为日本学术界对历史上民族问题的看法与中国不同。中国代表在参加"东亚历史教育讨论会"时，向与会的各国代表系统地介绍了中国的民族政策，以及中国历史教科书对民族问题的看法。我国对民族史教育的看法，引起各国学者莫大的兴趣。[②] 通过这些交流，各国学者增强了彼此对认识上有差异的问题的理解。

（四）历史教育国际交流的不足

在过去的国际交流中，我国和日本之间开展双向交流较多，在和日本学者的交流中，对历史教学内容的探讨占较大比重，双方通过交流了解了彼此对历史上某些问题的看法，以及在历史研究某一领域的最新成果，并在修订教科书的时候合理地采用。尽管如此，我们对日本的历史教育也只是了解个大概。据一位人民教育出版社的专家讲，他们和日本同行的交流还是浅层次的，日本方面赠送了很多资料，由于不懂日语，这些资料放在图书馆，几乎没有人去看。由于语言上的困难，很难做更深入的交流。而且，通过文字只能了解到理论层面的叙述，无法亲自感受历史课堂教学的实际情况。

（五）深化国际交流的几点思考

自改革开放以来，中国的历史教育界在国际交流方面作了很多探索，取得了一些成效，为了深化历史教育的国际交流，可以在以下几个方面作

[①] 于友西：《开展国际性的学术交流活动》，《中国教育学刊》1994 年第 2 期。
[②] 臧嵘：《东亚历史教育研讨会在东京召开》，《中国教育学刊》1990 年第 1 期。

进一步的努力。

1. 定期举办各国历史教学研究会轮流召开的历史教学国际研讨会

中国的全国历史教学研究会在过去的国际交流中发挥了重要作用,曾经派出代表团参加国际会议。每年的历史教学年会,也吸引了一些国外专家参加。有两次年会的论文出版过论文集。应该在以往的基础上深化交流,由各国历史教学研究会轮流举办国际研讨会,以便各国专家有机会到其他国家开展实地教学观摩,了解各国历史教学的实况。每次会议后出版会议文集,及时总结交流各国历史教学研究的最新成果。这样,各国同行就可以对不同国家的历史教学研究理论和实践有比较全面、直观的认识,互相取长补短,共同进步。

2. 提高历史教育工作者的外语水平

在国际交流中,一个影响交流的重要因素是语言障碍。这在以往的历史教育国际交流中尤其突出。因为不懂外语,无法和国外同行作深层的学术交流;观摩国外的历史课堂教学,因为听不懂,收效也不大。因此,过去的国际交流都停留在浅层次,互相借鉴的东西不多。可以从教师教育的课程设置入手,通过在师范院校本科生和教学论研究生培养过程中加强外语训练等方式,提高未来历史教育工作者的外语水平;通过教师进修的方式提高在职教师的外语水平,为历史教育深层次的国际交流奠定基础。只有历史教育工作者具备了比较高的外语水平,才能开展深层次的历史教育国际交流。

3. 系统翻译国外历史教育的基本文献

提高历史教育工作者的外语水平不是短时期能够做到的,为了解决当前需要,可以组织专人系统翻译国外历史教育的基本文献,供本国历史教育工作者参考。以前有过对国外历史教学概况作简要介绍的文章,翻译国外历史教学论专著则不多。20世纪二三十年代曾翻译过美国的一本历史教学法教材,此后基本没有同类译作问世,这不能不说是历史教学界的一个缺憾。因为不了解国外历史教学研究的最新动态,我们只能把西方教育学的新理论套用到历史教学中来,这种对西方的借鉴跳跃较大,给人感觉理论和实践是分离的,勉强拼凑在一起,说明不了问题。如果能够系统翻译国外有代表性的历史教学研究新成果,就可以缩小国外教育理论与中国历史教学实践的距离，有利于我们吸取国外历史教学改革的经验教训，少走弯路。

另外，国际交流不是一个国家历史教育工作者的事，只有各国学者对交流的认识达成共识，才有可能进一步深化交流。

第二节
高中历史必修 2 "古代中国农业"相关概念辨析 *

高中历史必修 2 专题 1 的第一个学习主题是古代中国农业，课程标准的内容标准要求"知道古代中国农业的主要耕作方式和土地制度，了解古代中国农业经济的基本特点"。虽然各个版本的教科书对这个主题的叙述方式有较大差异，但是都涉及一些基本概念，如古代农业、传统农业、小农经济、自然经济等。由于教科书的叙述比较简略，一些教师反映学生在学习时搞不清楚这些概念有什么区别。概念不清，要了解古代中国农业经济的基本特点就比较困难。本节尝试辨析这几个概念，以便教师在教学中准确把握古代中国农业经济的基本特点。

（一）古代农业与传统农业

农业按照历史发展进程可以划分为原始农业、古代农业和现代农业三个阶段。[①]"由于古代农业主要通过传承、应用生产活动中积累的经验来发展生产，故又称为传统农业"。[②] 原始农业阶段的生产工具和技术是使用木石农具，刀耕火种，撂荒耕作制；传统农业是以用畜力牵引或人工操作的金属农具为标志，铁犁牛耕为其典型形态，生产技术建立在直观经验基础上；现代农业阶段的生产技术和方法的特点则是建立在科学理论和科学实验基础上的。中国农业在战国时期进入传统农业阶段。[③] 美国经济学家舒尔

---

* 原文发表于《历史教学》（上半月刊）2014 年第 3 期。
① 也有人将现代农业划分为近代农业和现代农业两个阶段。
② 翟虎渠：《农业概论》，高等教育出版社，1999，第 16 页。
③ 董恺忱、范楚玉：《中国科学技术史·农学卷》，科学出版社，2000，第 2 页。

茨把农业所处的状态分为三种类型：传统型、现代型和过渡型。传统型农业的一个重要特征是技术状态长期基本保持不变，农业要素的供给者和需求者多年前就达到了特殊的长期均衡状态，继续向农民世代使用的那种类型的农业要素投资收益率低。现代型农业的基本特征是农民使用现代农业生产要素，而且任何一种新生产要素只要是有利的，它的出现与被采用之间的时延是很短的，国家的研究机构有责任去发现并发展这些新农业要素。向新农业要素投资的收益率高。过渡型农业则介于前两者之间，处于由传统向现代过渡阶段。① 舒尔茨所说的农业所处状态，类似于农业历史发展阶段，只是在传统农业和现代农业之间加了一个过渡型农业。这种过渡型农业，相当于我国一些学者所说的近代农业。总之，传统农业是过去曾经存在过，或现在仍在一些国家或地区存在的一种农业状态，是与现代农业完全不同的一种农业状态。

有学者认为，应该对古代农业和传统农业在概念上加以区分：传统农业是指在历史上形成的且又系统流传下来影响至今的一种农业文化，它与古代农业既有联系又有区别。传统农业来源于古代农业，是对古代农业的继承和发扬。古代农业是过去已经发生过的事情，它并不包含与现在的关系和影响，而传统农业则包含了与现在的关系和影响。如"传统耕犁"指的是现在农村还在使用的保留古代耕犁特征的农具，而绝不是唐代或宋代制造的耕犁。②

如果用现代化史观来研究农业发展史，对古代农业与传统农业做这样的区分是有意义的。古代农业与现代农业相对应，主要是用来定位农业发展的不同历史阶段；传统农业与现代农业相对应，则主要是为了反映农业发展的延续性、继承性。古代是已经过去的事情，而传统则是延续到现代的事情。做了这样的区分，我们就可以把现代化看作"一个传统性不断削弱和现代性不断增强的过程"。③ 这样，传统农业就可以作为我们考察农业现代化的出发点：中国传统农业有哪些特征？面对近代以来的社会经济文

---

① 〔美〕西奥多·舒尔茨：《改造传统农业》，梁小民译，商务印书馆，1987，第81~82页。
② 王星光：《传统农业的概念、对象和作用》，《中国农史》1989年第1期。
③ 周晓虹：《传统与变迁——江浙农民的社会心理及其近代以来的嬗变》，生活·读书·新知三联书店，1998，第22页。

化变迁,传统农业做出了哪些反应?传统农业有哪些方面不适应现代社会的要求,需做出改进;有哪些方面可以继承和发扬?

(二) 小农经济

小农经济是"以户为单位从事农业生产的个体经济"。作为一种农业生产组织形式,它在中国古代历史上不是唯一的,却是主要的。中国传统农业自春秋战国以来,存在过以下几种农业生产组织形式:国家屯田经营、地主庄园经营、富农经营、自耕农经营、租佃农经营、寺院经营等。[①] 其中富农经营、自耕农经营、租佃农经营在本质上是同一种经营形式:家庭农场,也就是我们常说的小农经济。家庭农场以一家一户为单位,主要靠自家劳动力来从事农业经营,但也不排除少量的雇佣劳动。在中国古代历史上,多种农业经营形式并存,但是家庭农场逐渐显示出其优越性,成为中国传统农业最基本的经营形式。这一发展趋势是由中国传统农业生产自身的特点所决定的。中国农业以种植业为主,种植业生产必须在耕地上平面展开,而不能像工业生产那样在一个较小的空间集中作业。因此,农业生产工作的监督很难。而且,农业生产的周期长,很多作物的生长都需要大半年的时间。农业生产的各个环节,工作的质量无法按照统一固定的标准来检查。各个环节质量的好坏,都要积累到最后才能表现出来,即农业收成的好坏。解决监督难的办法就是尽量利用生产者自发的工作意愿来代替从上而下的监督工作。在这里,家庭农场就发挥了特长,因为家庭农场靠家庭成员为劳动力骨干,具有最大最可靠的激励机制,只需最低限度的监督工作。[②] 因此,尽管中国古代农业多种经营形式并存,但是发展的结果是家庭农场占主导地位。无论是官府、地主还是寺院,都把大部分土地出租给佃户耕种,而佃户则以家庭为单位从事农业生产。在家庭农场中,家庭不仅是一个生产单位,而且还是一个消费单位,更是社会组织的基本细胞,承担着各种社会经济政治功能。这是以家庭农场为主导的中国传统农业生产组织形式的基本特点。

[①] 详见郭文涛、陈仁瑞《中国农业经济史论纲》之第三章、第九章,河海大学出版社,1999。

[②] 参见赵冈编著《农业经济史论集——产权、人口与农业生产》,中国农业出版社,2001。

第六章 ◎ 其他相关研究

(三) 自然经济

自然经济是与商品经济相对应的一个概念。马克思说,在自然经济中"经济条件的全部或绝大部分,还是在本经济单位中生产的,并直接从本经济单位的总产品中得到补偿和再生产。此外,它还要以家庭手工业和农业相结合为前提"。[①]列宁也说:"在自然经济下,社会是由许许多多同类的经济单位(父权制的农民家庭、原始村社、封建领地)组成的,每个这样的单位从事各种经济工作,从采掘各种原料开始,直到最后把这些原料制作得可供消费。"[②]也就是说,在自然经济中,每个经济单位都是自给自足的,而要做到自给自足,必须以家庭手工业和农业相结合为前提。对照马克思和列宁的描述,中国古代农业经济并不完全是自然经济。家庭农场的生产、生活并不是完全自给自足的,其农产品除了缴纳租赋、自用外,还需要拿出一部分到市场上出售,换取货币,以便购买自家不能生产的铁农具、食盐等生产、生活资料。自唐朝两税法施行以后,还要用货币缴纳赋税。到了明清时期,还要用货币交地租。因此,古代农业中家庭农场的生产,虽然大多不以商品生产为目的,但是其产品中或多或少有一部分作为商品流向市场。另有一部分农场,则专门从事商品生产。可以说,古代农业中商品生产虽然不占主导地位,但是始终存在着商品生产和与之相应的商品市场。早在春秋战国时期,农业中的商品生产就已经发展起来,尤其是在城郊园圃业、林业、牧业、渔业中,从事商品生产的程度较高。另外,小农家庭如果生产有余,也将剩余的粮、布出卖。这时的市场形态多种多样,主要有市井、墟市、邑市、城市等。它们遍布城乡各地,形成不同层次的市场,共同构成商品交换经济的内容。此后,农业领域内的商品生产,呈现出一种多元发展的趋势,园圃种植业、林业、渔业和牧业,都广泛从事商品生产。但是由于历代政府的抑商政策和土贡政策的冲击,使我国农业领域的商品生产没有形成规模效应,只能依附于小农经济和地主田庄经济,难以独立发展。特别是唐代以后,由于人口增加及谷物种植区

---

① 《资本论》第3卷,人民出版社,1975,第896页。
② 《列宁全集》第3卷,人民出版社,1984,第17~18页。

域的扩大，逐渐抹平了我国黄河、长江流域作物种植业和畜牧业的区域界限，制约了农业领域商品生产的进一步分化与独立发展。① 宋元明清时期，为纺织业提供原料的棉花、麻类、蚕桑生产发展起来，形成各种经济作物的专业区、专业户。随着各种非粮食生产专业户、城市商旅人口的不断增长，对商品粮的需求量越来越大，酿酒业的兴盛也需要大批粮食。大量粮食进入市场流通，表明粮食商品化趋势加强，越来越多的家庭农场将被卷入市场经济。

因此，有学者提出，我国古代经济"是自然经济和商品经济的结合"。② 在一定的历史时期中，自给性生产居于主导地位，商品性生产处于从属地位。在另一个历史时期，两者的地位可能持平。在商品经济发达地区，商品性生产则可能占主导地位。当然，从我国古代农业经济的整体来看，还是自然经济占主导地位。

第三节
《普通高中历史课程标准（实验）》成就与问题综述[*]

21 世纪初，我国开始了新一轮基础教育历史课程改革。2003 年颁布的《普通高中历史课程标准（实验）》（以下简称《课程标准》），是历史课程改革的主要成果之一，它"确立了新的课程体系，构建了新的内容标准，提出了新的评价要求，反映了新的课程理念"。③ 其倡导的新理念已经得到广大教师的认同。但作为高中历史教学的纲领性文件，仍存在需要进一步修改和完善的地方。教育部于 2013 年启动普通高中历史课程标准的修订，在此，有必要对《普通高中历史课程标准（实验）》的成绩和存在的问题作系统的梳理。其实，《普通高中历史课程标准（实验）》一经颁布，就引起了学术界的广泛关注和思考。专家们从不同角度对《课程标准》做了研

---

① 冷鹏飞：《中国古代社会商品经济形态研究》，中华书局，2002，第 118 页。
② 方行：《封建社会的自然经济和商品经济》，《中国经济史研究》1988 年第 1 期。
[*] 原文发表于《中学历史教学参考》2013 年第 1~2 期。
③ 龚奇柱：《对中学历史课程改革的回顾与思考》，《历史教学》2006 年第 1 期。

究,在充分肯定其成就的同时,也指出其存在的问题。这些研究成果对《普通高中历史课程标准(实验)》(以下简称《课程标准》)的修订具有一定的参考价值。本节对这些已有研究成果从八个方面进行了梳理,以便课程标准修订者参考。

(一) 历史课程的性质和理念

《课程标准》在历史课程性质上重点处理好了历史课程与其他课程以及与历史学科的区别,明确了高中历史课程是基础教育的重要组成部分,是对学生进行素质教育,培养学生健全人格的一门基础课程。在坚持基础性、发展性和时代性的同时,提出了多样性和选择性原则[1]。这些都符合历史教育发展的潮流。当然,《课程标准》对于课程性质及理念的描述在准确性与清晰性上仍有需要改进的地方。

有专家认为《课程标准》对历史课程性质的表述,流于对教学对象和任务的认识,很难体现"现代历史教育的时代精神和价值追求"[2]。课程性质是要说明高中历史课程所具有的特质是什么。现《课程标准》指出它是"一门基础课程",但究竟是什么样的基础课程却不明确[3]。由于对教育学、历史学、心理学等课程设计的理论基础研究不够深入,课程性质表述模糊,课程功能定位不准确[4]。就课程理念而言,它最大的问题是缺少学科特色。"理念势必要叙述清楚本学科欲追求的理想目标,而现实是缺乏了历史学科的教育理念。"[5] 另外,对"基本理念"的表述也过于笼统。比如,《课程标准》中提出"根据历史学科和历史教学的特点,全面发挥历史教育的功能",但是这个"特点"和"功能"的具体内容是什么,并没

---

[1] 刘军:《对普通高中历史课程性质和基本理念的认识〈普通高中历史课程标准(实验)〉浅析》,《历史教学》2003年第7期。
[2] 赵亚夫:《从历史课程标准追寻历史教育的本真》,《中学历史教学参考》2004年第1~2期。
[3] 赵亚夫:《高中历史课程设计有待改进》,《历史教学》2006年第5期。
[4] 王从华、姬秉新:《21世纪中学历史课程设计变革路向探析》,《历史教学》(中学版)2012年第11期。
[5] 赵亚夫:《关于新世纪历史课程与教材的若干思考》,《中学历史教学参考》2003年第3期。

有进一步的阐述。①

(二) 历史课程目标

《课程标准》从知识与能力、过程与方法、情感态度与价值观三个维度提出和规定了高中历史教育的基本目标。其突出特点，一是把知识与能力有机地结合在一起，把学习的过程与方法作为课程目标提出来，注重学生学习历史方式的突破；二是在思想教育目标中突破了以往单纯政治教育的层面，注重人文素养和科学精神的培养，把历史教育的社会教育功能与人的发展教育功能结合起来；三是改变了过于注重知识传授的倾向，强调了新的高中历史课程目标要从单纯注重知识传授转变为体现引导学生学会学习，学会做人；②四是"三维目标"超越了《历史教学大纲》时期提出的"双基目标""知识教育""能力教育""思想教育"，初步建立了综合的目标体系。③总之，课程目标的思路是正确的，应该肯定，但是这个目标体系仍需要进一步完善。

有专家认为，《课程标准》在表述"三维目标"时，依然采用笼统的列举方式。它的操作性差，缺乏必需的层次性和可测性；……知识与技能目标内容肤浅；缺乏学科教育理论支持，空洞且缺少学科先进的学理研究成果。④三维目标的科学性存在问题，表现在以下几方面。首先，"三维目标"没有指向"促进学生发展"的终极目标。其次，三个维度目标的设置是否科学，"过程与方法"能不能作为课程目标、能不能与其他两个维度的目标并列，都还值得进一步研究。再次，"三维目标"的表述不够具体，缺少层次性。最后，初高中课程目标在能力层面没有显著的差别。⑤

---

① 赵亚夫：《高中历史课程设计有待改进》，《历史教学》2006年第5期。
② 朱汉国：《浅议普通高中历史课程体系的新变化》，《历史教学》2003年第10期。
③ 王从华、姬秉新：《21世纪中学历史课程设计变革路向探析》，《历史教学》（中学版）2012年第11期。
④ 赵亚夫：《新课程〈历史课程标准〉急需解决的几个重要问题》，《首都师范大学学报》（社会科学版）2006年第5期。
⑤ 王从华、姬秉新：《21世纪中学历史课程设计变革路向探析》，《历史教学》（中学版）2012年第11期。

此外，作为首次提出的"过程与方法"目标也引起了广泛的争议。一种观点认为，"过程"不能作为目标。① 另一种观点认为"过程"可以作为目标。"过程与方法"目标可以看成是一种生成性目标、表现性目标，它强调生长、过程和创造性结果，注重学生学习方式的转变，同时也给予教师引领扶植这种转变的充分的自主权，为教师的创造性教学留出了腾挪辗转的空间。②

（三）历史课程内容结构

《课程标准》以文明史观为指导，采用"模块"加"专题"的形式，构建了多样化、多层次的课程体系。在内容结构上，大胆创新，与时俱进，对历史知识进行了重新整合，突破了以往历史课程内容的编排体系，采取"贯通古今，中外混合"的原则，创造性地划分为"必修课程"与"选修课程"，避免了以往高中历史课程设置的一些弊端，充分体现了高中历史教育的基础性、多样性和选择性。《课程标准》构建了重基础、多样化、有层次的课程结构，适应了社会需求的多样化和学生全面而有个性的发展。③ 中外史合编有利于学生开阔眼界，深刻地理解世界历史中的中国，也有利于加强中国史与世界史的联系和比较。专题史避免了与通史教材的雷同，它可以灵活地选择历史内容，并有较大的包容性。④ 然而，与此同时，也有不少专家认为目前这种模块专题结构在一定程度上割裂了历史的联系，仍带有"专业化""学术化""成人化"倾向，不适合高中学生的知识认知水平和能力。

有专家认为，对模块化的课程结构是否适宜历史课程采用，以及历史课程的学习模块当如何编制等重大问题，缺乏必要的论证，导致其内容标准有粗糙、随意之嫌。⑤ 专题之间的跳跃性大，新知识的学习缺少旧知识

---

① 白月桥：《课程标准实验稿课程目标订定的探讨》，《课程·教材·教法》2004年第9期。
② 杨向阳：《"过程与方法"应该可以入"画"》，《中学历史教学参考》2004年第7期。
③ 朱汉国：《浅议普通高中历史课程体系的新变化》，《历史教学》2003年第10期。
④ 姚锦祥：《评高中历史实验教科书的知识体系和教学内容》，《历史教学》2005年第3期。
⑤ 赵亚夫：《高中历史课程改革与历史教育的现代化——围绕普通高中〈历史课程标准〉的反思》，《教育学报》2006年第8期。

的铺垫,形成了不完整的历史知识系统。专题型的历史知识体系是一种学术体系,比较适合选修课程和高中历史的复习。[1] 在这种知识体系下,强调发展与变化的历史学科的根本特质消失了,知识系统破碎、专业化和学术化增强,历史内容的跳跃、缺失和重复屡见不鲜。[2]

(四) 历史课程内容的选择

《课程标准》革新了课程内容,增强了课程内容与社会、学术发展的联系。必修模块中,经济史和思想文化史取得了与政治史同等的地位。但是与此同时,内容选择上也存在一些偏颇。

首先,改革与战争史主题的空缺,特别是遗漏对 20 世纪历史影响最大的两次世界大战的主题,使政治史模块的内容显得异常狭窄,也在一定程度上损害了模块的教育价值。[3]

其次,地区史知识不平衡。必修课的选材几乎只介绍中国和欧美,涉及亚洲国家寥寥无几,似乎只有日本。亚洲其他国家和地区、非洲和拉丁美洲在政治、经济、文化等方面发展变化等内容,则极少涉及。[4] 必修专题在世界史方面太过集中于欧美史的内容,同时,中国史方面忽略了民族关系史的内容。[5] 有专家提出质疑:精选世界史内容时,只有"西方文明中心"一条路可寻吗?要知道,西方国家自 20 世纪 50 年代以来,一直都在批判这个传统观念。[6]

最后,中国史和外国史比例不合适,且两者之间缺乏必要的整合。高中模块结构中的中外合编专题体例,各模块中基本上是中国、外国专题各占一半,它们之间基本上没有时序的纵向联系和彼此之间的横向联系和可比性。[7]

---

[1] 姚锦祥:《评高中历史实验教科书的知识体系和教学内容》,《历史教学》2005 年第 3 期。
[2] 陈其:《高中历史课程知识和教学体系浅议》,《历史教学》2004 年第 12 期。
[3] 姚锦祥:《〈普通高中历史课程标准(实验)〉内容选择问题评析》,《历史课程改革的理论与实践》,人民教育出版社,2007,第 147 页。
[4] 陈其:《高中历史课程知识和教学体系浅议》,《历史教学》2004 年第 12 期。
[5] 姚锦祥:《〈普通高中历史课程标准(实验)〉内容选择问题评析》,《历史课程改革的理论与实践》。
[6] 赵亚夫:《高中历史课程改革与历史教育的现代化——围绕普通高中〈历史课程标准〉的反思》,《教育学报》2006 年第 8 期。
[7] 陈其:《认真解决中学历史课程两阶段的衔接问题》,《历史课程改革的理论实践》,人民教育出版社,2007,第 345 页。

模块结构中未注重区域性历史与全球性历史之间的关系；没有做到把中国史放到全球史中去认识，反而削弱了中国史的学习地位。与任何发达国家相比，这个《标准》的本国史内容所占比例都是最低的。本国史与外国史国际上较为通行的比例是 7∶3。①

（五）历史课程内容的难易度

《课程标准》为改变旧课程"繁、难、偏、旧"的情况，删减了旧课程中的大量内容，呈现出来的都是最核心的历史知识。从《课程标准》到教科书，对许多历史问题都没有提供现成的评价，给学生的学习留下了一个较大的思考空间。②然而，《课程标准》中内容难度的设定仍然存在着一些问题。

第一，课程内容专业性、学术性强，增加了学习的难度。有专家认为，目前的历史课程知识系统破碎、专业化和学术化增强。对此，调整的宗旨是淡化高中课程"专业化和学术化"色彩，并改变专题的"孤立静止"状态，赋予它们联系与发展的动态。③应该建设非专业历史教育的中学历史课程，也就是要建立适合中学生认知的"历史学习知识体系"。④

第二，目前这种"模块"和"专题"式结构，导致历史内容的跳跃、缺失和重复问题严重，增加了历史学习的难度。"一些专题的表述高度概括，使得其涵盖的基本知识点有很大的不确定性"，⑤增加了历史学习的难度。模块内容过于零碎，缺乏必要的认知层次和意义关联。⑥专题教学只选择历史现象的一个方面学习，缺少与其有密切联系的其他内容，形成了不完整的历史知识系统，加深了历史学习的难度。⑦目前高中历史课程的"专题史"体系，只是在对总体历史有相当了解的前提下才具有合理性，初中

---

① 赵亚夫：《高中历史课程改革与历史教育的现代化——围绕普通高中〈历史课程标准〉的反思》，《教育学报》2006 年第 8 期。
② 黄牧航：《从高中课程改革的角度看 2005 年的高考历史试题》，《历史教学》2005 年第 8 期。
③ 陈其：《高中历史课程知识和教学体系浅议》，《历史教学》2004 年第 12 期。
④ 王从华、姬秉新：《近十年来中学历史课程改革问题研究述论》，《历史教学》2012 年第 5 期。
⑤ 穆易宁：《新课标下高中历史学科考试测量命题改革》，《历史教学》2005 年第 4 期。
⑥ 赵亚夫：《高中历史课程设计有待改进》，《历史教学》2006 年第 5 期。
⑦ 姚锦祥：《评高中历史实验教科书的知识体系和教学内容》，《历史教学》2005 年第 3 期。

的历史教学显然还远不足以提供对这种古今中外混编专题史学习的支撑。①

(六) 历史课程内容的衔接

对于模块之间的衔接问题,有专家认为,每一模块贯穿何种线索、思路或宗旨不够清晰,专题缺乏整体性、建构性和时代性,选修模块和必修模块缺乏必要整合。② 专题之间的跳跃性大,新知识的学习缺少旧知识的铺垫;同时必修内容之间,以及必修和选修内容之间存在重复问题。③ 政治活动与社会经济、文化活动密切相关、相互作用,三者之间是无法完全割裂的,因此,应当注意必修课程各模块间的相互参照、统筹兼顾,从不同的视角、全面、客观、深入地有联系地发展地讲述一个个看似孤立和静态的专题。④

关于初高中历史内容衔接问题,有专家认为,在初中阶段历史知识体系系统性的弱化、基础知识大量减少的前提下,高中课程却出现专题化和学术化的迹象,初中和高中阶段历史课程之间的距离骤然增大,学生们需从相对"低幼化"的初中课程进入比较"专业化"的高中历史课程,造成了内容之间的断层。⑤ 初中的时序与主题相结合的历史知识体系与高中模块与专题相结合的知识体系并无多大差别,其学习内容与要求也基本相一致,因此在历史内容的选择上就有可能重复。⑥

(七) 历史课程评价

《课程标准》初步建立了过程取向和主体取向的课程评价体系⑦,改变了以往评价过分强调甄别与选拔的功能,提倡发挥评价促进学生发展、

---

① 曹大为:《关于〈普通高中历史课程标准(实验)〉教材建设的对策与思考》,《历史教学》2004 年第 5 期。
② 赵亚夫:《高中历史课程设计有待改进》,《历史教学》2006 年第 5 期。
③ 姚锦祥:《评高中历史实验教科书的知识体系和教学内容》,《历史教学》2005 年第 3 期。
④ 陈其:《高中历史课程知识和教学体系浅议》,《历史教学》2004 年第 12 期。
⑤ 陈其:《高中历史课程知识和教学体系浅议》,《历史教学》2004 年第 12 期。
⑥ 姚锦祥:《〈普通高中历史课程标准(实验)〉内容选择问题评析》,《历史课程改革的理论与实践》,人民教育出版社,2007,第 155 页。
⑦ 王从华、姬秉新:《21 世纪中学历史课程设计变革路向探析》,《历史教学》(中学版)2012 年第 11 期。

教师提高和改进教学实践的功能等,这是历史课程设计取得的重要成果之一,但这个评价体系是不完善的。

有专家认为,课程评价不仅包括学生学业评价,还应该包括课程本身的评价;不仅要测量学生在学业方面实现预期学习行为目标的程度,还要选择和分析有关信息,确定课程决策的方案,判断课程实施的过程。① 关于课程本身评价在课程评价体系中的缺失,是历史新课程设计的缺憾。因此,有专家主张建立系统有效的中学课程评价体系(包括对课程本身的评价和对学生的评价)。② 还有专家认为,《课程标准》混淆了评价与测量的区别,评价建议介绍的诸多方法中,大多是评价过程中的测量方法,而不是评价方法。同时,用一种新的评价制度取代原来的评价制度,不能只从理论上演绎其是不是真理,而要从实践上考虑其是否有可能成为现实,取得更好的效果。③

(八)《课程标准》文本的可读性与指导性

《课程标准》作为教科书编写和教学行为规范的指导性文件,它的文本结构、术语使用,包括文字表述是否流畅都影响着其权威性和指导性。总体说来,专家学者对于其文本的撰写持肯定态度,但是在一些方面,仍然需要改进。

第一,文本结构存在问题,内容空洞,可读性欠缺。有专家认为,《课程标准》引言部分空洞,应该重写,课程性质也应该重新厘定。"课程理念"不设题目,而由六个自然段区分不同的"理念";六个"理念"皆没有主题词,而且句子冗长。应该说,作为国家的教学文件,仅从文本研究的角度看,《历史教学大纲》清晰,《课程标准》反倒模糊。④

第二,内容标准的层次不分明,难以指导教师教学。有专家认为,当前各学科的课程标准都存在两个严重的问题,一是从定量描述的角度来

---

① 陈志刚:《历史课程设计的基本理论与思路》,《历史教学》(中学版)2008年第7期。
② 王从华、姬秉新:《21世纪中学历史课程设计变革路向探析》,《历史教学》(中学版)2012年第11期。
③ 任世江:《关于完善历史课程标准的思考》,《全球教育展望》2003年第12期。
④ 赵亚夫:《新课程〈历史课程标准〉急需解决的几个重要问题》,《首都师范大学学报》(社会科学版)2006年第5期。

看，它缺乏对认知行为目标的清晰表述；二是从定性描述的角度来看，它缺乏对表现性行为目标的清晰表述，其结果是既不利于高考的命题操作，也不利于在日常教学中对学生实施发展性评价。认知行为目标的描述包括两方面的内容，一是要给认知行为动词以准确的、可操作的定义；二是对认知行为本身要做出层次的区分。一线教师搞不清楚"了解"与"知道"有何区别，"说明"与"认识"之间是并列关系还是递进关系，词意的含糊导致教师们无法从课程标准中寻找自己的教学目标，只能够从高考试题中去寻找，这在很大程度上就使课程标准失去了"标准"应有的作用。课程标准在表现性行为目标的引导方面基本上是空白的，这无助于中学开展表现性评价活动，同时有损把综合素质评价列入高考招生内容的改革。[①]

第三，行为动词缺乏明确的指导意向，比较随意。有专家认为，《课程标准》文本陈述语言不够准确、规范，很多内容语焉不详极易导致理解错乱。其中行为动词的使用更欠缺规范性，主要表现：一是表述语言缺乏规范；二是出现的20个行为动词严重失衡；三是对行为动词本身的内涵没有界定。除此之外，由于初、高中《课程标准》文本在学习结果方面没有水平阶梯，缺乏必要的区分度，以至于即使初、高中所使用的行为动词差异再大，也很难在孰高孰低的水平上做出科学判断。[②]

综上所述，历史课程与教学论专家们认为，《普通高中历史课程标准（实验）》既有成就，也有问题。修订工作需要在广泛的调查研究的基础上进行。既要听取中学一线教师、教研员的意见，也要听取大学、教育研究机构历史教学论专家的意见。对于历史课程设计的一些核心问题，还需要做专门的研究，以保证《普通高中历史课程标准》的科学性、适用性。

[①] 黄牧航：《从教育测量走向教育评价——论新课程改革后高考考试评价制度改革的趋向》，《中国考试》（研究版）2009年第5期。
[②] 赵亚夫：《从〈历史课程标准〉的行为动词看问题》，《历史教学》（中学版）2008年第5期。

附录一 《普通高中历史课程标准（实验）》实施现状调研报告

为了解《普通高中学科课程标准（实验）》的成绩和问题，对课程标准的修订提出建议，教育部委托北京师范大学进行《普通高中学科课程标准（实验）》实施现状调研，历史学科组由郑林负责，成员有：郑师渠、刘家和、瞿林东、叶小兵、李晓风、陈辉、朱煜、侯桂红、吴波、张逸红、刘玉群等，他们分别来自北京师范大学、首都师范大学、四川师范大学、扬州大学、北京教育学院丰台分院、北京市西城区教育研修学院、北京市东城区教育研修学院、中国人民大学附属中学等单位。

调研组根据本次调研的总任务，设计了七组问题：课程定位、目标与价值取向；内容及结构的合理性；内容的适量度；内容的难易度；内容的衔接性；课标的落实情况；课标文本的可读性和指导性。围绕这七组问题分别设计了中学教师、教研员访谈提纲，中学校长访谈提纲，教科书编写者访谈提纲，学科专家访谈提纲，课标专家访谈提纲；中学教师、教研员问卷，学生问卷。

本次调研采用分层抽样的方法，根据社会经济文化发展程度、学生的心理发展水平、地理区域（含民族地区）、进入新课改的时间等因素，在全国选取黑龙江、宁夏、安徽、河南、江苏、广东、云南、北京等八个省区市，每个省区市按经济、教育发展水平选取三个地区（市）[①]，每个地区按教育发展的不同水平抽取至少3个学校，合计24个地区88所中学，进

[①] 在报告中对8个省区市和24个调研地区做了编码，如M2代表某个省，M2-1代表某省的某个调研地区，具体编码见调研报告完整版。

行三类人群（教师、教研员、中学校长和教务主任）的访谈与三类人群（教师、教研员、学生）的问卷调查。为了对一些专业问题作深入了解，从北京大学、清华大学、北京师范大学、中国人民大学、南京大学、南京师范大学、中山大学、人民教育出版社、各省教研室等单位选取了四类专家（课标制定专家、历史学科专家、教科书编写专家、会考高考命题专家）进行深度访谈。从2012年8月底至12月初，访谈了88所中学的190名教师，47名教研员，116名中学校长和教务主任。访谈了9所高校和教育教学研究机构的四类专家18人。此外，为增强少数民族地区的代表性，在调研后期增加了新疆维吾尔自治区的调研，对来自新疆12个地区的21名高中历史教师做了书面访谈。在各地进行访谈的同时，对学生、教师、教研员总计发放问卷5333份（学生问卷4755份覆盖691所中学，教师问卷559份、教研员19份覆盖129所中学），回收5235份（学生4665份、教师551份、教研员19份），学生问卷中包括大学生问卷，其中首都师范大学171份、北京师范大学447份、北京大学76份。各群体问卷回收率均在98%以上（学生98.1%、教师98.6%、教研员100%）。问卷数据录入SPSS 18.0，基于标准化的克隆巴赫系数，学生问卷为0.879，教师和教研员问卷0.858。说明问卷调研结果具有较高的效度和信度。在实地调研的同时，还对已有研究成果作了调查，系统梳理了公开发表的研究论文中对高中历史课程标准的意见和建议。本报告的结论，以教师和教研员访谈资料以及公开发表的论文为主，其他访谈和问卷数据为辅。

一 对《普通高中历史课程标准（实验）》的总体认识

《普通高中历史课程标准（实验）》"确立了新的课程体系，构建了新的内容标准，提出了新的评价要求，反映了新的课程理念"[1]。自实施以来，其倡导的理念被广大教师认同，教师的教育教学观念发生了巨大转变，教学方式也有了改进，课程改革取得初步成效。中学历史教师和专家学者对《普通高中历史课程标准（实验）》的理念、目标总体上持肯定态度，具体表现在以下几个方面。

---

[1] 龚奇柱：《对中学历史课程改革的回顾与思考》，《历史教学》2006年第1期。

附录一 ◎ 《普通高中历史课程标准（实验）》实施现状调研报告

第一，对历史课程性质的赞同。《普通高中历史课程标准（实验）》在历史课程性质上处理好了历史课程与其他课程以及与历史学科的区别，明确了高中历史课程是基础教育的重要组成部分，是对学生进行素质教育，培养学生健全人格的一门基础课程。[①] 广大教师对这一课程定位表示赞同。

> 这个课标……是以培养人为根本的出发点。……很正确地说出了我们当代的教育目的。我觉得这是最大的成果。……新课标推动着我们去思考，转变我们的观念，让我们做到以培养人为根本目的去进行历史教学。这是很成功的。（M3-1）

第二，对历史课程目标的认同。《普通高中历史课程标准（实验）》从知识与能力、过程与方法、情感态度与价值观三个维度提出和规定了高中历史教育的基本目标。其突出特点，一是把知识与能力有机地结合在一起，把学习的过程与方法作为课程目标提出来，注重学生学习历史方式的突破；二是在思想教育目标中突破了以往单纯政治教育的层面，注重人文素养和科学精神的培养，把历史教育的社会教育功能与人的发展教育功能结合起来；三是改变了过于注重知识传授的倾向，强调了新的高中历史课程目标要从单纯注重知识传授转变为体现引导学生学会学习，学会做人。[②] "三维目标"超越了《历史教学大纲》时期提出的"双基目标""知识教育""能力教育""思想教育"，初步建立了综合的目标体系。[③] 教师们对历史课程的三维目标基本持肯定态度。

> 三维教学目标，……值得肯定。（M6-1）
> 过程目标有意促进了我们学生学习方式的转变和教师教学过程的创造性。（M3-2）

---

① 刘军：《对普通高中历史课程性质和基本理念的认识〈普通高中历史课程标准（实验）〉浅析》，《历史教学》2003年第7期。
② 朱汉国：《浅议普通高中历史课程体系的新变化》，《历史教学》2003年第10期。
③ 王从华、姬秉新：《21世纪中学历史课程设计变革路向探析》，《历史教学》（中学版）2012年第11期。

历史课程教材教法研究

专家也表示:"注重探究学习,善于从不同的角度发现问题,这都是以前没有提过的,这是咱们这次课改的最大进步。情感与价值观也不错,基本上都比以前咱们 90 年代的东西肯定要好多了。假大空的东西也少了。"

第三,对"模块+专题"课程结构立意的初步认可。《普通高中历史课程标准(实验)》采用模块加专题的课程结构,主题突出,有利于加深学生对同一类问题的认识,加强与现实的联系,拓宽学生的视野;有利于培养学生的比较、概括能力。有教研员认为:

专题史主要是想主题突出,内容精炼,出发点很好。(M5)

模块加专题有它的好处,提升思维能力。(M8-1)

一些教师对这种结构也表示认可:

专题在某种程度上更能让学生有研究的方向,……从这一方面我觉得是有一定意义的。而且提供了一种思维的方法,至少是归纳法。以后研究相关问题可以把古今相关资料统一归纳在一起然后再去研究,这一方面对学生研究问题、找到科学的方法是有很大意义的。(M5-1)

专题史这种体例,有一些亮点和优点不能否定。(M3-1)

第四,课程实施取得一定成效。《普通高中历史课程标准(实验)》经过几年的实施,教师的教育教学观念发生了巨大的变化,教学方式也有一定程度的转变。

应该说原来在课改之前,我们的课堂教学的模式相对来说是比较传统的,基本上以老师的讲授为主,适当地辅助一些师生的互动。……课改实施以后由于强调发展,以学生为本,……有许多新的东西展示出来。最主要的就是在课堂上我们充分地来激发和调动学生学习的积极性和主动性,充分地发挥他们作为学习的主体作用。而教师在课堂上,他的角色,我们最主要的强调的是一个组织和引领。(M3-2)

附录一 ◎ 《普通高中历史课程标准（实验）》实施现状调研报告

我们学校老师的教学意识变化突出，倡导自主学习和合作学习。老师们越来越关注学生的学习状态，包括学习的情绪、心理、效果，我觉得这一点是非常大的一个变化，就是教与学的方式的改变。(M8-1)

教师的教材观也有了很大的改进，主动开发利用各种课程资源的意识增强。一些教师认识到学生也是一种课程资源。

互联网、书籍文献、旅游时去博物馆参观所拍摄的照片都用来作为教学素材。(M4-3)

我带高三下学期二轮复习的时候，突然发现我们班三个同学在一起，他们互相写东西，互相交流，他们讲"我历史特别好，他地理特别好，我们三个人把自己这方面研究的东西写出来互相看互相交流"。从此我就有个想法就是你们三个人把自己写出来的东西先拿给我看一看，我分出来发给全班同学，这就是一种学生课程资源。我后来发现学生写的东西，比如历史材料题的解题的方法，很生动，学生喜欢。(M7-1)

《普通高中历史课程标准（实验）》倡导的新理念受到广大教师的拥护，课程目标、内容结构等方面的创新也得到一些教师的理解和认同。但是，在实施过程中却面临很多困难。正如一线中学历史教师所说：

对于理念这方面我们是相当之拥护的，我们就是该这么改，但是在操作中感到很无奈的。……素质教育啦、人文教育，只是印在那个课标上面，在实际教学中很难说真的落实了。(M8-2)

二 《普通高中历史课程标准（实验）》存在的主要问题及原因

影响《普通高中历史课程标准（实验）》实施的因素是多方面的，既有主客观条件方面的问题，也有课程标准本身的问题。本报告根据调研，对《普通高中历史课程标准（实验）》本身存在的问题从以下几个方面作了梳理，供修订时参考。

（一）课程定位、目标与价值取向

1. 课程性质、理念表述笼统，语意重复，历史学科特色不明显

有专家认为《普通高中历史课程标准（实验）》对历史课程性质的表述，流于对教学对象和任务的认识，很难体现"现代历史教育的时代精神和价值追求"。[1] 由于对教育学、历史学、心理学等课程设计的理论基础研究不够深入，课程性质表述模糊，课程功能定位不准确。[2] 就课程理念而言，它最大的问题是缺少学科特色。"理念势必要叙述清楚本学科欲追求的理想目标，而现实是缺乏了历史学科的教育理念。"[3] 另外，对"基本理念"的表述也过于笼统。有中学教师要求：

> 把主题词概括出来，凸显出来……以利于老师把握。（M4-2）
>
> 我们希望历史素养有哪些内容，能够在下面做一些解释，这样我们对内容的了解更加深入一些。（M7-2）

从对前言部分的文本分析可以看出，"课程性质""课程的基本理念""课程设计思路"的表述，部分内容语意重复。

课程性质：

> 通过高中历史课程的学习，能使学生了解人类社会发展的基本脉络，总结历史经验教训，继承优秀的文化遗产，弘扬民族精神；学会用马克思主义科学的历史观分析问题、解决问题；学习从历史的角度去了解和思考人与人、人与社会、人与自然的关系，进而关注中华民族以及全人类的历史命运。通过高中历史课程的学习，培养学生健全的人格，促进个性的健康发展。[4]

---

[1] 赵亚夫：《从历史课程标准追寻历史教育的本真》，《中学历史教学参考》2004 年第 1~2 期。

[2] 王从华、姬秉新：《21 世纪中学历史课程设计变革路向探析》，《历史教学》（中学版）2012 年第 11 期。

[3] 赵亚夫：《关于新世纪历史课程与教材的若干思考》，《中学历史教学参考》2003 年第 3 期。

[4] 中华人民共和国教育部：《普通高中历史课程标准（实验）》，人民教育出版社，2003，第 1 页。

附录一 ◎ 《普通高中历史课程标准（实验）》实施现状调研报告

课程的基本理念：

通过历史学习，使学生增强历史意识，汲取历史智慧，开阔视野，了解中国和世界的发展大势，增强历史洞察力和历史使命感。①

课程设计思路：

通过历史必修课，学会从不同角度认识历史发展中全局与局部的关系，辩证地认识历史与现实、中国与世界的内在联系；培养从不同视角发现、分析和解决问题的能力；培养健康的情感和高尚的情操，弘扬民族精神，进一步提高人文素养，形成正确的世界观、人生观和价值观。②

上述三段内容从语意上看，都是在陈述历史教育的功能和目的。"课程性质""课程的基本理念""课程设计思路"三部分各自要表达的核心思想是什么，历史教育目的应该放在哪个部分表述，这些问题在研制历史课程标准时应该研究清楚。如果对课程编制的相关理论和概念没有做充分的研究，课程标准中的一些提法就会混淆不清，表述时语意容易重复。

2. 内容标准与总目标不一致，容易导致价值取向的偏差

《普通高中历史课程标准（实验）》的课程目标中提出要让学生"理解和尊重世界各地区、各国、各民族的文化传统，汲取人类创造的优秀文明成果"，③ 但是，内容标准无法支撑这一目标的实现。有中学教师提出：

理解全世界各国各民族的文化传统，汲取人类优秀文化传统，无论是课标还是教材都很少体现，只有中国和西方文明，而没有印度文明，埃及文明，东南亚文明，学生对这些文明历史都不了解。只讲汉族，很少涉及少数民族，……多民族的多元一体都体现不出来。……现在学生就以为中国历史就是汉族历史，西方历史就是欧洲历史或是美国历史。（M4-2）

---

① 中华人民共和国教育部：《普通高中历史课程标准（实验）》，第2页。
② 中华人民共和国教育部：《普通高中历史课程标准（实验）》，第3页。
③ 中华人民共和国教育部：《普通高中历史课程标准（实验）》，第5页。

中国古代的民族关系和对外关系,现在(的课标和教材中)也没有,中国是个多民族国家,不讲这个也不好。(M8-1)

专家认为历史教育对培养民族精神、增强民族凝聚力有重要作用,应该加强对价值取向方面的引导和表述。[①] 价值取向的引导必须以历史课程内容为基础,没有相关内容作支撑,价值观教育就成了空话。这一点中学历史教师也有反映:

理论上,学完课标所有内容能实现历史教育的目标。但实际是只能达到知识目标,……情感态度价值观在课标中没有多少体现。(M4-2)

历史学科的公民教育,没有能体现出来的,……除了前面的情感态度价值观中,就是大家一般不去认真看的内容中,好像是有,但实际上,在具体的表述中,真的是没有体现出公民教育的作用。……这种课标有个不好的导向,反而更让学生喜欢死记硬背了。(M2-1)

我感觉我们新的课标在修订过程中,这些理念能不能不要只是在前言里面,而是渗透到后来的细节当中,让我们教师能够渗透进去,能有一个依托,能有一个立足点。(M2-3)

课程目标中要求"深入地了解历史发展的基本线索;对历史唯物主义的基本理论和方法有所了解,初步认识人类社会发展的基本规律",[②] 但是,目前这种内容标准的知识结构,很难让学生认识历史发展的基本线索和基本规律。中学教师们反映:

按模块教的时候,没有阶段特征的呈现,所以学生无法理解。对于年轻教师,会非常吃力。(M6-2)

我们现在高中的学生学到的是割裂的知识,不是历史,它没有因果关系的。……每个单元之间(有)具体的联系吗?你连截取的时间点

[①]《著名历史学家谈中学历史课程改革——龚书铎先生访谈录》,《历史教学》2002年第12期。

[②] 中华人民共和国教育部:《普通高中历史课程标准(实验)》,第4页。

附录一 ◎ 《普通高中历史课程标准（实验）》实施现状调研报告

都不一样的。不是说中世纪的中国和世界，近代的中国和世界，……就西方截取的时间点和中国截取的时间点是不一样的。（M2－1）

学完必修3之后学生普遍反映，尤其是理科班的学生觉得简直是一团乱麻。（M3－1）

课程的观念理念是改了，但真正历史教育的功能没有发挥出来，历史学科初高中各三年作为时间投入的精力物力财力是不少的。但历史教育对大国地位，了解世界认识世界的功能没有发挥出来。（M3－3）

3. 课程目标表述笼统，操作性差

有许多教师认为，《普通高中历史课程标准（实验）》对"三维目标"的表述笼统，操作性差，缺乏必需的层次性；个别教师认为"过程与方法"能不能作为课程目标、能不能与其他两个维度的目标并列，都还值得进一步研究。

不是一个总目标笼统的一说就完了，应该有分阶段分年级的相关方面的要求。既有知识方面的要求，也有学生认知水平这方面的要求，这样我们课标的针对性会更强一些。（M6－2）

最大的困惑就是第二部分，就是过程与方法。……把过程作为目标在逻辑上是十分可笑的事情。因为你的过程是帮助实现学生知识能力和情感态度价值观的。如何把过程自身作为目标设计出来呢？现在单独把过程作为一个目标，这在逻辑上是说不通的。（M1－1）

中学教师、教研员反映，课程目标中有几个重要的概念表述不清晰。例如，历史学科能力、历史素养、人文主义，这些概念到底指的是什么，没有进一步的界定。实际操作中，就完全靠老师来把握，而老师又缺乏研究，各地区教师的素质差距较大。

什么是历史素养，把人愁死。我们的历史能力还没有界定清晰，就迅速走到了历史素养。……历史素养是什么？（M6－1）

这个课标缺什么内容？历史思维能力没有一个详细的解读。到底历史思维能力是什么？（M5－1）

从课标的角度你怎么认识人文素养，怎么认识历史学科思维能力，……我觉得历史学科一定要做出一个界定。(M5-1)

有教师认为，内容标准所用行为动词没有具体、清晰的界定，教师不好理解和操作。

这三个模块共同的问题，就是了解，知道，简述，概述，这几个的概念程度很难于把握。所以最后就是尽可能往深挖。(M4-2)

有些内容课标表述比较虚，……老师不知道操作到什么程度上是达到课标要求。(M1-1)

这个内容标准说的特别笼统，比如说，必修1第一课，要了解宗法制和分封制的内容，认识中国早期政治制度的特点。那么了解，了解到什么程度。……课标就放到这儿了，让了解，了解到什么程度，什么叫达到要求了？我觉得这中间有很多问题。了解、知道、认识应该有一个具体的标准，了解到什么程度。(M6-2)

有专家认为，《课程标准》文本陈述语言不够准确、规范，很多内容语焉不详极易导致理解错乱。其中行为动词的使用更欠缺规范性，……由于初、高中《课程标准》文本在学习结果方面没有水平阶梯，缺乏必要的区分度，以至于即使初、高中所使用的行为动词差异再大，也很难在孰高孰低的水平上做出科学判断。使得《课程标准》缺少综合性和专业性，欠缺规范，影响其指导作用。[①]

访谈中，也有专家认为："课程目标比较抽象，没有可操作性，我们的课程标准没有准确的量化的东西，不像西方标准是有一定的量化标准，比如说我十年级到什么程度，十一年级到什么程度，同一个内容讲到什么程度，它都讲得很清楚。"

4. 高中阶段的素质教育与高考的选拔性考试有矛盾

在调研中，很多中学教师反映考纲与课标要求不一致。课标是面向全体学生的基本要求，考纲则是为高校选拔人才的高水平要求，这两者存在

[①] 赵亚夫：《从〈历史课程标准〉的行为动词看问题》，《历史教学》（中学版）2008年第5期。

一些矛盾。有教师认为：

> 给我最大的一个感受是什么，就是那个课程标准跟高考的考纲是严重脱节的，根本不是一个层次。……如果我们以课标为标准，学生怎么应对高考？(M5-2)

> 课标要求不是很明确，我们就是处于被动状态，我们基础教育和大学选拔人才是有脱节现象的。……我们辛辛苦苦揣摩上面的意思培养出的人才，大学说这不是我们需要的人才。大学老师出题标准是什么？第一，我有选拔权。第二，我只看课标，课标又是很虚的。(M1-2)

> 我们现在强调要把学生从考试之中解放出来，我们属于公民教育，我们培养合格的公民。但是现实要求你不是培养合格公民，而是培养什么？培养高分。这也是现实中的一种（矛盾）。(M7-2)

为了高考，教师教学通常以考纲为依据，而不是以课程标准为依据。

> 实际教学中 90% 以上围绕考纲，……考纲大于课标，能把课标研究很透的很少。……

> 实际上课程标准对一线老师意义不大。所以我也没去研究这东西。我们研究最多的是考试说明。……我们支持新材料新情境是因为高考命题在变，别的不管。(M3-3)

> 课标和教材是脱节的，课标和考纲又是脱节的，现在最有信度的是考纲，最没用的是课标。(M4-1)

上述矛盾实际上反映的还是一个高中课程的定位问题。普通高中课程仅仅是进行公民教育、素质教育吗？有没有为高校输送人才的任务？如果有，怎样在普通高中课程标准中体现出来？怎样协调与公民教育、素质教育的关系？

(二) 课程内容及结构

1. 目前的这种模块加专题内容结构存在缺陷，给教学带来困难

调研中教师反映，高中历史课程标准最大的问题是模块加专题的内容

结构，具体表现在以下几方面。

第一，时序不清，跳跃大，逻辑性不强。

  知识体系客观地说比较乱。第一是表现在它的时序性。除了时序性以外，它的逻辑性也不是很强。把历史的前后时间颠倒了，漏掉了一些重大的事件。（M5-1）

  如果我只是按这个课标去讲的话，学生连朝代都说不出来。就是宋代在前还是唐朝在前，不知道。（M2-1）

  现在问题在于学生出现一片片的空白，比如说我们刚讲完中华民国的成立，接下来就是五四运动，中间那块到底干什么去了。（M8-1）

第二，把政治、经济、思想割裂开来，不符合学生认知规律，也不符合历史学科特点。

  政治经济思想文化分开来讲，根本不符合学生的认知规律。……他阉割历史，我们知道政治经济思想文化本来是不可分割地联系在一起的，现在非要大卸八块，你叫学生怎么形成一个科学的完整的认识。（M3-1）

  把政治、经济、思想割裂开来，导致学生历史知识的混乱。其他学科或许可以开设专题，但是历史就是按时间发展的，人为割裂不行。（M4-3）

  比如想把必修1的政治问题弄清楚，必须把必修2的经济和必修3的文化放在一起。现在是把一个分成三部分，比如讲辛亥革命，讲过程，要讲三民主义，三民主义在必修3中，讲孙中山，孙中山在选修4中，而这些内容分散在必修和选修中，这样的话，在实际教学中是很荒唐的，因为高一的学生只有必修1的课本，没有选修的课本，必修3和选修的课本他没有，如何学习。……旧课标的累可以接受，但是新的"繁"累的没有价值。（M1-1）

访谈中，有专家明确表示："模块式的内容编排是错误的，为什么是错误的，它违背了历史学本身的基本特点，因为历史学的特点，首先是一

附录一 ◎ 《普通高中历史课程标准（实验）》实施现状调研报告

个时间的维度，模块把时间的维度给切开了，你这就错了，所有的历史书都是按照时间的维度来写的，你不可能先写完现代再写古代，一会儿又跳到近代。第二，它把政治、经济、文化分开，这本身也是一个错误，因为这些东西我们在历史上看，他们虽然有一点相对的独立性，那是分析的独立性，但不是历史发生的，你比如说一个改革，这里有政治背景，有经济内容，可能还有文化内容，然而你怎么就给分开成政治、经济、文化三大块，分成三册书来写，所以他首先犯了一个根本性的错误，导致了整个课标的混乱。"

2. 必修模块的内容选择存在偏颇，在一定程度上损害了模块的教育价值

有专家认为，必修模块中改革与战争史主题的空缺，特别是遗漏对20世纪历史影响最大的两次世界大战的主题，使政治史模块的内容显得异常狭窄，也在一定程度上损害了模块的教育价值。[1] 中学教师也有类似的反映：

> 学生跟我们反映怎么一战到二战之间的历史是空白的，整个世界格局的演变是一系列的东西，还是应该放到必修里面去。(M8-1)

还有专家认为，地区史知识不平衡。必修课的选材几乎只介绍中国和欧美，亚洲其他国家和地区、非洲和拉丁美洲在政治、经济、文化等方面发展变化等内容，则极少涉及。[2] 有专家认为，这个课标最大的缺陷就是欧洲中心论。有中学教师认为：

> 分为三个模块，主要考察的就是几个国家，哪个国家强大就学哪个国家。(M4-2)

另外，有专家认为中国史和外国史比例不合适，且两者之间缺乏必要的整合。高中模块结构中的中外合编专题体例，各模块中基本上是中国、

---

[1] 姚锦祥：《〈普通高中历史课程标准（实验）〉内容选择问题评析》，《历史课程改革的理论与实践》，第147页。
[2] 陈其：《高中历史课程知识和教学体系浅议》，《历史教学》2004年第12期。

外国专题各占一半，它们之间基本上没有时序的纵向联系和彼此之间的横向联系和可比性。① 与任何发达国家相比，这个《标准》的本国史内容所占比例都是最低的。本国史与外国史国际上较为通行的比例是 7∶3。②本国史中缺少数民族的历史，无法体现中华民族多元一体的历史观，也是这个《课标》的一大缺憾。有教研员认为：

> 咱们古代史有关民族关系的全部都没有涉及到，不知道是不是一个很大的缺陷，毕竟我国是一个多民族国家，却整个都没有涉及民族问题，民族关系、民族发展、民族融合基本都没有提到。(M7-1)

有专家说："中国古代的政治，就只写中国是一个中央集权，把中国自古以来的辉煌发展很难包容进去，写到经济的时候也没有把汉唐繁荣的经济写到里面，所以我们就很难把历史上非常辉煌的东西反映在历史课本上。而且这里头还缺一个，比如必修1古代的政治制度光讲到中央集权，为什么不把中国统一多民族国家也写进去，中国之所以到现在没有分裂与自古以来形成一个统一的多民族国家是有密切关系的，外国哪一个都不可能，这一点没反映出来。"

3. 选修模块的设置过于理想化，与学生的兴趣存在差异，也不太符合中国的国情

"普通高中历史选修课是供学生选择的学习内容，旨在进一步激发学生的学习兴趣，拓展学生的历史视野，促进学生个性化发展。""学生可根据自己的兴趣，任选若干个模块；建议在人文社会科学方向发展的学生，应至少选修3个模块。"③实际上课程标准提供的六个选修模块不一定能激发学生的学习兴趣。选修的东西多，也未必能体现课程的选择性。有教研员认为：

> 历史课程的设置，就是三个必修模块和六个选修模块，……一方

---

① 陈其：《认真解决中学历史课程两阶段的衔接问题》，《历史课程改革的理论与实践》，第345页。
② 赵亚夫：《高中历史课程改革与历史教育的现代化——围绕普通高中〈历史课程标准〉的反思》，《教育学报》2006年第8期。
③ 中华人民共和国教育部：《普通高中历史课程标准（实验）》，第3页。

附录一 ◎ 《普通高中历史课程标准（实验）》实施现状调研报告

面好像设置的是多了，但这种多，本质来讲是没有作用。或者说与中学教学，与老师的发展状况，与学生的学习兴趣不符，实际上学生并不是很感兴趣。（M2-1）

课标设计上是试图以选修来弥补必修。然后通过这样一种选修的量比较大，来扩大学生的自主权和选修的多样性，来体现课标设计的多样性。但事实上不是这样，过于理想化。选修的东西太多了，结果大家都不选了。（M7-3）

目前，我国普通高中的主要任务还是为高校选拔人才做准备。考什么就教什么，这是普通高中教学的现实。另外，高中课程门类太多，必修课课时已经很紧张，很难再有时间开选修课。

目前各地选修课大多开设两个，问卷调查结果如表附1-1所示，各地均开设选修1，选修2、3、4各有开设，选修5、6均没有开设，总体各地只开设两个，即在数量上不能达到课标规定的"在人文社会科学发展方向发展的学生，应至少选修3个模块"的要求。访谈也发现，能开设3个选修的学校很少，有的学校"选修基本靠学生自己看"。（M2-2 教研员）在开设的质量上有的地区也难以保证，由于选修开设不能保质保量，选修课的功能实际难以实现，因此，有教师明确指出，选修的开设"根本没有达到课改当初的目标"。（M3-2 教师）

表附1-1 八省区市选修课开设情况统计

单位：%

省 份	选修1	选修2	选修3	选修4	选修5	选修6
安 徽	90.9	75.8	9.1	3.0		
北 京	92.5	85.0	32.5	80.0	20.0	12.5
广 东	86.2	80.9	26.6	8.5	5.3	5.3
河 南	96.8	48.9	28.7	79.8	2.1	3.2
黑龙江	100.0	42.1	100.0	31.6	21.1	5.3
江 苏	98.7	20.4	11.2	86.8	5.9	5.3
宁 夏	88.9	37.0	48.1	29.6	3.7	3.7
云 南	100.0	61.0	70.7	56.1	22.0	9.8
合 计	94.6	51.0	29.2	57.0	7.6	5.4

4. 内容标准宽泛，不好把握，造成课时不够

课程标准是按照模块、专题、学习主题（以内容标准的形式呈现）三个层次设置课程内容。学习主题是课程内容的基本单元。必修课程的三个模块中，历史（1）32 个学习主题，历史（2）28 个学习主题，历史（3）30 个学习主题。课程标准规定每个模块 36 学时。除去节假日、考试等，中学实际能上课的时间可能只有 32 学时左右。目前的主题设置和实际课时总量大致相当，每个学习主题平均一课时。但是，由于许多学习主题内容标准要求宽泛，教师很难把握，造成课程容量大，课时不够。教师反映：

必修 1 明显课时数不够。一个星期就两节课，32 课时根本就上不了。导致最终考试只考 7 个单元。……我认为量过大了。要不就干脆把必修 1 变成两本书。（M7－2）

调研中很多（62%）教研员和中学教师都反映，新课程的容量大，课时不够。追问原因，很多归结为内容标准要求宽泛，不好把握。教科书编写者根据自己的理解选择史实，有可能容量偏大。例如，有些教师说：

了解中国古代农业的特点，课标给的空间太大了，哪个时段都出现的，处理到哪个度，多深多宽，课标是不是能够更具体一些，有个区分度，老师就更好把握。例如概述中国共产党领导新民主主义革命的主要史实，哪些是主要史实啊，课标是这么写了，编书的人去领会，都列上肯定就写多了，认识主要史实是不一样的。老师们讲的时候就不好处理，这一课就完成不了。（M1－1）

像中国古代的政治制度，基本内容，中国早期政治制度的特点，中国古代中央集权的形成和影响，我用的教材都不能很好地反映课标。这个了解、认识，是我通过讲述他就能得出来的吗？列举侵华史实，这 60 年，你到底要我列举什么？每个版本的史实用的都不一样。这些东西太粗了。中国共产党领导新民主主义革命的史实，这么大的内容就编成一节课了。课标太粗，编书的东说一句西说一句，他说一句我们就得讲很久。（M1－2）

附录一 ◎ 《普通高中历史课程标准（实验）》实施现状调研报告

有教研员分析说：

> 因为课标要求比较虚、比较抽象，所以老师总是会把旧课标带到新课程中，就是老师的求全心，造成课程容量大。比如了解太平天国运动的主要史实，认识农民起义在民主革命时期的作用和局限性。那么老师在备课过程中就想什么是太平天国运动的过程，讲到什么份上算讲清楚，……我们在课标要求上，能不能借鉴老的大纲，然后具体化一些。（M1-1）

5. 有些内容繁难偏，专业性太强，学生不易理解

《基础教育课程改革纲要（试行）》提出要改变课程内容"难、繁、偏、旧"，[①] 但是，据教师们反映，高中历史课程依然存在繁难偏的内容。例如，有教师认为：

> 思想部分太学术化和专业化，理解起来吃力。历史对各科都涉及，但对某一块知识的研究还不够，没法深入浅出地讲明白。有些知识太专业了，比方物理学、音乐、美术、书法、戏剧，不需要让学生理解里面的内容。科技只要了解背景之类的就行了。（M4-3）

专家也表示："制度史太多，很难讲生动，也不可能生动。""文化史部分太深了，大学都没有这么深的专题，我们的高中生用得着学得这么深吗，太偏太深，而且容易重复。"

表附1-2 各省市区教师认为繁难偏的内容归纳

安 徽	苏联经济改革、近代社会生活
宁 夏	近代科技中相对论、量子论等
北 京	新民主主义革命相关内容，必修3艺术、绘画、戏剧相关内容
广 东	必修3科技和文学部分、雅典三次改革
黑龙江	必修1中相关法律文件等属于政治学科的内容，必修3的汉字、书法、绘画、戏剧等

[①] 中华人民共和国教育部：《基础教育课程改革纲要（试行）》，2001年6月8日。

历史课程教材教法研究

续表

江 苏	明清资本主义萌芽（伪命题）
云 南	宋明理学、罗马法、启蒙运动中的浪漫主义等，19世纪以来的科学技术和文学艺术，经济史的一些数字和概念等
河 南	政治制度、法兰西第三共和国与德意志帝国宪法、经济史的一些专业术语、物质文化和社会变迁、思想史、科技史

教师认为课程内容繁难偏，可能与他们所用教科书有关，例如有教师反映：

> 我们用的A版，操作性差，尤其是必修3，思想史修饰词特别多，学生看书很费劲。A版不解释概念。讲启蒙运动的时候，你要解释什么是启蒙，什么是理性。而B版就解释了，对照一下，B版更好，对概念有解释，这样我们讲启蒙的时候，学生看书也有初步的理解，我们再加以解释。A版我们使用时一直不是很满意。……文艺复兴，讲得乱，还不如原来的那种编法。启蒙运动也是乱，新航路的开辟，也需要老师自己去加工，不加工的话学生对整个事件还是不清晰。（M8-1）

6. 初高中历史不能有效衔接

很多教师认为高中历史课程内容的设置没有充分考虑到学生初中历史学习的基础。

> 初中历史由于考试方式问题，学生没有基础，高中来了一个专题加模块，……但是这种衔接不好，学生没有基础的话，突然接受这些，很难。三年都很难适应，很难对历史有一个宏观理解。（M7-1）
>
> 前面我说了初中的教材写得很贴近小孩的思想，但是知识点不够，还需要老师去补充，就出现了这样的问题，连最基本的古代的王朝都记不准顺序。（M7-2）

另外，有教师反映，一些知识初高中要求一样，内容简单重复。

> 高中的课标中要求的东西，初中也有，而且层次一样。比如"认

附录一 ◎ 《普通高中历史课程标准（实验）》实施现状调研报告

识辛亥革命的意义",初中也是这样,高中也是这样,是不是在要求和能力上和初中的有些重复了,是不是在修订高中课标时考虑一下,高中应该在初中的基础上有所提升,不要产生重复性的东西。(M6-1)

7. 历史课程内容与其他学科不能有效衔接

调研中,很多教师和教研员认为历史课程标准设置的课程内容基本不能做到与其他学科的有效衔接。

首先,相关内容的学习不同步。例如,有教研员认为:

> 与政治学科的衔接不够,不同步。对于历史唯物主义的一些基本原理……生产力生产关系、经济基础上层建筑这两组概念之间的联系学生们都搞不清楚。(M7-2)

有教师反映:

> 政治学科,高一一上来教的是经济,经济模块,我们是政治,跟他们不太配套。所以我们教必修1也有困难。(M6-2)

其次,不同学科对同一问题的表述不一致。例如有教师认为:

> 有些内容观点历史课和政治课有出入,给学生造成混乱。如全球化问题。(M8-2)

> 历史有历史的表述,政治有政治的表述,专家没有很好地沟通。我记得有,去年带高三有一个区域经济一体化的题,我拿这个题去问政治的老师,他的理解和我的理解是截然不同的,他从政治角度,我从历史角度答,很不一样。(M7-1)

最后,有些内容与政治课完全重合,历史课没有必要讲。例如有教师认为:

> 有些内容和其他学科是重复的,像那个现代中国的民主政治建设,人民代表大会制度和民族区域自治,这个政治里面肯定会讲的,

我们历史作为一个整单元来讲，究竟有没有必要呢。(M2－1)

学科间知识不能有效衔接的原因可能有两个方面：一是各学科课程标准组在制定本学科课程标准时，没有与其他学科组沟通，没有考虑学科间知识的衔接问题；二是教科书编写者编写教科书时，没有查阅相关学科对同一问题的叙述，造成不同学科教科书对于同一问题的表述不一致。

(三) 课程标准的落实情况

1. 一些学校的领导和教师并不重视课程标准，对课程标准理念理解不到位

调查发现，很多学校没有给教师发《课程标准》，有些学校教师有《课程标准》，也不看或很少看。某中学的历史教师坦承："真的问我课标的话，我一窍不通。"某地"发了课标以后"，"很多中学老师根本都没有看，(还有的) 看了和没看也差不多。"也有教师看课标，他们更多关注的是内容标准部分。"理念和目标也看，看的最多是内容。"(M4－2 教师)"我们一线教师更多关注课程的内容。"(M7－3 教研员)"很多老师认为课标就是内容标准"。(M3－1 教研员)

虽然教育管理者和教育实践者都对课程改革的理念表示认同和赞赏，也表示新课改以来自身的理念有很大触动和改变，而且在访谈中，各省的学校领导、教师和教研员均表示各级行政和学校，无论在培训的时间长度和内容深度上还是培训的覆盖面和培训后的巩固上，都表现出对课标的重视，如某地"各级都有课标的培训"，"有很多次的课标培训，(包括) 课标的解读"，"各学校都要买课标解读发给老师"。又如某省"从省里到市里""一直有个非常系统完整的培训"，其中的某地连续 5 年"每个暑假都开展新课程理念研讨会"。2010 年"把朱汉国、聂幼犁、赵亚夫"等专家请去，为 800 名历史学科教学人员进行培训，而且还特别要求"所有参加历史课改的老师必须要培训完了再上岗教学"。但真正深究他们现在对理念的认识到底如何，实际只处于浅表层次，没有真正理解新理念是什么及如何落实。

访谈中问及课标中有哪些新理念时，七成以上被访者说不出，其余三

成只能说出两三点。即使能说出一些理念，也知其然，不知其所以然。例如，发挥学生的主体性、倡导自主学习这一理念，有教研员反映：

> 老师（也）不清楚为什么要注重学生自主能力的学习，只是（机械地）转变学生的学习方式，……老师一节课就站在旁边，让学生讲。（M1-1）

从教师和教研员的言语间也折射出绝大部分教师对理念理解的偏差和不到位。如某教研员说："教材太重要了"，"我们一线老师当圣旨看的"。"先有学习方式的改变才有教学方式的改变，学习方式变了教学方式必须得变。"某教研员说："绝大部分老师""不重视课程标准，重视教材，……教材是最主要的"。某教师说："平时教学的时候贴标签的现象很严重，为了一个结论而去找一个材料。"这显然是教教材，而不是用教材教，教材观或课程资源观、教学方式与学习方式之间的关系理解不到位。

2. 教学方式没有发生根本性转变

被访谈的教师和教研员一致表示，教师的教学方式确实发生了变化，但总体没有根本性的变化。这又分两种情况：一种是课改之初曾经改变过，但后来又走回老路，这是大部分地区存在的一种情况。有教师说："老师的教学方式都转变过，尝试过很多种方式，最后都回来了。"（M1-1）"不得不放弃。"（M7-2）还有教师说："搞着搞着就不搞了。"（M4-1）另一种是在课改最初就没有转变过，如某省教师说：2011年刚实施新课标，教师一上来就是"穿新鞋走老路"。（M8-3）

当被问及教学方式不能发生根本转变的原因时，教师和教研员提出最重要的原因是高考。社会、家庭、学校都以高考成绩作为衡量教学及其方式好坏的唯一指标。而教师们的教学方式"按课改教"虽场面"热闹"、开展得"轰轰烈烈的"，"但（考试）结果是稀里哗啦的"，而一旦学生的成绩"一年考不好，（教师就）十年翻不过身"，因为，社会和"学校对老师的评价""就看你（所教学生的）分数，看你（所教学生）考上多少北大清华、多少名牌"，所以，学校在素质教育和应试教育上还是选择后者，实际不鼓励教师转变教学方式，如有教师反映，他们"钻研弄了很多活动课，让学生参与，让他们去写小论文"，"学生们都花了很多的精力，把这些（研究的）东西交到省里面"，结果领导并未看，他们要看的"就是（学生）高二学业水平测试过了没过"。教师不得不改回传统的应试教学。因此，教师对教学内容的处理，不能按照学生发展的需要或课标的要求去处理，"高考考什么我们就讲什么，（选修）融在必修中（讲）"，"考试不考或者非常少，老师对教材的处理肯定很快"或不讲，即使"学生觉得没啥意思"也无所谓（M1-3）。在教学方法上，学生"还很有兴趣"的探究活动、研究性学习，因为"对高考没有直接效果（教师）就动力不大了"（M2-1）或干脆"不得不放弃这种方式"，教师们不无遗憾地说，课标的"愿望是美好的，现实是残酷的"。（M7-2）除了高考这一因素外，一些地区还提出了教师的专业素养、能力和学校的硬件设施不足等原因。有教研员说："落后地区学校老师知识储备能力不够，这种（探究式）教学方式有点吃力"，"有的老教师多媒体不会用"。因为这些落后地区历史教师有"不止30%，应该有50%"不是历史专业出身；而且有些"薄弱学校硬件的投入不够，多媒体教学没有，新情境新材料就没法用"。（M3-3）在农村，有50%~60%的初中历史老师不是历史专业的。（M3-2）

传统应试教育教学模式的惯性也是阻碍教学方式转变的重要原因。"更多老师备课还是靠经验"，因为"以前就在（传统教育的旧）框架下，现在放也放不开"。（M1-1）同时，很多教师在教学目标上更多还是关注三维目标中的知识与能力目标。有教研员说，教师"更多地关注的是一个知识"。（M3-1）"过程和方法（目标的落实）更多的是被荒废掉了"，"价值观目标在课堂教学当中能体现出来，但是更多关注的是三个目标当中的第一项"。（M7-3）传统教育的影响尤其体现在一些老教师身上。有教研员反映，那些"老教师""虽然接受了这么长时间"的新课程培训，但"要（他们）接受新课改"还是不够，"他们的那种教学模式还是过去的那种"。（M7-3和M2-2）

有教师说，他们之所以"仍然采用比较传统的方式"，是因为长期应试教育下培养出来的学生"一个是知识储备没有那么多，一个是思维方式没有那么强"，所以"在教学过程中，有时候多提几个问题，多引导一下"都不见效，总是"探究不起来"。（M2-3）

附录一 ◎ 《普通高中历史课程标准（实验）》实施现状调研报告

3. 评价方式仍以纸笔测验为主

课程标准规定，学习评价要"遵循即注重结果，也注重过程的基本原则，灵活运用各种科学有效的评价手段，对学生的知识与能力、过程与方法、情感态度与价值观做出定量和定性相结合的评价"。53.7%的教师和教研员表示，在课改之初他们确实是按照课标要求进行评价操作的。

（评价）刚开始那一两年是不错的，甚至于比较差的学校，……好多学校做的非常漂亮，后面怎么做呢？坚持不下去。……我们也实施过程性评价，但是还是考试为主，是终结性评价。形式有发展日志，办壁报，都给学生录入成绩。(M7-3 教研员)

我们刚开始接触新课程的时候，确实是按照这个课标要求，我们对学生有过这些评价，对学生打学分，根据你写作业的情况，这个学期的表现情况，活动的参与情况。一开始我们都还是很认真地做，但是这几年我们不做的原因是高考的指挥棒在这方面没有体现出来。教学时间也比较紧，这几年……过程性评价基本上就不做了。(M6-3 教师)

建立学生学习档案，基本上做不到，我们对学生历史教学评价的方式，主要还是做作业和考试。(M6-2 教研员)

正如教师所说："评价建议我觉得设想特别好，……但是我们在实际操作过程中，比如说历史制作、历史调查，压根就没有。受条件限制，这根本就做不到。"(M5-3) 至于是什么原因，教师和教研员认为有各种考试的压力。如：

关于评价建议，落实起来是很困难的，……在我们现实中考试就作为一个唯一的方式了，其他方式也采用过，但是只能作为平时的一个作业的布置，那也只能在高一的时候稍微使用一下，高二高三学生学业繁重，考试的现实要求，基本上没有时间和精力来用这个。(M3-1 教师)

高一是学业水平考试，这样就已经开始绑架课标的精神，到了高二，已经在为高考准备了。(M8-1 教师)

高一高二这块评价基本上是按照考试成绩，高一，有的学校会把

平时成绩按30%纳入到最终评价,有的类似学生成长记录袋,四星级学校好点,最后不了了之。(M3-3教研员)

教师和教研员还提出,实行多样化评价需要占用教师大量的时间和精力,而且学校并不鼓励教师推行多样化评价。如:

比如说课本剧就不能常态化,因为常态化要花太多的时间,老师课下要准备,没有那么多时间。(M7-1教研员)

最初做过档案袋,……(后来)可能是量太大了,最后都没有坚持。(M6-1教研员)

关于评价学习档案,……因为这个操作工程量很大,所以虽然课标上这样要求,实际上基本是不能落实的。(M2-2教师)

老师开始注重过程性评价,但是动力不足,而造成动力不足的原因,又不是老师自身的原因,而是制度上的,外在的原因。不是老师不注重过程,而是社会注重结果。(M1教研员)

我们最终的结果只是看成绩。评价什么的做不到。课标的评价方式,档案袋什么的平常基本不用,成长记录袋就是把考试成绩放一起放一个袋子。有些学生评价,我们没办法评价学生,学生连作业都没时间去做,档案袋这些基本就没用。(M8-2教师)

学生成绩记录袋,这个操作起来不容易。……一个老师带几个班,很难弄。(M4-1教师)

归根结底,正如教研员所说:转变教学方式的"最大阻力是惯性和制度。我们现在的教育制度,比如说如果评价体系不做根本性的改变,那么想用新的教学评价,那是不太可能的,我们要关注过程评价,而社会认同的是成果评价,不认同过程性评价……我认为新课标教学理念,这几条标准都很高位,很新,但是现实中很多因素会制约我们把新课标实施下去。如果和惯性相比,那么制度还是更要命的"。(M1)

4. 课程资源受当地条件的制约,开发有限

课程标准实施以来,大部分教师在教学中已经有了开发利用历史课程资源的意识,一些老师组织过参观遗址、图片展等活动,但是,课程资源开发很有限。客观原因主要有三个。一是地方客观条件的限制,如没有图书馆或者图书馆资料不多,这种情况农村更严重。

> 本地区有文化资源就好办一些,或者说学校开设一些图书室,有相关的书籍查阅,这样也好一些,但是现在这个条件都没有。(M5-3 教师)

> 在一个县里县城的学校是很少的,绝大部分学校在农村,根本没办法,书籍没有,网络没有,怎么找?如果是社会资源的话,农村孩子的父母长辈绝大多数都是农民。这些都是现实问题,把这些原属于老师准备的东西扔给学生,学生是做不到的。(M7-3 教研员)

二是安全因素,怕出事故,不敢带学生出去。在对校长的访谈中,很多校长反映现在学校的安全压力很大,学生出了任何问题,都要由学校承担责任。为了保证学生安全,学校不组织学生外出活动。

三是考试等因素的制约,学校不重视。

> 我们的标准只有一个高考,考上多少学生,领导只关心这个。(M4-2 教师)

主观方面,学生没有相应的能力和意识,没有相应的基础;教师课程意识不强,驾驭资源的能力、获得资源的能力有限。

> 还有一个最要命的就是,学生的能力,他没有基础知识,你指望他回家去寻找课外的东西,……提出不同的观点和多元的看法。他的这些多元的看法,实际上是脱离了历史的知识和基础的。很多观点是很偏激或者幼稚的。并不是我们所追求的历史理性思考后得出的结论。没有这些东西,指望他课后去找,恐怕也存在问题。(M7-3 教师)

三 修订《普通高中历史课程标准（实验）》的建议

（一）总体建议

1. 尊重新中国成立以来历次课程改革的经验,在继承中创新

21 世纪初的课程改革,抛开积累了四十多年经验的《历史教学大

纲》，另起炉灶，用一年左右的时间编制出《历史课程标准》并仓促实施，给高中历史教学带来很多困难。有课标组成员认为："把原来的课标全部否定了，这本身就是个错误。根本没有处理好继承和创新的关系，为了创新而创新。"实践证明，没有继承，创新很难成功。这次修订课程标准，应该吸取教训。《普通高中历史课程标准（实验）》中好的经验应该继承，存在的问题要研究清楚再改。有教研员指出：

> 模块教学不管现在的状况怎么样，今后的方向怎么样，但是我有一点就是说，模块教学价值的探索，……搞出来之后就没有人进行论证，没有人进行探讨，……假如又说模块不好，又马上就要变成通史，……我是很反对这样做的。一件事情，推出来之后还没有认真地论证和探讨，这个模块教学它的优点在哪里，它的缺点在哪里，它与通史教育之间到底有什么区别，这些东西都没有人去做。……模块教学是抓住了历史学科的本质的，政治文明的本质，从古代到近代到现代到今后，从专制到民主，从人治到法治，这种最本质的东西为什么不去研究？（M2教研员）

2. 加强历史课程理论与实践的研究，保证课标的可操作性

课程目标、内容标准专业性、实践性很强。课程目标、内容标准究竟怎样表述才科学合理，具有可操作性，需要从课程理论和教学实践两个方面进行研究。课程内容怎样设置才符合学生的认知能力也需要专门的研究。对中学历史课程而言，人们常常忽略了其学科特点与中学生的关系，对历史的理解与个人的阅历和经验是密切相连的。[①] 访谈中有专家认为："应该说是半外行在做这个课程标准，他们这些人对中学生都没有什么研究，对历史也是半外行。"应该深入高中学生群体中做广泛而深入的调研，以确定哪些基础的、通俗的、重要的历史内容可以作为"历史学习知识"，并在中长期的教学实验中证实这些知识是适合中学生认知的"历史学习知识"。[②] 这

[①] 聂幼犁、任世江：《建设务实有效的21世纪的中学历史课程——著名教学研究专家聂幼犁先生访谈录》，《历史教学》2003年第1期。

[②] 王从华、姬秉新：《近十年来中学历史课程改革问题研究述论》，《历史教学》2012年第5期。

些工作需要各类专家与中学教师共同研究，才能完成。有课标组成员说："现在回头看基础教育改革，我们当时有一个缺失，我们缺少全民参与，应该推向社会，应该让大家来参与。给别人提供了机会，就给课标编订者自己提供了机会。"调研时，一些中学教师要求课标专家亲自来讲几节中学历史课，给教师们示范一下"课程标准"怎样在中学历史课堂教学中落实。这也从一个侧面反映出课程标准研制的专业性和实践性，需要多方合作才能做好。

3. 成立独立的课程评价组，对课程标准文本和实施情况及时进行评价

有专家指出，课程评价不仅包括学生学业评价，还应该包括课程本身的评价。[1] 关于课程本身评价在课程评价体系中的缺失，是历史新课程设计的缺憾。[2] 课程标准颁布以后，主要是在推广课标，对实施中遇到的问题不但没有及时解决，反而继续扩大实施范围。有教师反映，高考考试说明每年都修订，而课程标准自颁布以来，从没有修订过。如果有个独立的课程评价组，可能会有助于课程标准的及时修订，保证课程改革的顺利推进。

4. 新版布的课程标准应选几个实验区实施一轮，调整完善后再向全国推广

本次课程改革，几乎全国各省市都成为实验区，"实验"失去了其意义。据一些地区的教师反映，2004年《普通高中历史课程标准（实验）》在该地区实施之初，有专家来培训过一次，以后就再也没有上面的人来过问。教师在实施过程中遇到的问题，上面没人来解决。直到这次调研，他们才终于有机会反映情况。建议今后课程改革要坚持先实验后推广的原则，选几个有代表性的省市实验一轮，把实验中发现的问题解决好再推广，以确保基础教育的质量。

（二）具体建议

1. 明确课程标准前言中一些重要概念的内涵，突出主题

例如，"课程性质""课程的基本理念""课程设计思路"三部分，其

---

[1] 陈志刚：《历史课程设计的基本理论与思路》，《历史教学》（中学版）2008年第7期。
[2] 王从华、姬秉新：《21世纪中学历史课程设计变革路向探析》，《历史教学》（中学版）2012年第11期。

内涵到底是什么？各自要表达哪些核心思想？可以先把三部分语意重复、类似培养目标的内容合并到课程目标中去，然后厘清每一部分的分工，每部分用几个关键词概括核心思想，避免互相重复。对于"课程性质""课程的基本理念"中的一些核心概念，做出准确清晰的界定，如"历史意识""人文素养"等，以便教师理解和运用。"人文素养"要突出历史学科特色。

2. 对课程目标的三个维度作出准确清晰的定义，区分出不同层次的要求

课程目标中，能力要求可以借鉴考试说明、历年《中学历史教学大纲》和美国课程标准的能力分类和层次重新设计。"过程"可以删除，如果保留，需要对"过程"做准确清晰的界定。情感态度价值观目标可以精简，突出历史学科本身能够实现的目标。

3. 内容标准需要在认真研究相关理论的基础上重新设计

内容标准实际上是课程目标与课程内容结合的产物，是针对具体历史内容的目标。目前我国历史课程的内容标准外形与美国国家历史课程内容标准相似，但是缺少分层次的具体要求。可以深入研究美国国家历史课程标准中的内容标准，弄清楚其内容标准是怎样将课程内容和能力目标有机结合并区分出不同层次。对于我国历史课程标准中的内容标准，有两种处理办法。一种是继续沿用"内容标准"这个概念，但是对其呈现方式要借鉴美国国家历史课程标准重新设计。这种处理办法工作量大，一两年时间可能完成不了。另一种是把"内容标准"改为"课程内容"或"学习范围"，只列出知识点，不要用行为动词。再设计一个与"课程内容"并列的"学习成就目标"，按照不同年级分出层次，由教师自己在设计教学目标时将两者结合起来。在课程标准中，可以在每个模块选一个典型内容，做一个课程内容与学习成就目标相结合的示例——内容标准示例，供教师参考。这种办法工作量相对较小，容易操作。

4. 内容标准中的行为动词需规范，对每个行为动词作清晰的定义，区分出不同的能力水平

目前历史课程标准中的行为动词，约有十二个，如了解、知道、欣赏、说明、认识、比较、列举等，含义不明确，老师似懂非懂，把握不好度。"它的表述是不专业的……它很少用教育学或者心理学的专业术语去表

附录一 ◎ 《普通高中历史课程标准（实验）》实施现状调研报告

述。比如说了解、认识、知道、概述是什么意思？"（M2-1教研员）"我怎么知道所谓的了解和知道到底是怎样的程度呢？"（M2-2教研员）"'领会''理解'这些行为动词要达到什么程度，一方面是我们的老师没有好好研究，另一方面也是课标本身的问题。所以说课标修改的时候，教学的行为动词可不可以用老师们普遍认可的行为动词。我们省在制定考试说明和标准的时候，稍微做了调整。每一层要达到什么样的知识、能力、价值观，对我们老师来说，方向性要更明确些。"（M8-1教研员）

建议将相近的行为动词合并，对不同层次的行为动词清晰地界定，或分层举出例子加以说明。

5. 内容结构需要重新设计，在保留模块、专题的前提下，按照时间顺序分阶段组织内容。模块和专题都应该是综合的，不要分割为政治、经济、文化

对于如何修改内容体系，90%以上的教师和教研员强烈要求改回通史体例，具体如何操作，限于学识，各位教师和教研员没有太多的建议，但在大方向上，提出必修一定要改为通史，选修可保留专题形式。被访谈的专家，有的主张完善通史体例，有的主张继续采用专题体例。

从理论上讲，《普通高中历史课程标准（实验）》采取"贯通古今，中外混合"的原则，用"模块"加"专题"的形式，构建了多样化、多层次的课程体系，适应了社会需求的多样化和学生全面而有个性的发展。[①] 中外史合编有利于学生开阔眼界，深刻地理解世界历史中的中国，也有利于加强中国史与世界史的联系和比较。专题史避免了与通史教材的雷同，它可以灵活地选择历史内容，并有较大的包容性。[②] 有助于学生认识同一个历史现象的来龙去脉和发展演变规律。[③] 但是，在实践中由于把政治、经济、文化割裂开来，内容的选择与编排也有诸多问题，导致模块加专题的结构优势没有充分发挥出来。建议保留模块加专题的大思路，模块和专题的内容重新设计。必修课程中外历史分开编排，中国史两个模块，世界

[①] 朱汉国：《浅议普通高中历史课程体系的新变化》，《历史教学》2003年第10期。
[②] 姚锦祥：《评高中历史实验教科书的知识体系和教学内容》，《历史教学》2005年第3期。
[③] 郑林、侯桂红：《普通高中新课程历史教科书难度问题分析》，《历史教学》（中学版）2012年第5期。

史一个模块。每个模块按照时间顺序划分大的历史阶段，按阶段组织综合性专题。选修课程可以保留原先的形式，选修的模块及内容适当精简。

6. 课程内容中的学习主题，大小要保持均衡，与中学实际的课时数相匹配

教师反映新课程容量大，课时不够。这一方面与课程的专题结构有关，另一方面与学习主题的设置有关。目前的学习主题大小不一，容量不均，不好与课时匹配。必修模块学习主题大小举例如表附1-3所示。

表附1-3

模块与专题	学习主题	容量分析
历史（1）专题1 古代中国的政治制度	（1）了解宗法制和分封制的基本内容，认识中国早期政治制度的特点 （3）列举从汉到元政治制度演变的史实，说明中国古代政治制度的特点	主题（1）很具体，主要是西周宗法制和分封制的基本内容 主题（3）较笼统，覆盖面广，可以分解出西汉、东汉、魏晋南北朝、隋朝、唐朝、五代十国、宋朝、元朝的政治制度基本内容，通过对比呈现中国古代政治制度演变。两个学习主题的容量差别很大
历史（2）专题1 古代中国经济的基本结构与特点	（2）列举古代中国手工业发展的基本史实，认识古代中国手工业发展的特征	这个学习主题较大，是一部中国古代手工业通史，需要了解中国古代各个朝代手工业的具体史实才能认识"古代中国手工业发展的特征"。如果没有具体史实，教师只能让学生背诵结论，与课改的理念背道而驰。如果要让学生在感知具体史实的基础上得出认识，一两节课可能不够
历史（3）专题2 古代中国的科学技术与文化 专题7 近代以来世界科学技术的历史足迹	（1）概述古代中国的科技成就，认识中国科技发明对世界文明发展的贡献 （1）了解经典力学的主要内容，认识其在近代自然科学理论发展中的历史地位	一部中国古代科技史，浓缩成一个学习主题，世界近代科技的一个成就"经典力学"放大成一个学习主题，两者反差太大。中国古代科技成就不是一两节课能让学生探究清楚的。而经典力学主要内容应该是物理课讲，历史课讲其历史地位，用不了一节课

有课标组成员认为："在重新认识课标内容时候，我有两个感受，一是难度大，我们的很多专题不符合学生认知；一是容量大，有些专题，就

是专题的通史，不是真正意义的专题，是按照专题构建通史。像必修1，中国古代政治制度，这其实是个通史，不应该那么选点，内容太多。"

建议历史学科专家、历史教学论专家、中学历史教师共同研究学习主题定多大比较合适，以便与中学历史课的实际课时数相匹配。

7. 课程内容需调整，减少繁难偏的内容，增加与中国国家利益密切相关的内容

调研中很多教师反映科技、思想文化、艺术等内容专业性太强，内容庞杂；西方政治制度等难度较大，学生不易理解，建议精简。有教师建议中国史增加中国古代民族关系、对外关系，世界史增加中国周边国家的历史。这些建议大部分是合理的，建议修订时予以考虑。民族关系史需要经过论证再决定是否增加。有些地区的教师希望增加少数民族的历史。但是，有些地区的教师们反映，他们那边的少数民族学生对民族问题非常敏感。教师讲民族融和，学生会认为是民族同化。教师讲民族史，学生会质疑教科书中民族史的可靠性。有专家认为："民族史是应该加的，但是加哪些内容，应该怎样来表述，这是需要慎重考虑的，可以多一些讨论。这个首先是不与国家的方针政策相违背，另外也和历史的真实不相违背，这个应该是基本的原则。至于怎么加，可以大家坐在一起磋商。"

附录二 初中《古希腊城邦文明》教学设计*

夏艳芳

(首都师范大学附属中学)

中学历史课程中的很多内容，在初中和高中两个阶段会重复出现。面对同一个历史知识点，初中和高中教师在教学中如何处理？在郑林教授主持的初高中历史教学衔接研究中，笔者有幸承担了初中课的研究任务，所授课题为北京师范大学版八年级下册第四单元第 18 课"蓝色的地中海文明"。本课的教学设计重点关注以下几个问题：第一，初中阶段古希腊教学应该给学生呈现哪些内容；第二，如何呈现才便于学生理解；第三，初中生可以进行哪些能力训练；第四，如何在教学中实施能力训练。

一 教材分析与教学目标设计

"蓝色的地中海文明"这节课包括古希腊文明和古罗马文明。为了更有针对性地进行初高中对比研究，笔者对教材内容重新整合，将课题更改为"古希腊城邦文明"。初中历史课程标准对这部分内容的要求是，"知道希腊城邦和雅典民主"[①]。但是，怎样才算是知道古希腊城邦和雅典民主，课程标准中并没有说明。这就需要教师根据初中历史课程的知识体系，结合历史学科能力的分类分层理论作进一步的拆解，制定出明确具体的课堂教学目标。

初中世界古代史，课程标准是从文明史角度建构知识体系。古代希腊

---

* 原文发表于《历史教学》2017 年第 13 期。
① 中华人民共和国教育部：《义务教育历史课程标准（2011 年版）》，第 26 页。

部分选择了城邦和雅典民主两个典型知识点，希望学生通过这两个知识点的学习，感知、了解古希腊文明的主要特征。古希腊文明包含政治、经济、文化、社会生活等多方面内容。按照唯物史观，本教学设计先呈现城邦的经济与社会生活，再呈现政治。文化方面的内容则在完成上述两个教学重点之后，概括叙述。雅典民主政治是通过几次改革建立起来的。初中阶段只需学生对雅典民主有个整体印象即可，因此笔者确定以雅典民主的极盛时期——伯利克里时代作为代表，向学生展示。

历史学科能力的培养绝非是一朝一夕之事，而应有一个过程。一节课的教学，不宜承载过多的培养任务，应以二到三项能力为主。在本课中，将能力培养目标重点定为概括和评价。根据初中生的特点，教学中尽可能地提供具体形象的图文材料，利用演示和教师的讲解，让学生充分感知历史事实。在此基础上，启发学生分析思考，理解什么是古希腊城邦，什么是雅典民主。在认知历史的过程中，学生的概括和评价等能力得到培养。根据上述分析，笔者制定如下教学目标。

（1）从图文材料中提取信息，概括古希腊城邦的社会生活状况，理解民主政治的社会背景和物质基础；

（2）利用政治制度示意图和材料，概括雅典民主制度的特点；

（3）评价雅典民主政治；

（4）探讨古希腊文明在人类历史长河中的地位。

二 教学过程设计

教师展示古代希腊的地理环境示意图，引导学生解读地图，从"岛屿密布""多山靠海""平原狭小"等方面概括古代希腊的自然地理环境。进而引导学生思考：在这样的自然地理环境中，古希腊人是怎样生活的？由此导入新课。

（一）城邦的社会生活

1. 何为城邦

展示配有文字说明的古希腊城邦分布示意图和城邦遗址图片，补充对比信息："周王朝 320 万平方公里，人口 2000 万"，"广土众民"，然后提出问题：古希腊城邦有何特点？学生通过感知、对比，概括出古希腊城邦林立、独立自主、"小国寡民"的特点。

2. 城邦中的人们

在了解了城邦的地理分布和整体特点之后，借助大英博物馆网站资料，展示古希腊公民的家庭成员、居室。学生根据家庭成员示意图和房屋的功能结构图，结合前面城邦的特点和教师的讲述，感知古希腊人的基本生活状况和经济特点。通过一个公民家庭的成员结构，了解以雅典城邦为代表的古希腊社会的阶级结构。

教师归纳小结：当时的雅典城邦社会主要由公民、奴隶和外邦人构成。奴隶承担了主要的生产劳动，但是没有人身自由，也没有参加政治活动的权利。男性公民有资格参与政治活动，而女性则没有资格。外邦人没有政治权利但有人身自由。

3. 城邦的经济

展示陶罐图饰、漫画，补充古希腊的农业、手工业发展状况。此外，将文字材料转绘为"公元前8世纪古希腊海上贸易示意图"，配合幻灯片动画，演示了古希腊的海上贸易。并出示材料：

材料1：（雅典公民）不仅可以享受阿提卡的橄榄油和葡萄酒，而且可以食用黑海的谷物和干鱼，品尝腓尼基的椰枣和西西里的干酪，可以穿波斯的拖鞋，睡爱尔兰的床铺，枕迦太基的枕头。

——斯塔夫里阿诺斯《全球通史》

引导学生认识不同城邦经济状况的差异，如雅典主要依靠海外贸易，经济活动较为开放；斯巴达则因平原面积较大，农业较为发达，而经济较为封闭。进而，启发学生思考经济基础之上的政治制度差异，建立经济基础与政治制度的联系。

设计意图 教科书中对于古希腊城邦的介绍只有四行字，用抽象的概念诸如小国寡民、依赖海外贸易、商品经济发达等描述城邦的状况。学生如果不了解这些概念背后的史实，就无法理解教科书中的描述。为了帮助学生理解历史，笔者遵循由具体到抽象、由个别到一般的原则来设计教学。通过古希腊城邦分布示意图、城邦面积人口与中国周朝面积人口对比等材料，让学生感受，在此基础上概括出古希腊城邦林立和小国寡民的特点。然后以一个雅典公民的家庭为例，认识古希腊社会的阶级结构。通过家庭生活拉近古希腊历史与学生生活的距离，由探究公民家庭成员结构拓展到古希腊社会的阶级结构，为后面全面认识、评价雅典民主政治作铺垫。政治制度的产生是建立在经济基础之上的，为了让学生更好地理解雅典民主产生的背景，笔者拓展了城邦中人们的经济活动内容。启发学生理解：不同的经济必然会影响城邦的政治制度。古希腊各城邦经济的差异导致了的其政治制度的不同。自然过渡到下一子目的学习。

（二）城邦政治

承接上节的内容，以斯巴达和雅典为例，简单介绍古希腊城邦的主要政治类型有贵族寡头制和民主制。联系今日西方的政治制度，导出雅典民主制度对后世有着重要意义和深远影响，从而过渡到对雅典民主政治的学习。

借助政治结构示意图，介绍雅典伯利克里时代的权力机构——公民大会、元老院、陪审法庭、五百人会议、十将军委员会的成员产生方式、主要职责及其间的权力关系；利用饼状图凸显公民在社会各阶层总人数中的比例；利用流程图演示五百人会议的人员抽签和轮流值班。

通过上述图示资料，让学生体验雅典民主，然后提出问题：雅典民主政治有哪些特点？教师引导学生通过对图文资料的分析归纳，概括出"主权在民""直接民主""轮番而治"等特点。最后，让学生结合文字材料评价雅典民主，升华对雅典民主政治多角度的理性认识。

材料2：雅典民主政治，是历史上最狭隘亦是最充实的。最狭隘，是指其享受民主权利的人之少；最充实，是谓全体公民在管制立法及治理公众事务上的直接与平等权利。

材料3：立法权仅限于有资格参加议会的人，鼓励煽动并滥用贝壳投票，放逐贤能之士。以拈阉与轮流方式决定公职人选，年年换人，造成政府的混乱。党派相互倾轧，永远使政府的领导与治理骚扰不宁。

——〔美〕威尔·杜兰特《世界文明史·卷二·希腊的生活》

在评价雅典民主政治这一活动环节，教师启发学生拓展思维，从多角度思考。例如，在城邦中什么人享有民主权利，占总人口的比例是多少；公职人员用什么方式选出；这种方式有什么好处，有什么不足。学生联系本课所学知识，对雅典民主提出自己的看法。

设计意图 基于初中学生的认知水平和学习心理特点，第一子目的教学，旨在用图文材料呈现出古希腊城邦的特点和社会经济发展概况，给学生一个体验情境，在历史体验中形成对古希腊城邦经济和社会生活的整体认知。有了第一子目的铺垫，原本枯燥抽象的政治内容就有了可被理解的基础。第二子目的内容是本课的重点。政治制度多为抽象的概念，对初中生来说理解起来存在一定难度。为了便于学生理解枯燥的政治概念，在教学过程中笔者大量利用图示和动画演示，将抽象的文字转换成形象的画面，呈现雅典民主制度的具体内容和运作方式，增加课堂的趣味性。通过层层引导，深入浅出，突出教学重点，同时培养学生从具体史实中抽象出本质特征的概括能力。在学生对具体内容有了整体认知以后，给出活动任务：评价雅典的民主政治。学生可以运用已经掌握的知识，从多个角度做出自己的价值判断，既有利于情感态度价值观的培养，又训练了历史评价能力。

（三）文明摇篮

在课程的最后，展示一组古希腊历史名人图片，如荷马、苏格拉底、柏拉图、亚里士多德等，让学生选自己熟悉的人物来介绍，不熟悉的则由老师介绍，将本课内容由政治扩展到文学、哲学、科学、体育等领域。启发学生探寻今天的社会与古希腊文明之间的联系，如戏剧、绘画、建筑等，说明古希腊缘何成为西方文明的摇篮。

设计意图 这部分是在教材内容基础上的拓展升华。教材只介绍了古希腊文明成就中最重要的内容——雅典民主政治。但是，古希腊文明的内容不仅仅是政治制度，还包括文学、哲学、艺术等。为了让学生对古希腊文明及其对后世的影响有个全面的整体的印象，特意拓展了这些内容。有了这些，学生对古希腊文明的认知就比较全面了。

综上，本课的教学按照初中生学习历史的认知顺序，设计了"体验古希腊城邦生活，认识古希腊政治制度——感受古希腊文明的深远影响，探究其何以成为西方文明的摇篮"的学习过程。拓展了教学内容，建立起历史与现实生活的联系，激发了学生课后学习历史的热情。

三 教学反思

通过参与此次课题研究，很多抽象的教育理念经过实践之后，变成了切实可操作的行为指导。笔者以为要落实新课改的理念，转变教学方式，培养学生的学科能力，应做到以下几点。

第一，充分了解学情。采取问卷或访谈的方式，调查学生的真实认知水平、学习的兴趣点，分析学生存在的学习问题，据此来选择教学内容和教学方法。

第二，设计具体的能力培养教学目标。课程标准中用知道、了解、认识等行为动词表述对某个知识点的要求，比较笼统。教师在设计每节课的教学目标时，需要具体化，用能力指标体系将课程标准的要求拆解，清晰地表明要培养哪一项能力。

第三，选择适合学情的教学方法。根据初中生的认知特点，选择讲解法、描述法、图示法等方法创设情境，在感知具体史实基础上，引导学生思考和理解历史。

第四，拉近历史与现实的距离。历史虽然是过去存在的事物，但还是可以与学生认知、生活建立联系。比如古希腊的家庭生活，纵使过去与现在千差万别，但总逃不过衣食住行，可以找到能引起学生共鸣之处。

附录三　高中《古希腊民主政治》教学设计*

王　宁

（首都师范大学附属中学）

新一轮高中历史课程改革将历史学科核心素养作为课程的目标。历史学科素养是历史知识、能力和方法、情感态度和价值观等方面的综合表现。"历史学科的能力培养是历史素养的重要组成部分。甚至可以说，学科能力如何，决定着历史素养的程度。"[①] 学生的历史学科能力，需要在具体实践中，通过运用历史学科的思考方法解决问题获得[②]。如何根据初高中学生的不同水平设计教学，在材料选择和问题设计上区分出初高中能力培养的层次？本文根据郑林教授对历史学科能力表现的层级划分，以高中《古希腊民主政治》一课为例，作了一些探索。本课所用教材为高中人教版必修1，进行对比的初中教材为北京师范大学版八年级下册。

一　教材分析与教学目标设计

古希腊民主政治相关内容初中历史课程标准的要求是，"知道希腊城邦和雅典民主"。[③] 高中历史课程标准的要求则是："（1）了解希腊自然地

---

*　原文发表于《历史教学》2017 年第 13 期。
① 吴伟：《历史学科能力与历史素养》，《历史教学》（中学版）2012 年第 11 期。
② 郑林：《促进学生历史学科能力发展的教学设计》，《历史教学》（上半月刊）2016 年第 17 期。
③ 中华人民共和国教育部：《义务教育历史课程标准（2011 年版）》，第 26 页。

理环境和希腊城邦制度对希腊文明的影响,认识西方民主政治产生的历史条件。(2) 知道雅典民主政治的主要内容,认识民主政治对人类文明发展的重要意义。"[①] 初中世界古代史以文明为单位构建知识体系,对知识的要求是浅而广。就本课而言,是要让学生了解以城邦和雅典民主为代表的古希腊文明概况,对古希腊文明各个方面都有个大致的了解。高中课程按专题组织知识体系,对知识的要求是专而深。本课属于必修 1 政治史,要在初中的基础上深化,让学生理解为什么在古希腊会产生民主政治,雅典民主政治的主要内容是怎么出现和一步一步完善的,在人类文明发展的进程中有什么地位。初中教材重点介绍了雅典民主政治极盛时期,也就是伯利克里时代的民主政治。高中教材则比较系统地介绍了雅典民主政治的产生和发展过程,内容涉及梭伦改革、克里斯提尼改革和伯利克里改革。初中阶段重在对历史的理解,所以能力目标主要定为理解能力中的概括能力的训练,同时适当作评价能力的训练。高中则要求学生在理解的基础上对历史作出自己的解释,因此将能力目标主要定为比较、解释(分析原因,推论结果和影响)、评价和探究。根据以上分析,笔者制定如下的教学目标。

(1) 概括雅典城邦特点,理解城邦公民是雅典民主政治的基础;

(2) 分析梭伦改革,克里斯提尼改革和伯利克里改革的原因,认识贵族与平民的斗争是民主政治得以发展的动力;

(3) 比较三次改革,认识民主政治是一个逐步完善的过程;

(4) 评价古希腊雅典的民主政治,探究古希腊民主制度对于人类社会政治文明的影响。

二 教学过程设计

讲述希波战争发生的历史背景,将作战双方兵力进行对比。提出问题:在这种情况下,希腊人会做出什么选择?播放历史情景模拟视频,呈现当时的情景——面临战与不战,雅典人用投票的方式做出选择。教师指出这就是古希腊雅典民主政治的一种表现形式。接着提问:雅典民主政治

[①] 中华人民共和国教育部:《普通高中历史课程标准(实验)》,第 8 页。

是怎样形成的？由此导入新课。

（一）民主政治产生的条件：城邦公民

展示古希腊所处地理环境地图和城邦示意图，学生从中概括出希腊城邦小国寡民、独立自主的特点。然后出示城邦公民的相关材料。

材料一：城邦不论是何种类型，其最高权力属于公民集体，公民集体实际上就是城邦制度。

材料二：公民之于城邦恰恰好像水手之于船舶，各司其事的水手齐心合力于一个共同的目的，即航行的安全。

教师解读材料：城邦存在和稳定的基础是公民集体。雅典公民分为贵族、农民和手工业者三个等级，农民和手工业者都属于平民。他们都要自备武装保卫城邦，但是享有的权利却不一样。贵族可以担任官职、执行法律，而平民只能参加公民大会，不能掌握实权。贵族利用手中掌握的权力在政治上压迫平民，在经济上通过高利贷、土地兼并等迫使平民破产，导致贵族和平民之间的矛盾尖锐。

设计意图 城邦和公民这两个概念学生在初中阶段已经有了感性认知，具备一定的史实基础。高中课要在初中感性认知基础上形成理性认识，为深入探究雅典民主政治做好铺垫。为此，先呈现希腊地图及城邦示意图，引导学生回忆初中所学知识。然后出示理论性较强的文字材料，让学生认识城邦由公民集体构成。初中课上学生已经了解到城邦中生活的人有公民和奴隶之分，只有公民才能享受政治权利。高中课上要进一步分析公民是由贵族和平民组成，两者在城邦制度中承担的保卫国家的义务相同，享有的权利却相差悬殊。暗示平民与贵族存在矛盾，他们之间的斗争推动了民主政治制度的建立和完善。平民和贵族的矛盾斗争是本课教学设计贯穿的一条暗线，它是理解雅典民主政治发展的基础。在这里先做个提示，为后面的几次改革做好铺垫。

（二）雅典民主政治的基础——梭伦改革

出示材料：

材料三：如果他们（平民）交不起地租，那么他们自身和他们的子女便要被捕；所以在群众眼中，宪法上最残酷和苛虐的部分就是他们的奴隶地位。

提出问题：当时的平民面临什么危机？通过材料，学生回答出当时平民面临的问题是大量沦为债务奴隶。在此基础上进一步追问：大量平民沦为债务奴隶对雅典城邦有什么影响？联系上一个环节所学城邦公民，学生可以得出公民人数减少，城邦制度基础受到威胁。

出示材料：

材料四：他们（平民）对于每一件别的事也一样感到不满，因为他们觉得他们自己实际上什么事都没有参与。

提出问题：平民想要参与什么事情？通过材料解读，学生认识到平民想要参政但是没能完全参与到政治生活中去。教师追问：是谁阻碍了平民参与城邦政治生活？学生结合前面所学内容得出结论：雅典城邦贵族把持政权，影响到平民行使公民权。教师讲授贵族如何把持当时的政权，并点明平民和贵族的矛盾冲突导致当时的雅典城邦处在了分崩离析的边缘。由此引出梭伦改革。

出示材料：

材料五：
黑色的土地，将是最好的证人，
因为正是我，为她拔掉了众多的债权标，
以前她备受奴役，而今已重获自由。
许多被出卖的人们，
我已使他们回到这神所建立的雅典。

提出问题：债权标指的什么？被出卖的人又是谁？重获自由是什么意思？让学生理解材料中名词的意义，继而得出梭伦改革的目的是废除债务奴隶制度。在此基础上追问：债奴制度的废除对雅典城邦有怎么样的影响？学生可以分析推论出：保护了平民，扩大了公民的基础。

联系梭伦改革的背景对改革的内容逐条分析，推论其影响。通过对比财产等级制度与之前的公民等级划分，推断出财产等级制度给部分较富裕的平民参与政权提供了机会。通过对比改革前后城邦政治机构的变化，推论梭伦改革在机构设置上保证了平民的权利。然后提出总结性问题：梭伦改革的措施会对雅典民主政治发展有什么影响？学生通过总结梭伦改革的内容和影响，得出结论：梭伦改革奠定了雅典民主政治的基础。

出示材料：

材料六：我所给予人民的适可而止……我拿着一只大盾，保护两方，不让任何一方不公正的占据优势。

让学生分析这段话的含义，认识梭伦改革并不是完美无缺的，他想兼顾双方的利益，结果贵族和平民都对梭伦不满。这就为克里斯提尼改革埋下伏笔。

设计意图 古希腊雅典的民主政治是城邦中平民与贵族矛盾斗争的产物。呈现材料三和材料四是要让学生自己从中提取关键信息，概括总结当时雅典城邦的危机。学生从材料中可以发现平民与贵族之间的矛盾所在，然后结合之前所学知识，探究这种矛盾背后雅典城邦所隐藏的危机，如大量平民沦为债务奴隶，公民人数减少，意味着兵源减少，保卫城邦的力量削弱，等等。利用材料五引导学生概括总结改革的措施。通过对比梭伦改革前后的等级制度和政治机构的差异，发现改革带来的变化，进而分析这些变化给雅典带来的影响：稳定和扩大了实行民主政治所必需的公民群体；贵族特权被打破，有利于平民参政。最后，对改革作出评价，由梭伦改革的不彻底引出克里斯提尼改革，进入下一个教学环节。这样，利用材料层层设问，激发学生思考，引导他们由浅入深地探究梭伦改革的原因、内容及影响，探究过程涵盖了比较异同、解释原因、推论结果和评价历史地位等几个层次能力的训练。

（三）雅典民主政治的确立——克里斯提尼改革

梭伦改革遗留了很多问题，最主要的就是贵族通过血缘部落选举的四百人议事会控制了雅典城邦的政权。克里斯提尼改革的主要内容便是解决这些遗留的问题。利用图示和动画给学生展示克里斯提尼十个地区部落建立的过程：梭伦改革后雅典公民内部出现平原、山地和海岸三派，分别代表贵族、农民和工商业者，三派斗争激烈。克里斯提尼改革废除原来的血缘部落，同时将三个派别划分为30个小的地区，再将这30个小的地区混合搭配组合成十个新的地区部落，每个部落都由平原、山地和海岸三派的公民组成。十个地区部落各抽50个人，组成一个新的机构——五百人议事会，来取代之前的四百人议事会。介绍了这些内容后，教师提出问题：克里斯提尼所组建的新的部落与以前的部落相比有什么不同之处？学生根据所讲的地区部落的产生方式可以回答，旧部落内部的血缘关系被打破。在此基础上进一步追问：这种不同对雅典政治有什么影响？联系之前的改革，学生可以答出：基本解决了梭伦改革所遗留的问题，即基本铲除了旧氏族贵族的政治特权。

接下来让学生阅读课本，了解克里斯提尼其他改革措施，教师概述陶片放逐法的相关内容。最后让学生评价克里斯提尼改革。

设计意图　这一环节要解决的问题是克里斯提尼怎样进一步深化雅典民主政治。学生解答历史问题需要依托一定的史实。如果没有史实作为论据，就成了随意想象，违背论从史出的原则。史实可以用文字史料或视频的形式呈现，也可以用老师讲解的形式呈现。克里斯提尼改革内容比较复杂，在有限的课堂教学时间内学生很难看完所有的史料。为提高效率，由教师利用图示讲解克里斯提尼改革的主要内容。学生对克里斯提尼改革内容有一定了解之后，再与梭伦改革对比，看出变化并思考这种变化背后的意义，培养学生的比较、解释和评价能力，也隐含有史料实证素养的培养。史料实证在中学历史教学中并不一定事事都要拿一手史料来作为论据，而是要用史实说话。史实可以是一手史料，也可以是经过教师加工整理的对史实的客观描述。本课教学设计采用了后者。

（四）公民当家做主——伯利克里改革

雅典民主政治到伯利克里的时候达到了顶峰，展示伯利克里改革前后雅典政治的不同，提出问题：对比分析，伯利克里时期民主政治有哪些进步？学生从参政公民的范围扩大、陪审法庭地位的提高、发放工资等方面分析，总结出伯利克里改革后，雅典民主政治是怎样达到顶峰的。最后，出示示意图示，对雅典民主政治发展的历程做出总结。

设计意图 伯利克里改革措施在初中有完整介绍，在高中教学中就不再详细学习，但是从能力培养要求上，需要学生深入地分析。具体做法是通过对比伯利克里改革与克里斯提尼改革，让学生自己归纳雅典民主政治达到顶峰的表现。

三次改革学习完之后，利用示意图对雅典民主政治的发展历程进行总结，使学生得出认识：城邦公民中平民与贵族的矛盾斗争推动了雅典民主政治的建立和完善。梭伦改革废除债务奴隶制，保障了平民的公民身份，扩大了公民的基础；克里斯提尼改革用地区部落取代血缘部落，铲除了贵族特权，保证平民有公平的选举机会；到伯利克里时期，所有公民都有机会通过抽签担任除将军以外的公职，真正实现了主权在民，公民当家做主，雅典民主政治达到了顶峰。从这可以看出民主制度是一个在矛盾斗争中逐步建立和完善的过程。

（五）雅典民主大家谈

在系统了解雅典民主政治的发展历程之后，让学生阅读学案中的几则材料，结合初中和高中已学知识，展开探究，发表自己的看法。

材料一：我们的制度之所以被称作民主政治，因为政权是在全体公民手中，而不是在少数人手中。解决私人争执的时候，每个人在法律面前都是平等的；……

——伯利克里《在阵亡将士葬礼上的演说》

材料二：法律对于所有人，无论是施行保护或是惩罚都是一样的。

——《人权宣言》

材料三：

美国的众议院	雅典五百人会议
议员由每个选区即州选出，议员的任期是两年，但并不限制连任次数	五百人会议由五百个年满三十岁的公民组成，每个部落皆平均地派出五十个议员，五百人会议的议员任期是一年，而且不得连任，每个公民一生也最多可以担当议员两次

材料四：雅典政治家阿里斯提德就曾在放逐投票时，有一个不识字的公民走到他面前，要求他在陶片上写下"阿里斯提德"的名字，他照办了，然后问那个公民为什么要放逐这个人，他有什么做错的地方，那个公民回答："他没有做错什么，我甚至不认识他，不过我讨厌到处听到人们称赞他'正义'，我实在是挺烦了。"

——〔古希腊〕普鲁塔克《希腊罗马名人传》

材料五：这种专政渗透到社会生活的每一个角度，可以调动一切能够调动的力量，在需要的时候，它以绝对真理的面目向少数派和少数意见呼啸着压过去，轰然一声，连呻吟都一并埋在尘土之中。

——倪学勇《雅典民主的多元解读》

探究的问题：

（1）你如何看待雅典民主政治？

（2）雅典民主政治的发展历程对今天我国的社会主义民主政治建设有哪些启示？

设计意图 通过前面的学习，学生已经熟悉了雅典民主政治建立的背景和过程。本环节的设计，是希望学生综合运用各种知识，以史实为依据，对雅典民主从多角度做出比较全面的评价。同时联系现实，以史为鉴，对我国当今的民主政治有正确的认识。学案中提供的材料，有一手史料，有史学家的著述和评论，有教师对史实的对比整理。学生可以利用这些材料，联系课堂所学，自己去解释、去探究，并在全班发表自己的看法，最后由老师进行点评和总结。教师点评时，将方法指导渗透其中，提示学生对于雅典民主政治的评价可以从其对当时的影响和后世的影响、对自身的影响和对世界的影响来考虑；还可以从进步性和局限性来考虑。做出结论时要有史实依据，引用材料时要区分一手材料和二手材料。还要注意材料中的内容是对史实的客观描述，还是对史实的看法。通过讨论和方法指导，使学生树立史料实证意识，将历史认识建立在可靠的史实基础之上，并通过历史更好地理解和认识现在。

三 教学反思

传统历史课堂更多地将重点放在知识的传授，虽然知识的传授是一堂课的基础,但不是全部。学生要通过对知识的学习实现能力培养和情感态度价值观的养成。这就需要学生在教师的指导下主动思考、自主探究,让整个课堂动起来。这里的"动"不仅仅是形式上的动,更是思维上的碰撞。在本课的实际教学过程中,首先让学生自己提取关键信息进行总结,理解雅典民主政治建立的基础——公民集体。其次通过将材料分解,以层层设问的方式,引导学生探究问题。采取对比分析的方法,让学生理解雅典民主政治是如何达到黄金时期的。最后,在评价雅典民主政治这一环节,让学生在分析学案材料的基础上,充分思考,发散思维,自主探究,形成对雅典民主的全面认识。问题解决贯穿于教学全过程中,通过将问题分解,培养学生不同层次的历史学科能力,从而实现本课的教学目标。教师在设计教学目标时,明确了历史学科能力的要求。在教学过程设计中,每选一则材料、设计一个问题,都在考虑怎么引导学生主动思考,落实能力目标。通过本课教学,学生得到的不单单是知识的记忆,更多的是能力的养成。

主要参考书目

中文文献

〔美〕B. S. 布卢姆等编《教育目标分类学》(第一分册 认识领域),罗黎辉译,华东师范大学出版社,1986。

〔美〕D. R. 克拉斯沃尔、B. S. 布卢姆等编《教育目标分类学》(第二分册 情感领域),施良方等译,华东师范大学出版社,1989。

〔英〕E. H. 卡尔:《历史是什么?》,陈恒译,商务印书馆,2007。

〔美〕L. W. 安德森等编著《学习、教学和评估的分类学——布卢姆教育目标分类学修订版(简缩本)》,皮连生主译,华东师范大学出版社,2008。

〔美〕P. L. 史密斯、〔美〕T. J. 雷根:《教学设计》(第三版),庞维国等译,华东师范大学出版社,2008。

〔美〕R. M. 加涅等:《教学设计原理》(第五版),王小明等译,华东师范大学出版社,2007。

〔美〕W. 迪克等:《系统化教学设计》(第六版),庞维国译,华东师范大学出版社,2007。

白月桥:《历史教学问题探讨》,教育科学出版社,1997。

〔法〕保尔·芒图:《十八世界产业革命——英国近代大工业初期的概况》,杨人楩等译,商务印书馆,1983。

姜义华、瞿林东、赵吉惠:《史学导论(修订本)》,复旦大学出版社,2010。

〔美〕杰里·本特利、〔美〕赫伯特·齐格勒:《新全球史:文明的传承与交流》，魏凤莲等译，北京大学出版社，2007。

课程教材研究所：《20世纪中国中小学课程标准·教学大纲汇编·历史卷》，人民教育出版社，2001。

〔美〕拉尔夫·泰勒：《课程与教学的基本原理》，人民教育出版社，1994。

李秉德：《教学论》，人民教育出版社，1991。

林慈淑：《历史，要教什么——英、美历史教育的争议》，台湾：学生书局，2010。

罗荣渠：《现代化新论——世界与中国的现代化进程（增补本）》，商务印书馆，2009。

聂幼犁：《中学历史教育论》，学林出版社，1999。

庞卓恒、李学智、吴英：《史学概论》，高等教育出版社，2006。

〔美〕塞缪尔·亨廷顿：《文明的冲突与世界秩序的重建》，周琪等译，新华出版社，2002。

王策三：《教学论稿》，人民教育出版社，1985。

吴承明：《中国的现代化：市场与社会》，生活·读书·新知三联书店，2001。

〔美〕西里尔·E.布莱克：《比较现代化》，杨豫、陈祖洲译，上海译文出版社，1996。

〔美〕亚瑟·K.埃利斯：《课程理论及其实践范例》，张文军译，教育科学出版社，2005。

于友西：《中学历史教学法》（第3版），高等教育出版社，2009。

张华：《课程与教学论》，上海教育出版社，2000。

赵恒烈：《历史思维能力研究》，人民教育出版社，1998。

赵亚夫：《国外历史课程标准评介》，人民教育出版社，2005。

郑林主编《中学历史教材分析》，光明日报出版社，2013。

中华人民共和国教育部：《普通高中历史课程标准（实验）》，人民教育出版社，2003。

中华人民共和国教育部：《全日制义务教育历史课程标准（实验稿）》，北京师范大学出版社，2001。

英文文献

Ancient History, *Stage 6 Syllabus*, Published by Board of Studies NSW, Sydney NSW 2001, Australia.

History-Programme of Study for Key Stage 3 and Attainment Target (This is an Extract from The National Curriculum 2007), www.qca.org.uk/curriculum.

History Syllabus, *Lower Secondary*, Ministry of Education, Singapore. 2006.

Ian Dawson, Maggie Wilson, *SHP History Year 7*, London: Hodder Education, 2008.

Jamie Byrom, Christine Counsell, Michael Riley, *Modern Minds: the Twentieth-century World*, *Teacher's book*, Harlow: Longman, 2000.

图书在版编目(CIP)数据

历史课程教材教法研究/郑林著.--北京：社会科学文献出版社，2018.1
ISBN 978 – 7 – 5201 – 1835 – 4

Ⅰ.①历… Ⅱ.①郑… Ⅲ.①中学历史课 – 教学法 Ⅳ.①G633.512

中国版本图书馆 CIP 数据核字（2017）第 289555 号

历史课程教材教法研究

著　　者 / 郑　林

出 版 人 / 谢寿光
项目统筹 / 赵怀英
责任编辑 / 赵怀英

出　　版 / 社会科学文献出版社·独立编辑工作室（010）59366446
　　　　　　地址：北京市北三环中路甲29号院华龙大厦　邮编：100029
　　　　　　网址：www.ssap.com.cn
发　　行 / 市场营销中心（010）59367081　59367018
印　　装 / 三河市尚艺印装有限公司

规　　格 / 开本：787mm × 1092mm　1/16
　　　　　　印张：21.25　字数：338千字
版　　次 / 2018年1月第1版　2018年1月第1次印刷
书　　号 / ISBN 978 – 7 – 5201 – 1835 – 4
定　　价 / 89.00元

本书如有印装质量问题，请与读者服务中心（010 – 59367028）联系

▲ 版权所有 翻印必究